Ontwaak kinderen! – Deel 5

Ontwaak kinderen!

Deel 5

Gesprekken met

Śri Mata Amritanandamayi

Swami Amritaswarupananda

Mata Amritanandamayi Center, San Ramon
Californië, USA

Ontwaak kinderen! Deel 5
Gesprekken met Śri Mata Amritanandamayi

Uitgegeven door:
   Mata Amritanandamayi Center
   P.O. Box 613
   San Ramon, CA 94583
   Verenigde Staten

------------- *Awaken Children 5 (Dutch)* ---------------

© 2000 Mata Amritanandamayi Center, Californië, USA
Alle rechten voorbehouden. Niets uit deze uitgave mag worden verveelvoudigd, opgeslagen in een geautomatiseerd gegevensbestand, of openbaar gemaakt, in enige vorm of op enige wijze, hetzij elektronisch, mechanisch, door fotokopieën, opnamen, of op enige andere manier, zonder voorafgaande schriftelijke toestemming van de uitgever.

Eerste uitgave van het MA Center: mei 2016

In Nederland:
   www.amma.nl
   info@amma.nl

In België:
   www.vriendenvanamma.be

In India:
   www.amritapuri.org
   inform@amritapuri.org

Dit boek wordt in alle nederigheid opgedragen aan de Lotusvoeten van Śri Mata Amritanandamayi, het Stralende Licht, dat in het hart van alle wezens verblijft.

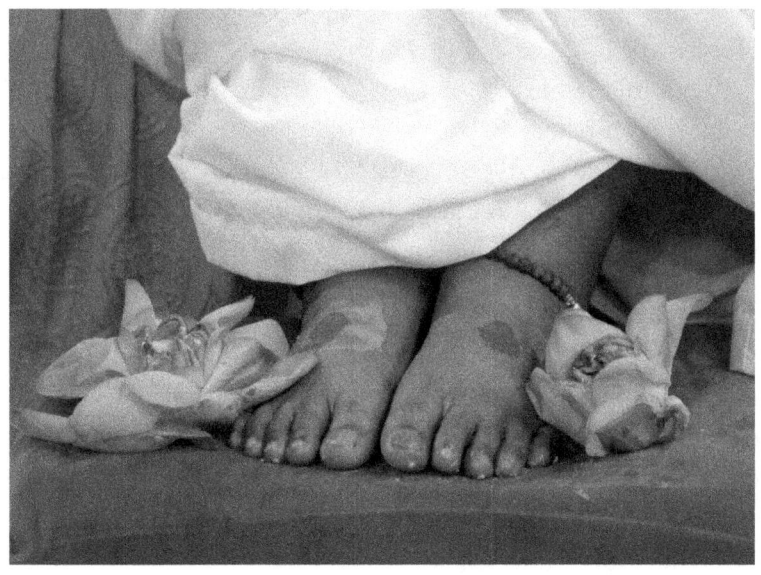

Vandeham saccidānandam bhāvātītam jagatgurum |
Nityam pūrnam nirākāram nirgunam svātmasamsthitam ||

Ik buig voor de Universele Leraar, die Satchidananda is, die voorbij alle verschillen is, die eeuwig is, volledig, zonder eigenschappen, zonder vorm en altijd gevestigd in het Zelf.

Saptasāgaraparyantam tīrthasnānaphalam tu yat |
Gurupādapayovindoh sahasrāṁśena tatphalam ||

Wat voor verdienste iemand ook verkrijgt door pelgrimstochten en door het baden in de heilige wateren, die zich uitstrekken tot de zeven zeeën, kan zelfs niet een duizendste deel evenaren van de verdienste die men verkrijgt door het drinken van het water waarmee de voeten van de Guru zijn gewassen.

Guru Gita, verzen 157, 87

Inhoud

Inleiding	8
Hoofdstuk 1	11
Werk met liefde	13
Hart en intellect	15
Stilte van de geest	24
Bidden en huilen tot god als meditatie	27
Spiritualiteit is loslaten en dan weer opnemen	41
Hoofdstuk 2	53
Wat is de juiste houding?	53
Vergeten teneinde zich God te herinneren	70
Liefde en rede	74
Hoofdstuk 3	83
Sadhana en bestemming	85
Handel met onderscheid	95
Dring door tot beneden het oppervlak	98
Maak je ego niet groter	101
De getuige	107
Hoofdstuk 4	117
De schoonheid van werk uit liefde	121
Hoofdstuk 5	137
Onderscheid	139
Een Mahatma neemt uit mededogen een lichaam aan	145
Hoofdstuk 6	151
Wees moedig	151
Antwoorden in tegenstelling tot reageren	156
Hoofdstuk 7	171
Antwoorden terwijl je in de wereld leeft	172

Liefde en mededogen	184
Hoofdstuk 8	**201**
Overgave	203
Hoofdstuk 9	**211**
Spiritualiteit is echte rijkdom	213
Hoofdstuk 10	**217**
De noodzaak van de genade van de Guru	217
Een waarschuwing van de Guru	225
Vergeet het verleden	229
De wonderlijke helende aanraking van Amma	238
Woordenlijst	**244**

Inleiding

Aum vāng me manasi pratishthitā
Mano me vāchi pratishthitam
Āvirāvīrma edhi

Om
Mogen mijn woorden geworteld zijn in mijn geest,
Moge mijn geest geworteld zijn in mijn woorden.
Brahman, openbaar uzelf aan mij!

Zo bidt de Rishi in de Upanishaden voordat hij over de Hoogste Waarheid begint te spreken. Dit zou het gebed van alle Grote Zielen kunnen zijn. Altijd gevestigd in deze hoogste staat van Volheid, wensen zij niet te spreken. Zij weten dat spreken de Waarheid zal vervormen. Daarom geven de groten er altijd de voorkeur aan om in stilte te blijven.

Maar uit mededogen met degenen die op zoek zijn naar God en met hen die in duisternis tasten, spreekt de wijze toch. Hij weet dat hij gaat proberen het onmogelijke te doen. Daarom bidt hij: "O, Brahman, die Zichzelf verlicht, ik ga proberen om mijn ervaring van de Waarheid onder woorden te brengen. Het is zo groots, dat woorden mijn ervaring van de oneindige Waarheid niet kunnen uitdrukken. Toch ga ik het proberen. Maar als ik spreek, laat mij dan in staat zijn om de Waarheid, de essentiële boodschap, door mijn woorden uit te drukken en over te dragen. Laat mij de Waarheid niet vervormen."

Ja, onze geliefde Guru en God, Amma, Mata Amritanandamayi Devi, heeft mogelijk ook in deze lijn gedacht, voordat Zij begon te spreken. Amma zegt: "Men kan niet spreken wanneer men rust in zijn eigen Zelf. Dat is de reden dat de Heer Dakshinamurti, de eerste Guru, altijd zwijgend wordt afgebeeld."

Maar Amma's mededogen met Haar kinderen is met niets te vergelijken. Vanuit die staat van Volmaaktheid, vanwaar geen terugkeer mogelijk is, waar de geest en de spraak zelfs niet kunnen reiken, kwam Amma terug naar ons niveau van begrijpen, zodat Zij Haar ervaring van de Waarheid met Haar kinderen kon delen.

Zoals de hemelse Ganga vanaf de Himalaya-toppen naar beneden stroomt en allen die in haar wateren komen wast en zuivert, zo wacht Amma met uitgestrekte armen geduldig tot Zij Haar kinderen kan omhelzen en hun een glimp kan tonen van die hoogste ervaring. Wanneer we ons eenmaal overgeven aan die warme en kalmerende omhelzing, zal Zij ons langzaam helpen op te stijgen naar de onvoorstelbare hoogten van spirituele gelukzaligheid.

Zittend op de beschermende vleugels van Amma's universele liefde en mededogen, kunnen we luisteren naar Haar honingzoete, tot nadenken aanzettende woorden van wijsheid. Ieder woord, iedere blik en iedere gedachte is een diepgaande ervaring en vraagt om meditatie om de diepe innerlijke betekenis te begrijpen. Als we in staat zijn om dit boek en ieder woord erin met die meditatieve instelling te lezen, dan zal het altijd een frisse en edele ervaring in ons hart blijven. Laten we het oprecht proberen en zien wat er gebeurt.

In Kerala was de moesson op zijn hoogtepunt. De zware regens stortten zich in het ingewikkelde systeem van de 'backwaters', waardoor zij nu en dan overstroomden. De reusachtige golven van de Arabische Zee sloegen op de smalle landstrook net buiten de zuidwestkust van India. Dit eiland was Amma's geboorteplaats en toen leerlingen en toegewijden hun weg vonden naar deze spirituele haven, werd in 1981 op familiegrond Haar ashram gesticht. Met een *Mahatma* als Amma leven is leven in bewustzijn, leven in liefde. Ieder ogenblik met Haar laat vele geurige herinneringen na, die een reeks van onvergetelijke gebeurtenissen en tedere herinneringen schept, die men in de geheime, stille kamer van zijn hart koestert. Ongetwijfeld zal deze reeks van goddelijke herinneringen op zijn beurt uiteindelijk onophoudelijke en eindeloze golven van liefde scheppen. Dit is de brandstof om de neerwaartse aantrekking van de wereld te transcenderen. Eenvoudig door bij Haar te zijn openen we het boek van goddelijke kennis en wijsheid. Dit boek moet echter niet met het denkvermogen of met het intellect gelezen worden, maar in de stilte van het hart.

Swami Amritaswarupananda

Hoofdstuk 1

Maandag, 2 juli 1984

Om acht uur 's ochtends waren de nachtelijke regens wat afgenomen, maar er hingen nog steeds donkere wolken aan de hemel. De ashramterreinen waren ondergelopen door de stortregens in de vroege ochtend. Op het donderende geraas van de oceaan na was de ashram stil en vredig.

Door de regen was *Devi Bhava* de afgelopen nacht niet zo druk geweest als gewoonlijk en was om één uur afgelopen in plaats van om vier of vijf uur 's ochtends. Op de tempelveranda zat een man die naar de *Bhava darshan* was gekomen. Naast hem stond een oud, houten doosje, dat eruit zag als een kooi. Eén van de ashrambewoners ging naar hem toe en vroeg of hij hulp nodig had. De toegewijde, een moslim, antwoordde dat hij Amma graag wilde zien, hoewel hij net de afgelopen nacht Haar *darshan* had ontvangen. Toen zij samen over het terrein liepen, vertelde de man aan de bewoner dat hij uit Chertalla kwam, een stad op ongeveer 60 kilometer afstand. Hij had een parfumzaak en voorzag in zijn levensonderhoud met de verkoop van het parfum, dat hij zelf maakte. Een week geleden was hij naar Karunagapally gekomen, een stad heel dicht bij de ashram, om zijn parfums te verkopen. Daar had hij over Amma gehoord en hij was diezelfde dag nog voor het eerst naar de ashram gekomen. Omdat het een zondag was ontving hij Amma's *darshan* tijdens *Devi Bhava*. Daarna keerde hij terug naar Karunagapally waar hij de nacht in een moskee doorbracht. In het midden van de nacht had hij een ongewone ervaring, die hij nu aan de ashrambewoner begon te vertellen.

"Ik werd wakker door het geluid van iemand die mijn parfumdoos openmaakte, deze doos die ik hier naast mij heb.

Geschrokken sprong ik overeind en zat rechtop in bed. Ik was stomverbaasd toen ik zag dat Amma mijn parfumdoos aan het doorzoeken was. Ze zag er net zo uit als ik Haar gezien had tijdens *Devi Bhava*. Toen Zij de geschrokken uitdrukking op mijn gezicht zag, glimlachte Amma en zei tegen mij: 'Zoon, Amma zocht naar zuiver sandelhoutextract, maar dat is er niet.' Ze wierp mij toen een vlugge blik toe en een innemende glimlach en verdween. Ik bleef achter, diep bedroefd dat ik Amma niet kon geven wat ze wilde. Daarom kwam ik gisteren met het sandelhoutextract en sprenkelde het over Haar tijdens *Devi Bhava*. Amma scheen erg gelukkig en ik voelde me ook gelukzalig dit te mogen doen. Zij riep zelfs gewoon tijdens *Devi Bhava* uit: 'O, je hebt het meegebracht.' Deze opmerking maakte mij duidelijk dat Zij wist wat er die nacht in de moskee was gebeurd. Een golf van devotie welde op in mijn hart en mijn ogen waren vol tranen."

De onschuldige parfumverkoper had een brede glimlach op zijn gezicht. Hij vervolgde: "Ik voel dat mijn levensdoel is vervuld. Voordat ik nu vertrek zou ik Amma graag nog een keer zien en neerbuigen aan Haar voeten. Daarom ben ik nog steeds hier."

Juist op dat moment verscheen de Heilige Moeder op het balkon van Haar kamer. De moslim stond op en boog in alle nederigheid voor Haar neer. Moeder zei tegen hem: "O zoon, ben je nog steeds hier? Heb je iets te eten gehad?" Hij antwoordde: "Ik ben achtergebleven om U nog eenmaal te kunnen zien, voordat ik mijn zakenreis vervolg. Bij het zien van Amma, heb ik nu mijn voedsel gehad." Amma lachte en zei: "Zoon, je spreekt diepzinnige woorden." De man antwoordde blij:"Ik spreek de waarheid."

Er is niets bijzonders aan puur sandelhoutextract voor een *Mahatma*, die boven alle verlangens staat en die gevestigd is in de staat van hoogste onthechting. Het is niet zo dat de *Mahatma* dit bepaalde voorwerp wil hebben. Hij doet zulke dingen om een toestand te scheppen die ons zal inspireren. Zulke ervaringen vullen onze geest met geloof en devotie. Zij dienen als een ladder waarop de toegewijde langzaam omhoog kan gaan naar zijn doel. Een *brahmachari* kwam naar Moeder toe om Haar te zeggen dat hij niet in staat was om naar de ochtendmeditatie te gaan, omdat hij belangrijk werk te doen had. "Oké, zoon", zei Amma tegen hem. "Ga naar de meditatiehal en leg aan alle anderen de reden van je afwezigheid uit. Alleen als je dat gedaan hebt, kun je gaan en je met het werk bezighouden. Als je afwezig bent zonder uitleg, zullen anderen in de verleiding gebracht worden de discipline te doorbreken. Wat je ook doet, je moet proberen een voorbeeld voor anderen te zijn. Je moet een bron van inspiratie voor je broeders zijn. Iedere handeling van een spirituele zoeker moet een boodschap en een les voor anderen bevatten. Iedere handeling van een ware zoeker moet uit een ideaal voortkomen." De *brahmachari* boog voor Moeder neer en ging naar de meditatiehal. Moeder drukte nogmaals Haar liefde en genegenheid voor de moslim uit en keerde terug naar Haar kamer.

Werk met liefde

Later op de dag, tegen twee uur 's middags kwam Amma te weten dat de koeien niet gevoerd waren. Zij voelde Zich erg bedroefd om de dieren, die vastgebonden waren in hun stallen en Zij riep de *brahmachari* die verantwoordelijk was voor het voeren. Toen hij Moeder naderde liet hij zijn hoofd hangen en bekende dat hij eenvoudig vergeten had de koeien te voeren. Met grote verbazing riep Amma uit: "Wat! Je hebt vergeten om deze arme schepsels te voeren, die niet kunnen spreken om hun honger en dorst kenbaar te maken! Vergeet jij zelf ooit te eten of te drinken? Wij mensen kunnen om voedsel vragen als we honger hebben, maar zij kunnen dat niet, niet waar? Dit is een grote zonde. Een spiritueel zoeker moet in staat zijn de gevoelens van anderen te kennen, niet alleen de gevoelens van andere mensen, maar van alle schepsels. Denk niet dat andere schepsels geen gevoelens hebben zoals mensen, alleen omdat zij zich niet zoals mensen verbaal kunnen uitdrukken. De buitengewone gave van een oprechte spirituele zoeker is het vermogen om zich in andermans positie te verplaatsen, om in staat te zijn te zien en te voelen zoals een ander dat doet. Weet dat deze schepsels ook gevoelens hebben. Hen op de juiste tijd van eten en drinken voorzien in de wetenschap dat zij, net als wij, honger en dorst voelen, is een *sadhana*. Voer de dieren niet mechanisch. Doe het niet alleen maar omdat het een plicht is, die je is toegewezen. Het mag niet enkel routine worden. Probeer te zien dat het leven dat in jou en mij pulseert, hetzelfde is als in de koeien. Probeer hun honger en dorst te voelen, dan zal het werk een *sadhana* worden."

Na dit gezegd te hebben, nam Amma zelf het voer uit een zak in de voorraadkamer en begon het voedsel en het water voor de dieren klaar te maken. Met grote aarzeling en angst kwam de *brahmachari* naar Moeder toe en verzocht Haar hem de koeien te laten voeren. Amma keerde Zich naar hem om en zei: "Zeg nu niets! Moeder wil dit met liefde doen. Laat deze koeien liefde voelen in hun voedsel."

De *brahmachari* stond zich naast Amma uitgebreid te verontschuldigen en smeekte Haar de koeien te mogen voeren, maar Amma deed het werk zonder enige aandacht aan hem te schenken. Terwijl Amma de koeien voerde, liefkoosde en aaide Zij ieder dier op zijn gezicht en voorhoofd met grote liefde en mededogen. De dieren toonden hun dankbaarheid door hun hoofd tegen Amma's schouder te wrijven. Er lag een tevreden glimlach op Moeders gezicht. Toen de koeien het mengsel van water en voer verorberd hadden, liep de Heilige Moeder naar een dichtbij zijnde hooiberg, trok er wat hooi uit en gaf het aan de koeien. Na de dieren nogmaals geaaid en geliefkoosd te hebben, keerde Amma terug naar de ashram. Pas na het voeren van de koeien at Zij die dag. Het was bijna half vijf toen Zij Haar middagmaal had.

Er is altijd een speciale charme en schoonheid in alles wat Amma doet door de enorme liefde die Zij in iedere handeling stopt. Wij weten niet hoe we moeten liefhebben. Er is geen liefde in onze activiteit en daardoor geen schoonheid in wat we doen. We kijken altijd uit naar de vrucht van ons handelen en dit resulteert in rusteloosheid en gebrek aan concentratie. Een geconcentreerde geest en een onzelfzuchtige houding zijn erg belangrijk om ons werk met liefde te bezielen. Als deze afwezig zijn, is liefde onmogelijk.

Hart en intellect

Om ongeveer vijf uur 's middags had zich een kleine menigte mensen verzameld op de veranda aan de voorzijde van de meditatiehal. In het midden van deze groep stond Moeder omgeven door de *brahmachari's* en de ashrambewoners die in gezinsverband leefden. Allen ervoeren de gelukzaligheid door het zingen van de Goddelijke Naam. Amma zong voor en de groep antwoordde op *Kameksha vamakshi...*

> *Gegroet Shakti, de Grote Godin*
> *Die bereikbaar is door devotie.*
> *Gegroet, eerste kiem, de ene Waarheid,*
> *Het oneindige en volmaakte Bewustzijn.*
>
> *U die het linkeroog van Shiva bent,*
> *Die alle wensen vervult,*
> *En door alles wat bezield en onbezield is, schijnt.*
> *O, mijn Kamala, Heerseres over allen, bescherm ons*

*Godin van de hemelbewoners,
Bescherm hen tegen alle verdriet.
O Zuivere, bescherm zelfs
De Heer van de oceaan van melk (Vishnu).*

*De Schepper doet zijn werk dank zij Uw blik.
Gegroet U, die voortkwam uit Brahma,
Als Sarasvati, de kiem van het hele universum.*

Na het lied was er een tijd een meditatieve sfeer. Toen Moeder met een uitnodigende blik naar Haar kinderen keek, vroeg één van de *brahmachari's*: "Amma, vanmiddag toen u de koeien voerde, hoorde ik u tegen de *brahmachari* zeggen niet te spreken, dat u het werk met liefde wilde doen, zodat de dieren dit konden voelen. Ik begreep de echte betekenis niet van wat u zei, maar het klonk voor mij alsof er een verband moet zijn tussen liefde en spreken. Kunt u dit alstublieft uitleggen?"

Amma antwoordde: "Zoon, je hebt het niet verkeerd, maar er is geen echt verband tussen liefde en spreken. Er is een echt verband tussen liefde en stilte. Wanneer er echte liefde is, is er stilte. Dan kunnen er geen woorden zijn. Er is slechts stilte. Net als bij een volkomen kalm meer kunnen er geen rimpels of golven zijn wanneer echte liefde wordt ervaren. Rimpelingen en golven zijn een vervorming, een beroering, een verstoring in het meer van de geest. Liefde komt voort uit een rustige geest. In rust kan men stilte ervaren. Het gepraat van de geest houdt volkomen op. In deze stilte kan men echte liefde voelen. Stilte is de enige taal van zuivere liefde.

Echte liefde bestaat in het hart. De liefde die in het hart bestaat, kan niet worden uitgesproken. Het kan niet onder woorden worden gebracht. Het hart is niet de plaats voor woorden. Woorden maken deel uit van het intellect. Het intellect kan spreken, maar het is niet meer dan een bandrecorder. Het neemt op en gooit de woorden er weer uit. Woorden en woorden en woorden, woorden zonder enig gevoel. Het intellect kan geen mededogen voelen. Het kan geen liefde of vriendelijkheid voelen. Het kan alleen maar redeneren. Het zal zelfs proberen om liefde en mededogen te beredeneren. Zoon, waar er te veel gepraat wordt, daar is geen liefde. Iemand die werkelijk liefheeft, is voortdurend in een meditatieve stemming. Gedachten houden op te bestaan in de aanwezigheid van zo'n liefde. De ware minnaar mediteert alleen, hij denkt nooit. Al zijn gedachten gaan over zijn geliefde, dus er zijn niet veel gedachtegolven in zijn geest. Slechts één gedachte overheerst en die ene gedachte gaat over zijn geliefde. Wanneer er slechts één gedachte is, is er geen geest. De constante geconcentreerde gerichtheid van de minnaar op zijn geliefde raakt de binnenste diepten van zijn hart, waar woorden en spraak niet kunnen komen. Alle verklaringen houden op. Er is dan geen uitweiding meer mogelijk. De minnaar wordt in een toestand van constante meditatie getrokken. Op dat punt worden de twee één.

Meditatie overheerst in echte liefde. Je wordt stil en blijft rusten in je eigen ware Zelf. Je kan niet spreken wanneer je in de rust van je eigen Zelf verblijft. Daarom zweeg Heer Dakshinamurti, de eerste Guru, altijd. Er wordt gezegd dat Heer Dakshinamurti zijn leerlingen door stilte onderwees. Hij sprak niet en zijn leerlingen spraken ook niet. Maar de Heer onderwees en zijn leerlingen begrepen hem.

Maar nu begrijpt niemand de stilte van een echte minnaar of mediterende. Zij kunnen hem als vreemd beschouwen of hem voor gek verklaren omdat de stilte van meditatie hen onbekend is. Zij zijn slechts bekend met woorden, en de zogenaamde liefde die zij hebben ervaren, kan niet bestaan zonder woorden. Zij voelen dat het onmogelijk is om liefde te uiten zonder woorden. In deze ervaring van eenheid met de geliefde echter is er geen spreken. Je wordt volkomen stil. Deze toestand is bekend als *samadhi*, een toestand waarin je constant in meditatie verkeert."

Amma pauzeerde een tijdje en vervolgde toen: "Er is een verhaal over Heer Shiva en Zijn Heilige Echtgenote Parvati, dat heel goed illustreert wat bedoeld wordt met de stilte van eenheid met de geliefde." Zo ging Zij verder het volgende verhaal te vertellen, terwijl de toegewijden aandachtig luisterden.

"Op een dag zaten Shiva en Parvati te praten. Shiva, die altijd in de staat van *samadhi* was, zwierf vaak rond, terwijl Hij Parvati alleen op de berg Kailash achterliet. Toen Parvati op een gegeven moment de pijn van gescheiden te zijn niet meer kon verdragen, vroeg Zij Shiva Haar te leren hoe Zij de staat van samadhi kon bereiken, zodat Zij altijd in eenheid kon blijven met Haar Heer. De Heer stemde toe en instrueerde Zijn Heilige Echtgenote om in de lotushouding te zitten. Hij zei Haar de ogen te sluiten en te mediteren terwijl Zij Haar blik naar binnen moest richten. Terwijl Parvati mediteerde, vroeg Shiva: "Wat zie je nu?"

"Ik visualiseer Jouw vorm in mijn geestelijk oog", antwoordde Parvati.

Shiva instrueerde Haar verder: "Ga voorbij deze vorm. Wat zie je nu?"

"Ik zie een schitterend licht."

"Ga nu voorbij dit licht. Wat nu?"

"De klank 'Om' hoor ik nu."

"Ga voorbij het geluid. Wat ervaar je nu?"

Er kwam geen antwoord op deze laatste vraag. Haar individualiteit verdween en loste op. Zij werd één met Haar Heer. In deze toestand was er niemand om te spreken of te luisteren. Zij bereikte de uiteindelijke staat van liefde, de eeuwige en onscheidbare vereniging met Haar Heer, waar de geest met zijn woorden en intellectueel denken niet kan komen."

Amma pauzeerde aan het eind van het verhaal. Toen vervolgde Zij: "Of dit verhaal echt gebeurd is of niet, is niet belangrijk. Probeer de essentiële boodschap die het verhaal wil overbrengen, in je op te nemen. Iemand die altijd intellectueel denkt, kan de gevoelens van het hart niet begrijpen. Hij kan de betekenis van meditatie en liefde niet begrijpen. Hij kan niets anders dan praten. Wat voor nut heeft zo'n intellect?"

Moeder pauzeerde en de *brahmachari* zei meteen: "Het hele bestaan van het leven heeft zoveel te danken aan het menselijke intellect. Wat te zeggen van alle wetenschappelijke uitvindingen en alle ontwikkelingen van de moderne tijd! Deze zijn allemaal mogelijk gemaakt door het menselijke intellect. Amma, wilt u zeggen dat het intellect nutteloos is?"

"Zoon, probeer het duidelijk te begrijpen." Moeder legde uit: "Probeer heel aandachtig te zijn, wanneer je naar Moeder luistert. Denk eraan het hart te gebruiken in plaats van het intellect.

Kinderen, Moeder beweert niet dat het intellect totaal nutteloos is. Het is nodig. Het is absoluut noodzakelijk. Maar het heeft zijn eigen passende plaats. Plaats het waar het hoort. Gebruik het niet onjuist. Overdreven de nadruk leggen op het intellect is gevaarlijk. Dat zal de schoonheid van het leven bederven. Te veel intellect en niet genoeg hart zal conflict, teleurstelling en frustratie veroorzaken. Er moet een evenwicht zijn, een evenwicht tussen hart en intellect. Als we diep doordringen in alle aspecten van het leven, zullen we ontdekken dat achter alles liefde verborgen is. We zullen ontdekken dat liefde de kracht, de energie en inspiratie achter ieder woord en iedere handeling is. Dit geldt voor alle mensen onafhankelijk van ras, kaste, religie of beroep.

Voor een buitenstaander lijkt het dat een wetenschapper die in zijn laboratorium experimenten uitvoert, alleen maar intellectueel werk doet. De meeste mensen zullen zeggen dat je voor zijn werk hersenen nodig hebt en dat het daarom intellectueel werk is en niet iets waar het hart bij betrokken is. Maar kijk nauwkeurig naar het proces. Dan komt aan het licht dat er liefde is in zijn werk, dat zijn hart betrokken is bij het werk. Wanneer je goed kijkt zul je begrijpen dat men zonder liefde dit soort werk in feite niet kan doen. Hoe meer je waarneemt, des te meer zul je beseffen dat liefde in werkelijkheid de kracht is achter alle wetenschappelijke experimenten en uitvindingen, achter alle werk.

Liefde maakt het intellect scherp. Hoe meer liefde je hebt, des te meer scherpzinnigheid en helderheid je zult hebben. Je kunt het een scherp of subtiel intellect noemen, maar het is liefde die achter deze scherpzinnigheid of subtiliteit werkt. De kwestie is slechts dit te beseffen. Sommigen beseffen het, anderen niet."

De *brahmachari* luisterde aandachtig, maar hij wilde verdere verduidelijking: "Amma, ik begrijp het, maar niet helemaal. Wees alstublieft zo vriendelijk nog iets meer uit te weiden."

Amma vervolgde: "Zoon, je kunt geen enkel werk uitvoeren zonder concentratie. Wat voor werk het ook is, mentaal of fysiek, gemakkelijk of moeilijk, opwindend of alledaags, concentratie is noodzakelijk. Nu, wat is concentratie? Concentratie is niets anders dan stilte van de geest. Concentratie stopt de gedachtestroom. Wanneer de gedachten ophouden, houdt de rusteloze geest op met zijn activiteit en is er stilte mogelijk. Deze stilte van de geest ontstaat alleen als het resultaat van liefde. Voor de wetenschapper is het de liefde om uit te vinden en te experimenteren, die hem helpt diep in zijn werk te duiken. Hij houdt ervan hard te werken. De gebruikelijke termen die men hiervoor gebruikt, zijn 'interesse' of 'oprechtheid' of 'intens verlangen'. Deze termen zijn synoniem voor liefde. Zonder liefde is er geen interesse, geen oprechtheid of intens verlangen. Is dat niet juist?"

"Amma, als dat het geval is, waarom is er dan dit onderscheid tussen hart en intellect? Zij zijn bijna hetzelfde, nietwaar?"

"Uiteindelijk is er helemaal geen verschil. Maar in je huidige geestelijke staat, is er verschil, dat je zelf door je onwetendheid schept. Je hebt nog niet de hoogste staat van eenheid bereikt. Je bent nog steeds in de wereld van dualiteit. Je bent nog steeds in de wereld van woorden en zinnen, de wereld van verscheidenheid, vandaar deze uitleg. Wanneer eenmaal de begrenzingen zijn overschreden, dan is er alleen liefde, niets dan Goddelijke Liefde. In feite dienen al deze verklaringen en verschillende termen er alleen voor om je te laten begrijpen dat alleen ervaring de Waarheid kan onthullen, en dat woorden en verklaringen niet veel nut hebben.

Wanneer in iemand het denken en redeneren overheersen, noemen we hem een intellectueel. Wanneer er meer liefde en mededogen is, noemen we dit het hart. Hart en intellect zijn allebei nodig. Wat we in feite met betrekking tot het intellect echt nodig hebben, is niet gewoon denken, maar onderscheidend denken, of een onderscheidend intellect. We moeten in staat zijn om juist te denken en om goed en kwaad van elkaar te onderscheiden. We hebben ook een hart nodig om liefde te voelen en te uiten. Hart en intellect zijn noodzakelijk zowel voor een *sadhak* als voor iemand die een gewoon leven leidt. Gewoonlijk is dit evenwicht tussen hart en intellect moeilijk te vinden.

Kinderen, liefde is onze ware natuur. Onze natuur is Goddelijke Liefde. Die liefde schijnt in ieder van ons. Omdat liefde onze ingeboren natuur is, kan er geen enkele uiting bestaan, zonder dat deze kracht van liefde erachter staat.

De wetenschapper die inventief is en experimenteert, heeft zeker liefde in zich. Maar die liefde is beperkt tot een nauw kanaal. Het is enkel gericht op het wetenschappelijke gebied waarin hij werkt. Het omvat niet de hele schepping. Het is min of meer gebonden aan het laboratorium waar hij zit of de wetenschappelijke apparatuur die hij gebruikt. Hij denkt niet aan het echte leven. Hij is meer geïnteresseerd in het onderzoeken of er leven is op de maan of op Mars. Hij is meer geïnteresseerd in het uitvinden van kernbewapening.

Een wetenschapper kan beweren dat hij probeert de waarheid van de empirische wereld te vinden door een analytische benadering. Hij haalt dingen uit elkaar om te analyseren hoe zij functioneren. Als hem een katje wordt gegeven, is hij meer geïnteresseerd in het gebruik van het dier voor onderzoek dan om het als huisdier lief te hebben. Hij zal de snelheid van de ademhaling, zijn pols en bloeddruk meten. In naam van de wetenschap en het onderzoek naar waarheid zal hij het dier ontleden en zijn organen onderzoeken. Wanneer het katje eenmaal opengesneden is, is het dood. Het leven verdwijnt en iedere mogelijkheid voor liefde is weg. Alleen wanneer er leven is, is er liefde. In zijn onderzoek naar de waarheid van het leven, vernietigt de wetenschapper onbewust het leven zelf. Vreemd!

Leven is liefde. Leven in alles te zien en te voelen is liefde. Leven is niet óp de maan of ín de zon. Nee, de maan ís leven, de zon ís leven. Leven is hier. Leven is daar. Leven is overal. Er is niets dan leven. Hetzelfde geldt voor liefde. Waar er ook leven is, daar is liefde, en omgekeerd. Leven en liefde zijn niet twee, zij zijn één. Maar totdat Realisatie bereikt wordt, zal onwetendheid over hun eenheid overheersen. Totdat Realisatie bereikt wordt, zal het verschil tussen intellect en hart voortduren."

Er was een diepe stilte. Ieders blik was op Moeders gezicht gericht. Zij vertolkte een diepe waarheid met de grootste eenvoud. Iedereen zat als betoverd tot de stilte werd verbroken door de stroom van Amma's honingzoete woorden toen Zij verderging: "Een wetenschapper is meer gericht op de buitenkant dan de binnenkant. Hij is meer geïnteresseerd in de delen dan in het geheel. Hij is zo verdiept in de wereld die hij waarneemt, dat hij zich totaal onbewust is van het innerlijke universum. Hij heeft vele grootse ideeën. Hij is begiftigd met een scherp intellect, maar zijn liefde is beperkt tot alleen het wetenschappelijke gebied. Het omvat niet alles. Moeder wil zeggen dat een echte wetenschapper een echte minnaar moet zijn, een minnaar van de mensheid, een minnaar van de hele schepping en een minnaar van het leven.

Een *rishi* is een echte minnaar, omdat hij diep in zijn eigen Zelf is gedoken, de ware kern van leven en liefde. Hij ervaart leven en liefde overal, boven, beneden, voor, achter, in alle richtingen. Zelfs in de hel, zelfs in de onderwereld ziet hij niets dan leven en liefde. Voor hem is er niets dan leven en liefde, in volle pracht en glorie stralend vanuit alle richtingen. Daarom zou Moeder zeggen dat hij de 'echte wetenschapper' is. Hij experimenteert in het innerlijke laboratorium van zijn eigen wezen. Hij schept nooit verdeeldheid in het leven. Voor hem is het leven één geheel. Hij verblijft altijd in die onverdeelde staat van leven en liefde.

De echte wetenschapper, de wijze, omarmt liefdevol het leven en wordt er één mee. Hij probeert nooit tegen het leven te vechten. Terwijl de wetenschapper probeert het leven te bevechten en te bedwingen, geeft de wijze zich eenvoudig aan het leven over en laat zich meevoeren, waarheen het hem maar brengt."

Toen Amma de laatste zin had uitgesproken, kwam Zij in een toestand van *samadhi*. Haar ogen waren wijd open, maar zij bewogen niet. Haar lichaam bewoog zich helemaal niet. Het was zo bewegingloos dat men niet eens het op- en neergaan van Haar ademhaling kon bespeuren. Amma's verheven stemming hield een tijd aan. Terwijl Amma in *samadhi* verzonken was, zong een van de *brahmachari's* een lied, *Anupama gunanilaye...*

Moeder, O Godin, Zetel van unieke kwaliteiten,
U bent de Steun voor hen die toevlucht zoeken.
U, die bescheiden bent door Uw wijsheid,
En zachtaardig door liefde
Geef mij iets van Uw Mededogen.

Zelfs zonder dat ik het zeg,
weet U dat ik onvoldoende kennis bezit om iets te weten
Toon Uw Voeten en zegen mij,
Want ik val in de oceaan van ellende.

Stilte van de geest

Toen Zij terugkwam tot de normale staat van bewustzijn, stelde dezelfde *brahmachari* een andere vraag: "Amma, U zei dat concentratie de geest stil maakt. Ik heb gehoord dat wetenschappelijk onderzoek en experimenteren een geweldige hoeveelheid concentratie vereisen. Als dat zo is, moeten wetenschappers, die uren en uren in het laboratorium doorbrengen, soms zelfs dagen aaneen, deze stilte van de geest ervaren. Is het niet? Is deze stilte en de stilte waar U over spreekt, één en dezelfde? Zo niet, wat is dan het verschil?"

Amma antwoordde: "Dat is een heel intelligente vraag. Zoon, hoewel beiden mogelijk een stille geest hebben, is er een geweldig verschil in hun ervaring. Een wetenschapper kan een bepaald soort stilte ervaren, wanneer hij zich concentreert op een bepaald experiment of wanneer hij bezig is iets uit te vinden. Maar als hij het laboratorium verlaat, wordt hij weer dezelfde man als voorheen. Hoewel hij een wetenschapper is, heeft ook hij *vasana's*. Beheerst door zijn oude gewoontes en *vasana's* wordt hij gedwongen te handelen overeenkomstig zijn geest en verlangens. Hij kan niet lang in deze 'gedachteloze' toestand blijven. De wetenschapper kan niet voor lange tijd deze ervaring van stilte vasthouden. Het begint eenvoudig wanneer hij het laboratorium binnengaat en eindigt wanneer hij naar buiten komt. Het is waar dat wanneer iemand op één punt gericht is, er een zekere stilte van de geest wordt verkregen. Het kan soms zelfs een leek overkomen. Moeder is het ermee eens dat in geval van de wetenschapper de concentratie intenser is dan in het geval van de leek. De geest van de wetenschapper is subtieler dan die van de leek. De stilte van de geest, die de wetenschapper door zijn geconcentreerde gerichtheid verkrijgt, is een speciale gave, maar dit soort stilte duurt niet lang. Het komt en gaat. Het gebeurt wanneer hij te midden van zijn reageerbuizen en machines werkt, niet in zijn dagelijkse leven. In het dagelijkse leven kan hij een totale mislukking zijn.

Kinderen, de stilte van de geest van een *rishi* komt voort uit het volledig loslaten van de geest. In wat voor omstandigheden de *rishi* zich ook bevindt, zijn geest is altijd stil, onafhankelijk van tijd en plaats. Hij gaat voorbij de geest en bereikt de toestand van 'geen geest'. Het ego sterft in hem en hij is dus egoloos, volledig vrij van de greep van verlangens. De wetenschapper daarentegen draagt nog steeds de last van zijn ego en heeft nog vele verlangens. Door de geest volledig leeg te maken heeft de *rishi* zich volledig ontdaan van de last van het ego. Hij is volkomen vrij, omdat niets op hem drukt. Hij is als een spiegel, zuiver en helder als kristal, zonder beelden van zichzelf. Als je beelden ziet, dan zijn dat allemaal reflecties. En reflecties behoren niet tot de spiegel. De spiegel reflecteert eenvoudig. Hij bezit niets en verwerpt niets.

Het soort stilte waar jij over sprak overkomt soms een dichter wanneer hij gedichten schrijft of wanneer hij naar de natuur kijkt en in gedachten verzonken is over een thema, terwijl hij zijn fantasie de vrije loop laat. Stilte kan een boer overkomen, wanneer hij fantaseert over zijn gewas en de geweldige oogst die hij gaat binnenhalen. Een gewone minnaar die contempleert over zijn geliefde, kan ook dezelfde ervaring hebben. Maar deze mensen zijn nog steeds egocentrisch. Zij bevinden zich nog steeds op het mentale niveau. Zij zijn allemaal overbelast. Hun hoofden zijn vol gedachten, ideeën en plannen voor de toekomst. Wanneer zij eenmaal uit hun zogenaamde stilte komen, die niet lang duurt, zijn zij opnieuw hetzelfde oude kleine ego.

Een wetenschapper blijft zijn bestaande ego nog versterken. Hij verzamelt meer en meer kennis, meer en meer informatie, wat alleen het ego opblaast. Een *rishi* is echter volkomen leeg. Hij wordt als een lijk in een rivier. Hij laat zich door de stroom van het leven meevoeren, waarheen deze maar wil. De wetenschapper is aan de buitenkant vol, vol van kennis over de wereld. De *rishi* is van binnen vol, vol van de ervaring van Eenheid met het Hoogste Absolute. De wetenschapper ziet verscheidenheid, de *rishi* ziet eenheid. De wetenschapper is slechts een deel van het bestaan, terwijl de *rishi* het gehele bestaan is. Terwijl de wetenschapper zich belast met feiten en getallen, wordt de *rishi* leeg zodat alle kennis door hem stroomt zonder zijn ervaring van die Eenheid te beïnvloeden. Terwijl de wetenschapper zijn visie beperkt en vernauwt, breidt de rishi zich uit en omvat het hele universum.

Moeder hield op met spreken en vroeg de *brahmachari's* om *Kodanukoti…* te zingen.

O, eeuwige Waarheid,
De mensheid heeft U miljoenen en miljoenen jaren gezocht.
De wijzen van weleer, die alles opgaven,
Deden eindeloze jaren tapas
Om in meditatie hun Zelf
In Uw Goddelijke Stroom te laten vloeien.

Uw oneindig kleine Vlam, die voor allen ontoegankelijk is
En gloeit als de schittering van de zon,
Staat onbeweeglijk, zonder zelfs te dansen
In de woeste cycloon.

Bloemen, kruipende planten en altaarkamers
Tempels met net geïnstalleerde heilige pilaren
Wachten alle op U sinds eeuwigheid en eeuwigheid,

Maar U bent nog steeds onbereikbaar ver weg.

Bidden en huilen tot god als meditatie

Vrijdag, 6 juli 1984

Amma gaf *darshan* in de hut. Een van de toegewijden vroeg: "Amma, ik weet maar weinig over spiritualiteit. Ik heb vertrouwen in Moeder en ik wil een leven van devotie en toewijding leiden. Kunt U me alstublieft iets vertellen over hoe ik meer spiritueel kan worden?"

Moeder gaf hem dit antwoord: "Zoon, op de eerste plaats moet je het idee om meer spiritueel te worden, opgeven. Probeer gewoon oprecht tot God te bidden en over Hem te mediteren. Denk niet aan meer spiritueel worden. Die gedachte kan soms een hindernis zijn.

Huil en bid tot God. Bezing Zijn glorie. Span jezelf niet te veel in door te proberen in de lotushouding te zitten of door je adem in te houden terwijl je op Zijn vorm mediteert. Meditatie is de herinnering aan God, constante en liefdevolle herinnering. Beschouw Hem als je geliefde of beschouw jezelf gewoon als Zijn kind. Of zie Hem als je vader of moeder. Probeer eenvoudig aan Hem te denken zoals we aan onze vader of moeder of geliefde denken. Hoe herinnert een minnaar zich zijn geliefde? Zeker niet door in de lotushouding te zitten. De herinnering komt spontaan in hem op terwijl hij ligt, wandelt of op de oever langs een rivier zit, of het gebeurt terwijl hij aan het werk is. Het maakt niet uit waar hij is of wat hij doet. Op dezelfde wijze moet je je geliefde godheid herinneren wanneer je maar kunt, waar je ook bent en wat je ook doet.

Contempleer over Hem als je schepper, beschermer en het uiteindelijke verblijf, waarnaar je terug zult keren. Probeer Hem te voelen met je hart. Probeer Zijn aanwezigheid te voelen, Zijn genade, liefde en mededogen. Open je hart en bid tot Hem: 'O Heer, mijn schepper, beschermer en uiteindelijke rustplaats, leid mij naar Uw licht en liefde. Vul mijn hart met Uw aanwezigheid. Er is mij verteld dat ik Uw kind ben, maar ik ben onwetend over mijn bestaan in U. Mijn geliefde Heer, ik weet niet hoe ik u moet vereren, of hoe ik U kan behagen of op Uw vorm kan mediteren. Ik heb de geschriften niet bestudeerd. Ik weet niet hoe ik U kan verheerlijken. O, God vol mededogen, toon me de juiste weg, zodat ik naar mijn ware thuis terug kan keren, dat niets anders is dan U.'

Kinderen, bid en stort tranen wanneer je aan Hem denkt. Dat is de grootste *sadhana*. Geen andere *sadhana* is zo doeltreffend om je de gelukzaligheid van goddelijke liefde te geven, als oprecht gebed. Je hoeft geen academische opleiding te volgen om van God te houden. Je hoeft geen geleerde of filosoof te zijn om Hem te vereren of om Hem te roepen. Roep eenvoudig om Hem, maar laat deze roep vanuit je hart komen. Roep om Hem met dezelfde intensiteit en onschuld als een kind dat huilt om voedsel of om door zijn moeder geliefkoosd en geknuffeld te worden. Huil en bid tot Hem. Hij moet Zichzelf bekend maken. Hij kan niet stil zitten en onberoerd blijven wanneer iemand Hem op deze manier roept.

Kinderen, onschuldig gebed, het roepen om de Heer is een zeer krachtige manier om de Heer te behagen. Je hoeft geen geleerde te zijn om dat te doen. Zelfs een ongeschoolde leek of een ongeletterde bosbewoner kan de genade van de Heer verkrijgen, als hij werkelijk vastbesloten is het doel te bereiken.

Er is een verhaal dat dit punt illustreert. Een van de leerlingen van de eerste Shankaracharya was erg trots op zijn devotie voor de Heer. Zijn geliefde godheid was Narasimha, de mens-leeuw, de vierde incarnatie van Vishnu. Om zijn geliefde godheid te behagen en Zijn visioen te ontvangen, ging de toegewijde naar het bos om intens *tapas* te doen. Dagenlang mediteerde hij zittend op een rots, dichtbij het kluizenaarsverblijf en hij onderwierp zich aan een strenge, serieuze *sadhana*. De *sadhak* merkte niet op dat er op een dag een bosbewoner naar hem kwam kijken. De bosbewoner observeerde hem met grote nieuwsgierigheid, maar kon niet begrijpen waarom deze man in zo'n vreemde houding zat, rechtop met gekruiste benen. Omdat de toegewijde zijn ogen dicht had, zag de simpele man zijn meditatiehouding aan voor slaap. De bosbewoner was zo nieuwsgierig en verlangde er zo naar om met de slapende man te spreken, dat hij iedere dag terugkwam en lange uren wachtte, in de hoop dat de toegewijde zijn ogen zou openen. Uiteindelijk kwam er een dag waarop de *sadhak* uit zijn meditatie kwam. De simpele bosbewoner benaderde hem met groot respect en vroeg: '*Tambra* 1, waarom zít u altijd te slapen? Waarom gaat u niet liggen?' De toegewijde moest lachen toen hij de onschuld van de bosbewoner zag en zei: 'Hé, dwaze man, ik zit niet te slapen, ik mediteer op de vorm van mijn geliefde godheid.'

Natuurlijk begreep de bosbewoner hier niets van. Zijn hele leven had hij in het bos gewoond en hij was ongeschoold en ongeletterd. 'Mediteren? Geliefde godheid? Wat is dat?', riep hij uit. De toegewijde zei: 'Jij begrijpt zulke dingen niet. Ik roep mijn Heer en bid tot Hem.' De bosbewoner verbaasde zich opnieuw: 'Wat! Iemand roepen zonder van deze plaats weg te gaan? Waarom ga je Hem niet zoeken?' De toegewijde antwoordde niet. Hij glimlachte slechts en ging terug in meditatie.

Dagen gingen voorbij. De nieuwsgierigheid van de bosbewoner liet hem niet met rust. Hij was niet in staat om zijn drang om meer te weten over de persoon naar wie de toegewijde zocht, te beheersen en hij benaderde opnieuw de *sadhak*. Met grote

---

[1] De manier waarop iemand van een lagere kaste iemand van een hogere kaste aanspreekt. De term betekent 'eerwaarde meester'.

hoop vroeg hij: '*Tambra*, wie is deze man om wie U roept? Kan ik U helpen hem te vinden?' De toegewijde was heel blij met de oprechtheid van de man. Omdat hij wist dat de bosbewoner niets zou begrijpen van meditatie of andere technieken van *sadhana* zei hij: 'Luister, de persoon die ik roep is geen mens, maar een speciaal soort leeuw, een uiterst krachtige mens-leeuw.' Met dit antwoord was de bosbewoner tevreden.

De dagen gingen over in maanden en in deze tijd werden de twee dikke vrienden. De bosbewoner voelde zich erg bedroefd over zijn *tambra*, die altijd in meditatie zat en zich van slaap en voedsel onthield. Hij dacht: 'Wat een ongehoorzaam schepsel is die mens-leeuw. Kijk naar *tambra*. Hij is zo vermagerd en verzwakt door gebrek aan voedsel en slaap. Ik moet iets doen om hem te helpen. Dat arrogante schepsel, dat weigert de roep van mijn *tambra* te beantwoorden, moet een lesje geleerd worden.' Hij besloot op reis te gaan om de mens-leeuw te zoeken. Maar eerst wilde hij toestemming van zijn *tambra* hebben. De onschuldige bosbewoner wachtte tot de toegewijde zijn ogen opende, vertelde dan van zijn bedoeling en vroeg toestemming om te gaan. De toegewijde moest hartelijk lachen: 'Wat een dwaze, onwetende man! Hij denkt dat mijn Heer ergens in het bos woont.' In de vaste overtuiging dat de bosbewoner zou falen maar denkend dat het geen zin had om te proberen hem dit uit te leggen, gaf de toegewijde zijn toestemming. Zich kostelijk amuserend over de dwaasheid van de bosbewoner sloot de toegewijde opnieuw zijn ogen en ging in meditatie.

De bosbewoner begon zijn zoektocht. Hij ging van grot naar grot, van struik naar struik, over heuvels en dalen. Hij zocht overal. Hij sloeg geen enkel plekje in het enorme, dichtbegroeide woud over in zijn zoektocht naar de leeuw van zijn *tambra*. Zelfs nadat hij alle grotten, alle struiken, alle heuvels en alle dalen had doorzocht, gaf hij het niet op. Hij begon toen te roepen:

'*Tambrante simham, va, va*' (Mijn meesters leeuw, kom, kom!)' Hij verloor volledig het bewustzijn van tijd en ruimte. Honger noch dorst voelend werd hij zo mager als een skelet. Zijn onophoudelijk roepen '*Tambrante simham, va, va*' weerklonk overal in het woud. Het vulde de atmosfeer en schiep overal een constante, zeer krachtige vibratie.

De bomen, bergen, dalen, struiken, vogels en dieren stonden stil wanneer hij uitriep: '*Tambrante simham, va, va*'. Zelfs zonder dat hij het wist was de zoektocht overgegaan in een intens onderzoek dat langzaam zijn primitieve natuur en daarmee al zijn *vasana's* had opgebrand. Zijn geest loste langzaam op en alle gedachten verdwenen. Tenslotte hield zelfs zijn hoorbare geroep op. Hij werd volkomen stil. Alleen het allesverzengende vuur van zijn liefde brandde binnen in hem en dit steeg onmiddellijk op. Het oversteeg de hemelse verblijfplaats en bereikte uiteindelijk de verblijfplaats van Heer Vishnu zelf. De vlammen van de meditatie van deze zogenaamd onwetende bosbewoner waren zo krachtig, dat Vishnu moest reageren. Hij nam de vorm aan van Narasimha, de mens-leeuw, en verscheen voor de simpele bosbewoner.

De bosbewoner trok een kruiper uit de grond, bond hem rond de nek van de Heer en leidde Hem terug naar de *tambra*, die nog steeds met gesloten ogen op een rots zat en probeerde de vorm van zijn geliefde godheid te zien. De bosbewoner riep uit: 'O *tambra*, open uw ogen. Hier is uw mens-leeuw. Ik heb hem hierheen gebracht voor U.' De toegewijde ontwaakte na het herhaalde geroep en hij kon zijn ogen niet geloven. Hij wreef zijn ogen keer op keer uit, keek en keek opnieuw. Nog steeds kon hij zijn ogen niet geloven. Zijn Heer, de geweldige incarnatie van Heer Vishnu, stond hier vlak voor hem. Met de ene hand hield de bosbewoner een kruiper vast, die rond de nek van de Heer gebonden was, en met de andere hand voerde hij Hem vers gras.

Toen de bosbewoner zag hoe verbaasd de *tambra* was, zei hij: '*Tambra*, kom naar beneden, neem je leeuw. Hij is oké. Hij is niet gevaarlijk. Kom maar naar beneden.' De toegewijde klauterde van de rots af als een krankzinnige en viel vlak voor de Heer en de bosbewoner neer, luid huilend als een kind dat om vergeving vroeg. De bosbewoner wist hier geen raad mee. Nu sprak de Heer: 'Sta op, mijn liefste. Voel je niet teleurgesteld. Onthoud dat zij Mij dierbaar zijn, die zich vol liefde Mij herinneren, en zowel binnenin als in de buitenwereld voortdurend Mijn aanwezigheid voelen. Het ego kan niet bestaan, waar echte liefde is. En daar waar echte liefde is, kan Ik gemakkelijk binnenkomen en verblijven.' Na dit gezegd te hebben plaatste de Heer Zijn hand op het hoofd van de bosbewoner en gaf hem *moksha*, de uiteindelijke bevrijding. De Heer troostte de toegewijde door hem te zeggen, dat ook hij in dit leven de hoogste staat zou bereiken. De toegewijde werd echt nederig.

De bosbewoner had geen enkel geschrift bestudeerd, maar hij had een hart vol liefde. Zijn zoektocht was niet eens voor hemzelf, maar voor iemand anders. Zo iemand, begiftigd met zo'n liefhebbend en mededogend hart, is de Heer dierbaarder dan iemand die zittend in de lotushouding mediteert en vol trots over zijn kennis van de geschriften en meditatie- en *japa*technieken contempleert.

Kinderen, gebruik dit verhaal als een inspiratie, probeer te bidden totdat je hart smelt en als tranen neerstroomt. Er wordt gezegd dat het water van de Ganga iedereen zuivert die erin baadt. De tranen die de ogen vullen wanneer men zich God herinnert, hebben een geweldige kracht om de geest te zuiveren. Zulke tranen zijn krachtiger dan meditatie. Zulke tranen zijn werkelijk de Ganga."

Moeder instrueert mensen altijd verschillend. Zij doorziet duidelijk ieder wezen en instrueert overeenkomstig ieders mentale niveau en geërfde spirituele aanleg. Moeder raadt sommigen aan door te gaan op het pad dat zij volgen, maar anderen instrueert zij een totaal andere *sadhana* te volgen. Er zijn gevallen waarin Moeder een *sadhak* vertelt met dezelfde *sadhana* door te gaan, maar met kleine veranderingen. De meeste mensen die Haar opzoeken, worden geïnstrueerd het pad van liefde, devotie en gebed te volgen. Er zijn er maar weinig die verteld wordt het pad van *Vedanta* of non-dualiteit te volgen. Volgens Moeder zijn de meeste mensen niet bekwaam genoeg om de *Vedanta-sadhana* te volgen. Zij is er sterk van overtuigd dat de *Vedanta-sadhana* de spirituele groei zal hinderen als het beoefend wordt door mensen die er niet rijp en onbekwaam voor zijn. Moeder gelooft dat het aantal mensen dat *Vedanta* en de betekenis ervan in het leven werkelijk begrijpt, erg klein is.

Amma zegt: *"Vedanta* is niet iets om over te praten. Het is een manier van leven. Het moet geleefd worden. Tegenwoordig leven mensen in naam van *Vedanta* te veel in hun hoofd. Zij vernietigen alle schoonheid en charme van spiritualiteit en Goddelijke Liefde door zich over te geven aan egoïstisch gepraat en egoïstisch gedrag."

De lezer vindt het misschien vreemd dat Moeder een toegewijde instrueert niet te worstelen in de lotushouding te zitten of zijn adem in te houden tijdens de meditatie. In plaats daarvan instrueert Zij hem om om de Heer te huilen en met onschuld te bidden. Moeder zegt dat veel mensen bij Haar komen met de klacht dat zij nooit een echte 'ervaring' hebben gehad, hoewel ze jarenlang intens *sadhana* gedaan hebben. Moeder gelooft dat dit voornamelijk komt door een gebrek aan liefde en onschuld in hun *sadhana*. Om werkelijk te leven en om echte spirituele ervaring te bereiken, moet men de kwaliteiten van liefde en onschuld ontwikkelen. Amma zegt dat, wat voor spiritueel pad we ook volgen, het gebouwd moet worden op de sterke basis van *prema*. In het geval van de toegewijde, die de vraag had gesteld, moet het pad van devotie de *sadhana* zijn die hem helpt spiritueel te groeien, omdat Amma hem dat adviseerde. Een echte Meester weet wat het beste is voor zijn toegewijden en leerlingen.

Het was bijna half zeven 's avonds. Amma stond op en liep naar de tempelveranda. Het was tijd om de avond-*bhajans* te beginnen. Alle bewoners en bezoekers kwamen eraan en gingen op hun plaats zitten. Weldra begon het gezang, begeleid door het harmonium en de *tabla*. Amma zong *Adi parashakti...*

Allereerste Hoogste Macht,
Zegen ons alstublieft, bevrijd ons van smart.

Godin met achttien armen,
Wier rijdier een leeuw is,
Uw ogen worden zelfs door lotusbloembladen vereerd,
U die een zachte glimlach heeft.

U heeft een stralend gezicht
En bezit alle zeven deugden in gelijke mate.
Uw woede is als die van een dolle olifant.
U wordt als Ajan door de goden vereerd.

Godin van het universum,
Dans altijd in mijn hart.
Neem deze smekeling vriendelijk in ogenschouw
En verleen mij alle gunsten.

De gelukzalige momenten waarin men samen met Amma zong en iets van de hoogste liefde en devotie kon ervaren, duurden tot kwart over acht. Na de *arati* vond men Amma liggend in het zand, niet ver van de tempel. Enkele *brahmachari's* en Gayatri waren bij Haar. Omdat het zand nat was, bracht iemand voor Amma een mat om op te liggen. Gayatri smeekte Amma om op de mat te liggen, maar Amma bewoog Zich niet. Het leek erop alsof ze van het natte zand genoot. Ze begon over de grond te rollen. Gayatri nam deze kans waar om de mat aan één kant uit te spreiden, in de hoop dat Amma erop zou rollen wanneer Zij Zich omdraaide en terugrolde. Maar Gayatri werd teleurgesteld, omdat Amma ophield met rollen en op één plaats bleef liggen. Met Haar rechter wijsvinger naar de hemel wijzend, uitte Zij een aantal merkwaardige geluiden, die klonken alsof zij een vreemde, onbekende taal waren. Haar uitgestrekte vinger bleef een tijd in dezelfde positie, terwijl Zij onbeweeglijk met gesloten ogen lag. Er ging een tijdje voorbij, voordat Zij in Haar normale stemming terugkwam.

Eén van de *brahmachari's* die tijdens de conversatie 's middags aanwezig was geweest, vroeg: "Amma, vanmiddag gaf U een jongeman de instructie slechts te bidden en te huilen om God. Is dat genoeg om God te kennen?"

"Ja", zei Moeder "als je het doet met je hele hart. Zoon, denk niet dat spirituele oefening enkel het zitten in lotushouding en mediteren of het herhalen van een mantra inhoudt. Natuurlijk zijn dit ook manieren, technieken om zich God te herinneren en het Zelf te kennen. Zij zullen zeker helpen het van nature rusteloze lichaam en de rusteloze geest te oefenen en te bedwingen. Maar het is verkeerd te denken dat deze oefeningen de enige weg zijn.

Neem bijvoorbeeld de Gopi's van Vrindavan en Mirabai.2 Wat was hun *sadhana*? Hoe werden zij *Krishnamayi's* (vol van Krishna)? Door urenlang in lotushouding te zitten en streng te mediteren? Nee, maar natuurlijk mediteerden zij wel. Zij deden een constante en intense meditatie, maar niet zittend met gekruiste benen. Toegewijden zoals de Gopi's en Mirabai herinnerden

---

[2] Een grote vrouwelijke toegewijde van Krishna, die in de 15e eeuw in Rajasthan leefde. Zij was een prinses die haar koninklijke rechten en rijkdom opgaf om haar geliefde Heer te vinden.

zich voortdurend de glorie van de Heer en koesterden Zijn goddelijke vorm binnen in zich, onafhankelijk van tijd of plaats. Zij huilden en huilden slechts, totdat hun tranen hun hele geest hadden weggespoeld, totdat al hun gedachten verdwenen waren.

Kinderen, als we huilen, kunnen we alles moeiteloos vergeten. Huilen helpt ons op te houden over het verleden te piekeren en over de toekomst te dromen. Het helpt ons in het heden te blijven – bij de Heer en Zijn goddelijke *lila*. Stel je voor dat iemand die ons zeer dierbaar is, sterft, bijvoorbeeld onze moeder of vader, vrouw of man of een zoon of dochter. We zullen aan hem of haar denken en treuren, nietwaar? We vergeten al het andere. Op dat moment komt er niets anders in onze geest dan de zoete herinneringen aan de overledene. We zullen geen andere interesse hebben dan aan deze persoon te denken en hem voor de geest te halen. Onze geest wordt volledig op deze persoon gericht.

Kinderen, huilen heeft de kracht om de geest volledig op één punt te richten. Waarom mediteren we? Om concentratie te krijgen, nietwaar? De beste manier om concentratie te krijgen is dus het huilen om God. Dat is een zeer krachtige manier om ons God te herinneren, en dat is in feite meditatie. Dat is wat grote toegewijden zoals de Gopi's en Mirabai deden. Kijk, hoe onzelfzuchtig Mirabai bad: 'O Mira's Giridhari[3], het geeft niet als U niet van me houdt. Maar Heer, ontneem mij alstublieft niet het recht U lief te hebben.' Zij baden en huilden totdat hun hele wezen was omgevormd tot een toestand van voortdurend gebed. Zij bleven de Heer vereren, totdat zij volkomen waren verteerd door de vlammen van Goddelijke Liefde. Zij werden zelf de offergave.

Wanneer je eenmaal de offergave wordt, wanneer je hele wezen in een staat van voortdurend gebed is, dan blijft niet jij, maar Hij over. Wat overblijft is Liefde. Gebed kan dit wonder

---

[3] Een naam van Krishna met de betekenis 'degene die de berg optilde'.

verrichten. Huilen kan dit tot stand brengen. Wat is het doel van meditatie? Het is om liefde te worden. Het is om eenheid te bereiken. Daarom is er geen betere meditatietechniek dan te bidden en te huilen om God. Smeek Hem. Stort je hart bij Hem uit. Gebed is niets anders dan de geest leegmaken, dan zich ontdoen van de *vasana's*. Gebed is niets anders dan Zijn oppermacht accepteren en je je eigen nietigheid herinneren. 'Ik ben niets. Ik ben niemand. U bent alles.' Gebed leert ons nederigheid. Je zoekt Zijn bescherming, Zijn liefde, Zijn genade, mededogen en hulp om hem te kunnen bereiken. Je roept tot Hem in een poging Hem te bereiken. Gebed is de overgave van het ego. Van diep binnen in je probeer je Hem te bereiken. Je probeert je uit te breiden. Je vertelt de Heer: 'O Heer, ik heb geen kracht. Ik dacht dat ik het had, maar nu begrijp ik dat ik hulpeloos ben. Ik ben in het duister. Ik kan niets zien. Ik ben niets... Wees mijn gids, leid me, help me. Het was mijn ego dat me deed denken dat ik iets groots was. Nu besef ik dat ik hulpeloos ben. Zonder uw genade kan ik niets zijn.' Wat is dit? Dit is jezelf blootgeven als een schepsel dat totaal hulpeloos is zonder Hem en Zijn genade. Dit is jezelf vernederen. Dit is de echte manier om de *vasana's* af te breken. Er moet een besef van hulpeloosheid zijn. Men moet zijn hulpeloosheid voelen. Hulpeloosheid maakt iemand nederig. Nederigheid op zijn beurt zal iemand helpen Gods genade en ook menselijke liefde te ontvangen."

Amma lag nog steeds in het zand. Zij zweeg een poosje. Niemand sprak een tijd. Moeder vroeg iets te drinken, maar toen Gayatri het bracht, dronk Zij het niet. Haar gedrag is onbegrijpelijk. Na een lange pauze zei één van de *brahmachari's*: "Amma, hoe verschilt het gebed van een gewone gelovige van dat van een echte toegewijde?"

Amma antwoordde: "Gewone gelovigen, die we kunnen onderscheiden van een echte toegewijde, bidden gewoonlijk ook.

Zij gebruiken mogelijk dezelfde termen en zij smeken misschien op dezelfde manier. Zij kunnen zelfs identieke woordengebruiken. Maar zij uiten slechts woorden, betekenisloze woorden. Zij bidden niet werkelijk vanuit het hart. Zij wauwelen maar wat. Uit angst of om hun wensen te vervullen zeggen zij iets, wat volgens hen bidden is. Maar in werkelijkheid suggereren zij God, en instrueren Hem zelfs, dat dít de dingen zijn die zij willen en dat dát de dingen zijn die zij niet willen. Zij zeggen: 'Geef me wat ik verlang en waar ik van hou. Geef niet die dingen die ik niet mag.' Hoe kan dit gebed zijn? Dit is slechts een poging om over God te heersen. Dit is Gods alwetende aard in twijfel trekken. De zogenaamde gelovige zegt indirect dat hij beter weet dan God wat goed en niet goed voor hem is. Kunnen we dit gebed noemen? Nee, dat kunnen we niet. Het is gewoon een tentoonspreiding van zijn ego. Hij heeft nog steeds zijn eigen voorkeur en afkeer. Zijn doel is om zijn verlangens te vervullen. Verlangen is het centrale punt waar zijn gebed om draait.

Maar een ware toegewijde offert zichzelf aan de Heer wanneer hij bidt. Gebed is een offer, een offer van zijn eigen leven. Echt gebed is echte overgave. In echt gebed valt er niets te vragen, niets te eisen, zijn er geen suggesties. Een ware toegewijde realiseert zich dat zijn Heer zowel binnen in zichzelf als in de buitenwereld aanwezig is, dat Hij alles weet en alles kan, dat Hij alwetend, almachtig en alomtegenwoordig is. De toegewijde begrijpt dit en probeert eenvoudig zijn totale hulpeloosheid aan de Heer kenbaar te maken en hij accepteert Hem als de enige beschermer en gids. In zo'n oprecht en openhartig gebed, bekent de toegewijde de nutteloosheid en de last van zijn ego. Waarom zou men een nutteloos ding houden? Daarom bidt hij de Heer om het te verwijderen en te vernietigen. Dit soort gebed is echte meditatie en het zal iemand ongetwijfeld naar het doel brengen. In echt gebed heeft de toegewijde geen voorkeur of afkeur. Hij wil zijn ego opgeven. Hij probeert alles als een manifestatie van de Heer te zien. Hij heeft geen andere wens te vervullen dan in eeuwige vereniging met zijn Heer op te gaan."

Er werd nog een vraag naar voren gebracht: "Kan iemand baat vinden bij het gebed van iemand anders?"

Moeder antwoordde: "Ja, dat kan gebeuren. De concentratie, devotie en zuivere bedoeling van de persoon die bidt, kan een ander beïnvloeden en zijn wens kan vervuld worden. Dit soort gebed zal werken voor de vervulling van een wens, om iemand voor een gevaar te behoeden, of om een ziekte te genezen.

Maar als het doel de realisatie van het Hoogste Wezen is, moet je volkomen egoloos worden. Dat vereist eigen inspanning. De *sadhak* moet zelf oprecht bidden voor de verwijdering van zijn negatieve neigingen. Hij moet hard werken. Dit gebed is niet om iets te bereiken of om een wens te vervullen. Het is om voorbij alle prestaties te gaan. Het is om alle verlangens te transcenderen. Het is een intens verlangen van de *sadhak* om naar zijn ware, oorspronkelijke verblijf terug te keren. Hij voelt en wordt zich bewust van de last van zijn eigen ego, en dit gevoel veroorzaakt een sterke drang om zich van deze last te ontdoen. Het is deze drang die zich uit in gebed.

De verwijdering van het ego kan niet worden bereikt door de gebeden van een andere, beperkte ziel. Er is eigen inspanning en de leiding van een Volmaakte Meester voor nodig. Het werken aan het ego of het leegmaken van de geest wordt gemakkelijker in de aanwezigheid van een Goddelijke Meester. Alhoewel Moeder gezegd heeft dat het gebed van iemand anders niet kan helpen bij de verwijdering van het ego, kan enkel de gedachte, de blik of de aanraking van een *Satguru* een geweldige verandering in de leerling teweegbrengen. Als hij dat wenst kan een *Satguru* zelfs

Zelfrealisatie aan Zijn leerling of toegewijde schenken. Hij kan doen wat Hij wil. Zijn wil is één met Gods wil. Als je bidt voor de vervulling van onbenullige wensen, zit je vast aan je geest en al zijn gehechtheden en aversies. Niet alleen dat, maar je vermeerdert de bestaande *vasana's*. Nieuwe wensen, nieuwe werelden worden gecreëerd. Tegelijkertijd verleng je de ketting van je boosheid, lust, hebzucht, jaloezie, waanvoorstellingen en alle andere negatieve eigenschappen. Iedere wens brengt deze negatieve emoties met zich mee. Onvervulde wensen resulteren in boosheid. Wanneer men in tegenstelling hiermee bidt om zuivering, met het doel *atma bodha* of het bewustzijn van het Zelf te creëren, worden de *vasana's* juist vernietigd. Zulk gebed zal je kijk op het leven totaal veranderen. De oude persoon sterft en een nieuwe persoon wordt geboren. Maar bidden voor de vervulling van kleine wensen zal geen verandering in de persoonlijkheid tot stand brengen. Degene die op deze manier bidt, blijft dezelfde. Zijn houding tegenover het leven blijft gelijk.

Dit betekent niet dat je je niet moet bekommeren om degenen die ziek zijn of minder gelukkig zijn dan jij. Bid voor hen dat de Heer hen mag helpen. Dit is veel beter dan bidden voor kleine onbeduidende wensen, gericht op het bevredigen van de zintuigen. Maar als je doel Zelfrealisatie is, onthoud dan dat het je ego en je *vasana's zijn*, die verwijderd moeten worden. Hiervoor is eigen inspanning nodig en de leiding en genade van een *Satguru*."

Na deze discussie over gebed vulde de melancholieke melodie van het lied *Karunatan katamiri* de atmosfeer...

> *Moeder, wees zo vriendelijk een mededogende blik naar me te werpen*
> *Zodat ik vrede in mijn geest kan verkrijgen.*
> *Ik vereer Uw Heilige Voeten in de bloem van mijn geest.*

*Dag en nacht rijzen er golven van verdriet
in mijn geest, waardoor deze wordt overweldigd.
U bent de Heerser over de aarde,
Vernietiger van verdriet en Schenker van het goede.
Toon daarom mij uw genade.*

*Moeder, geef mij een kans om uw voeten,
Die als bloemen zijn, te aanbidden.
Moge uw blik vol mededogen op mij vallen,
Zodat ik vervuld word van gelukzaligheid.*

*Wees zo vriendelijk de honingzoete
druppels van Uw zuivere liefde
Over mijn geest te sprenkelen,
Die droevig en hulpeloos is.
En laat me zo baden en zwemmen
In de koele wateren van de oceaan van gelukzaligheid.*

Spiritualiteit is loslaten en dan weer opnemen

Een volgende vraag werd gesteld: "Amma, wat is de beste manier om spiritualiteit uit te leggen of te interpreteren?"

Moeder antwoordde: "Spiritualiteit kan niet worden uitgelegd of geïnterpreteerd, het is een ervaring. In feite moeten alle interpretaties en verklaringen ophouden, als je werkelijk wilt weten wat spiritualiteit is. Men moet erg ontvankelijk zijn. Er moet geen innerlijk gepraat of enig oordeel zijn. Alle interpretaties behoren tot het hoofd. Alle interpretaties zijn geleende ideeën of ideeën samengesteld uit andere ideeën. Het zijn allemaal herhalingen. Spiritualiteit kan alleen ervaren worden in rust en stilte. Het is het loslaten van alle informatie die men over de buitenwereld verzameld heeft.

Moeder heeft een verhaal gehoord. Er was een *Mahatma*, die anderen nooit iets over zijn grootheid liet blijken. Hij droeg altijd een grote zak vol speelgoed en snoepjes bij zich. Steeds wanneer hij kinderen zag, gaf hij hun speelgoed en snoep. Op een dag hield een groep van geleerden hem aan en zij zeiden: 'O Eerbiedwaardige Heilige, wij weten dat u een grote ziel bent. Wij weten dat u toneelspeelt. Door het meedragen van dit speelgoed en snoep probeert u een dik gordijn tussen uzelf en ons te plaatsen. Misleid ons alstublieft niet. Vertel ons iets over spiritualiteit.'

Toen de *Mahatma* dit hoorde, liet hij de zak onmiddellijk vallen en liep een paar meter weg. De mensen vroegen: 'Wat betekent dit? We begrijpen het niet.' De *Mahatma* antwoordde: 'Dit is spiritualiteit, je ontdoen van de last van je ego.' De geleerden zeiden: 'Oké en dan?' De *Mahatma* keerde op zijn schreden terug, nam de zak en plaatste hem weer op zijn schouders. Hij zei tegen hen: 'Dit is spiritualiteit: alles laten vallen of opgeven. De zware zak is je ego met al zijn negatieve neigingen, zoals boosheid, hebzucht, jaloezie en egoïsme. Het is een last. Dit is het gewicht dat je naar beneden drukt. Ontdoe je van het gewicht van je ego. En dan, na het volledig te hebben losgelaten, kom je terug en draag je het opnieuw. Maar nu weegt het niets. Met andere woorden draag het niet opnieuw, totdat je voelt dat het niet langer een last is. Het ego is dan geen ego meer, maar een schijn-ego. Het is interessant om te zien hoe het schijn-ego werkt. Het is gewoon een spel. Dit zelfgeschapen ego is er om jou zelf en degenen die je benaderen, te amuseren. Dit zelfgeschapen ego bevat nu speelgoed en snoep om kinderen te vermaken.'

Kinderen, spiritualiteit is niets anders dan loslaten en dan weer oppakken. Spiritualiteit is zich van alles ontdoen en dan de last weer op zich nemen. Maar deze keer is de last geen last meer. Met andere woorden: neem de last niet op je totdat je voelt dat het gewichtloos is. Ja, wanneer je je volledig van de innerlijke last hebt ontdaan, dan neem je hem terug, dan draag je de last van de wereld. Maar dan zul je geen enkel gewicht voelen. In tegendeel, je zult een enorme vreugde voelen, die diep van binnenuit opwelt, ook al draag je de last van de wereld. Voorheen was het werkelijk lijden, maar nu is er helemaal geen lijden, omdat je geest volkomen rustig is en daarom voel je het niet meer als een last. Hoewel je nog steeds handelingen verricht, ben je erbij betrokken en tegelijkertijd ben je er niet bij betrokken. Je begint de dingen vanuit een totaal verschillende hoek te zien. Je speelt een rol, maar je identificeert je er nooit mee. Je blijft erbuiten. Wat je ook doet, je voelt je altijd gelukzalig."

Iemand maakte een opmerking waaruit enige verwarring sprak: "Het ego laten vallen en het dan weer oppakken en toch egoloos blijven zonder de last ervan te voelen. Dat is moeilijk te begrijpen!"

Moeder vervolgde: "Moeder zei dat het een ervaring was, die niet begrepen, verklaard of door het intellect geïnterpreteerd kan worden. Het intellect heeft voor alles een verklaring. Mensen zijn niet bereid iets te accepteren zonder uitleg. Zij denken dat er voor alles een logische verklaring moet zijn. Arme zielen! Zij denken dat zij de aard van dit universum met zijn mysteries kunnen verklaren. Het moderne wetenschappelijke denken is verantwoordelijk voor het overdragen van deze houding op de menselijke geest. De moderne wetenschappelijke benadering houdt zich alleen bezig met verschijnselen en objecten die kunnen worden waargenomen. Men houdt zich alleen bezig met de empirische wereld, die kan worden gemeten met uiterlijke instrumenten, en de daaruit getrokken conclusies moeten intellectueel te begrijpen zijn.

Deze opvatting van de moderne wetenschap heeft het geloof van de mensen geschaad. Liefde kan niet worden waargenomen, net zomin als geloof. Zij zijn niet tastbaar. Deze kwaliteiten kunnen niet onder woorden worden gebracht, maar toch vormen zij de basis van het leven. Zonder hen is het leven geen leven, maar is het dood. De schoonheid en de luister van het leven zijn volkomen afhankelijk van liefde en geloof. Zij kunnen enkel in het echte leven worden verklaard. Het is onze ervaring dat zonder liefde en geloof het leven als een machine of als een lijk wordt. Net zoals een lijk tot ontbinding overgaat, zo begint het leven zich ook te ontbinden in de afwezigheid van liefde en geloof. Dit is onze dagelijkse ervaring. Ieder moment is een ervaring van deze grote waarheid. Het is verbazingwekkend dat mensen nog steeds om bewijs en uitleg hiervan vragen. Het is droevig dat zij zulke twijfels hebben over de waarheid."

In een oogwenk rees Moeder opnieuw naar de hoogten van spirituele gelukzaligheid. Ze was nu in een vreemde stemming. Zij nam een handvol nat zand in Haar rechterhand, maakte er een bal van en plaatste hem op Haar voorhoofd. Hierna werd Zij erg stil. Moeder sloot Haar ogen en bleef een tijd in Haar eigen wereld. Een wereld die voor de menselijke geest totaal onbegrijpelijk is.

Plotseling begon Moeder te zingen *Nilameghangale...*

O donkergekleurde wolken,
Hoe hebben jullie deze blauwe tint gekregen?
Dezelfde donkere gelaatskleur als
Shri Krishna, Zoon van Nanda in Vrindavan.

Zijn jullie Baby Krishna gaan opzoeken?
Heeft Hij naar jullie geglimlacht
en heeft Hij met jullie gepraat?
Heeft Hij met zijn blauwe lotusachtige ogen,
die zoet als honing zijn,
een blik naar jullie geworpen?

De diepe stilte van de nacht en het verheven gevoel gecreëerd door het lied deed ieders geest in een staat van rust glijden. Het is echt geweldig om naar Amma's honingzoete woorden en extatisch gezang te luisteren, want Zij vult zowel het hart als de ziel met liefde en tevredenheid. Maar deze intervallen van diepe stilte, wanneer Zij de gelukzaligheid van Haar eigen innerlijke stilte uitstraalt, hebben een schoonheid die niet in woorden kan worden uitgedrukt. Gedurende deze meditatieve momenten kunnen de mensen in Haar aanwezigheid zonder enige inspanning in de binnenste diepten van hun eigen hart duiken, waar zij stilte en vrede ervaren.

Moeder kwam uit Haar verheven stemming terug en keerde Zich naar één kant. De zandbal viel van Haar voorhoofd. Eén van de *brahmachari's* pakte hem voorzichtig op en hield hem in zijn handen.

Degene die de vraag over de uitleg van spiritualiteit had gesteld, ging weer verder in dezelfde gedachtelijn: "Amma, U hebt niet uitgelegd waarom de heilige de last niet voelt, hoewel hij die draagt."

Moeder glimlachte ondeugend. Misschien dacht Zij hoe dwaas we waren om door te gaan dezelfde vraag te stellen, zelfs na herhaaldelijk te zijn verteld dat spirituele ervaringen onbeschrijfelijk zijn en dat zij niet uitgelegd kunnen worden. Zij die enkel mededogen is, zegende echter Haar kinderen opnieuw door nog een paar aanwijzingen te geven: "Zoon, voordat Moeder je vraag beantwoordt, wil Ze je eerst vertellen hoe het intellect doorgaat bezwaren en twijfels naar voren te brengen. Het laat ons nooit geloven. Het laat ons nooit onverdeeld vertrouwen hebben. Kijk nu naar jezelf. Zelfs nadat jou is verteld dat spiritualiteit niet uitgelegd kan worden, laat je intellect jou niet toe dit te accepteren. Het staat je niet toe te geloven. Het blijft om bewijs vragen in de vorm van meer en meer verklaringen. Dit zal nooit ophouden, tenzij je je bewust wordt hoe nutteloos dit herhaalde vragen is. Hoe meer bewijzen en verklaringen je worden gegeven, hoe meer het intellect eist. Dit komt doordat bewijs en verklaringen voedsel zijn voor het intellect. Zonder twijfels, woorden en verklaringen kunnen de geest en het intellect niet overleven. Zij kunnen zonder hen niet bestaan. Kennis van de buitenwereld is de werkelijke bron van bestaan voor de geest. Daarom is hij voortdurend op zoek naar feiten en cijfers. Wees je hiervan bewust en probeer de geest niet te voeden.

De heilige houdt ermee op de geest met kennis van de wereld te voeden. Wanneer het ego eenmaal geen voedsel meer krijgt, houdt de geest op met zijn gebruikelijke en mechanische functioneren. De heilige wordt nu alleen de baas. De heilige leeft in het hart. Terwijl het hoofd de zetel is van het ego, is het hart het egoloze verblijf. De heilige houdt op met in het hoofd leven. Hij verlaat het ego en verhuist naar het hart. Hij twijfelt niet. Hij verdeelt niet, maar is onverdeeld. Hij is het universum.

Als het ego eenmaal verwijderd is, ben je geen individu meer. Je bent bewustzijn. Je bent vormloos. Het ego is het materiaal dat naam en vorm geeft. Wanneer het ego eenmaal vernietigd is, verdwijnen naam en vorm. Je kunt een heilige een naam geven en hem als een vorm waarnemen, maar hij is geen van beide. Hij is als de wind. Hij is lege ruimte. Alles gaat door hem heen. Het hele universum – alle zonnen, manen en sterren; bergen, dalen en bossen; oceanen en rivieren; alle mensen en levende dingen – gaan eenvoudig door hem heen. En hij blijft simpelweg onaangeroerd, onbewogen en onverstoord. Hij leeft stilletjes, vredig en gelukkig. Omdat hij egoloos is, is hij zonder geest.

Je kunt het ook op de volgende manier bekijken. Zolang we onder water blijven, voelen we het gewicht niet van de dingen die we dragen, hoe veel het ook mag zijn. Maar kom nu uit het water en probeer dezelfde dingen te dragen. Je kunt ze misschien nog geen centimeter verplaatsen. Op dezelfde wijze duikt de *Mahatma* diep in het geheel van het bestaan. Hij wordt het bestaan zelf en de 'last' die hij draagt is gewichtloos, omdat die in de ruimte van het bestaan drijft. Dus is het niet werkelijk een last die hij draagt. Hij voelt geen gewicht, want in werkelijkheid is hij volkomen ontlast omdat hij egoloos is.

Een heilige leeft in liefde. Hij leeft in mededogen. Een heilige is de belichaming van liefde en mededogen. In zuivere liefde is er geen last. Niets kan een last zijn voor zuivere, onbaatzuchtige liefde. Echte liefde kan het gehele universum dragen zonder enige druk te voelen. Mededogen kan het lijden van de hele wereld op de schouders nemen zonder de minste pijn te voelen. Wat we de zware last van de hele wereld noemen is gewichtloos voor een *Mahatma*. Hij draagt deze last uit pure vreugde en geluk. Maar in feite draagt hij hem helemaal niet. Hij kan niets dragen omdat hij geen individu of vorm is. Hij is de ruimte zelf. Hij kan alles bevatten. Alles bestaat in de ruimte, en toch is er nog voldoende ruimte over in de ruimte. De ruimte is onbegrensd en onuitputtelijk.

Er is geen verdeling in deze staat. Men wordt volledig onverdeeld. Er is alleen maar ruimte. Verdeling wordt door ons geschapen. Als gevolg van ons *karma*, schept het ego verdeling. Het is als een huis dat door muren in vele kamers is verdeeld. Voordat het huis gebouwd werd, was er alleen ruimte. Nadat de muren waren opgetrokken, werd de ruimte verdeeld in afzonderlijke kamers. Maar in werkelijkheid is er nog steeds alleen ruimte, ook al is het huis af en is er een scheiding gemaakt door de muren. Het huis bestaat in de ruimte. Als je de muren afbreekt, verdwijnt het huis en heb je weer alleen ruimte. Op dezelfde wijze kan het ego vergeleken worden met de muren die alle ruimtes afbakenen. Verwijder het ego en je wordt opnieuw ruimte.

Maar zoon, wat voor goed zal het je doen als je al deze woorden en ideeën enkel hoort. Je moet proberen deze staat waarin je ontlast bent, te bereiken. Alleen dát is de moeite waard."

Een andere *brahmachari* voelde de drang te spreken: "Het is mooi, wanneer U over deze dingen spreekt, Amma. Hoewel we ons op het laagste niveau van het leven bevinden, voelen we ons zo geïnspireerd wanneer u spreekt. Soms rijst er een golf van innerlijke drang en voelen we een sterke motivatie om deze hoogste staat te kennen en te ervaren. Maar dit gevoel duurt nooit erg lang; het dooft snel weer uit."

Moeder nam dit punt op en weidde er verder over uit: "Het getij komt en gaat. Het getij komt op wanneer je in situaties als deze verkeert, geïnspireerd door *satsang*. Het totaal van zulke inspirerende omstandigheden zal culmineren in een drang die voortdurend gevoeld zal worden. Dit zal het vertrekpunt zijn. Op dat punt heb je geen andere keus dan de laatste sprong te maken en uiteindelijk je te verheffen. Een echte meester zal je naar dat punt brengen door intense en inspirerende situaties te scheppen. Naarmate je ontvankelijker wordt, zal de intensiteit van deze omstandigheden toenemen. Dat is hoe een ware Guru zelfs de meest onwaardige student langzaam en geleidelijk naar het doel brengt."

De *brahmachari's* verheugden zich over deze laatste uitspraak. Eén van hen die zichzelf als een onwaardige leerling beschouwde, zei: "Ik ben nu gelukkig omdat ik denk dat er ook voor mij nog hoop is. Ik wacht op de dag dat mijn geest vervuld is van het intens verlangen in Moeder op te gaan."

Moeder wees hem terecht: "Ga niet simpel zitten wachten zonder iets te doen. Verspil je tijd niet door alleen maar te wachten. Benut je tijd door je geest voor te bereiden, door van binnen meer en meer ruimte te scheppen, zodat de Guru binnen kan komen. Hij is altijd bereid binnen te komen, maar er moet op zijn minst een klein kiertje zijn. Wanneer de Guru eenmaal naar binnen is gegaan, is alles oké. Hij doet de rest. Hij zorgt ervoor dat je opgegeten wordt. Maar op het ogenblik is zelfs dat kleine kiertje er niet. Probeer een opening te scheppen of tenminste een kiertje en laat de Guru een plaatsje binnen in je bezetten. Te zijner tijd zal hij erop toezien dat het ego naar buiten wordt geduwd, zodat je hele hart alleen door hem bezet wordt."

Na deze uitspraken begon Amma *Agamanta porule* te zingen...

Essentie van de Agama's, die het universum vult,
Kent iemand U, die vol Wijsheid bent?
O Gelukzalig Zelf, eeuwig Wezen, vrij van verdriet,
Oerkracht, hoogste Macht, bescherm mij.

U verblijft in alle harten en kent iedereen,
vol verlangen de gelukzaligheid
van bevrijding te schenken,

Onzichtbaar voor de goddelozen,
maar altijd schijnend
In de meditatie van de deugdzamen.

U die straalt als eeuwige Waarheid,
Devi, die eeuwig bent,
verlicht het pad naar bevrijding
en schijn in mij, een dwaas onder de mensen.

Duidelijk vertel ik U Moeder,
Verwaardig U in mijn hart te komen en te schijnen.
Kies mij om Uw geschiedenis te prijzen
En bevrijd mij van deze maya.

Om half elf 's avonds begon het te regenen. Het leek erop dat Moeder in de regen wilde zijn, want Zij stond niet op. Alsof zij op Haar waren afgestemd, bleef iedereen zitten, behalve Gayatri, die bezorgd was over Moeders gezondheid en lichamelijke behoeften. Gayatri stond op want zij kon zien dat de motregen spoedig in een zware regen zou overgaan. Maar Moeder verroerde Zich niet. Gayatri smeekt Moeder om op te staan en naar de tempelveranda of naar Haar kamer te gaan. Plotseling veranderde de motregen in een stortbui. Iedereen werd drijfnat. Op het moment dat de motregen was begonnen had Gayatri de paraplu, die zij bij zich droeg, geopend en geprobeerd deze boven Amma te houden. Maar Amma genoot van de regen en alleen met grote tegenzin gaf Zij toe aan Gayatri's voortdurend smeken. Uiteindelijk stond Amma op en ging met haar naar Haar kamer. De *brahmachari's* stonden daar nog een paar ogenblikken alsof zij niet meer in deze wereld waren. Het duurde een paar minuten om zich te realiseren dat Moeder weg was. Toen sprongen zij plotseling allemaal op en renden naar de tempelveranda.

Bibberend gaf één van de *brahmachari's* commentaar: "Het kwam mij voor dat Amma wilde zien of we zouden opstaan en wegrennen, toen het begon te regenen. Misschien was het een test. Maar misschien ook niet. Amma heeft Haar eigen redenen. Zij gaf er misschien eenvoudig de voorkeur aan om in de regen te blijven."

Een andere *brahmachari* zei: "Ik weet niet hoe te handelen in zulke situaties. Gayatri bijvoorbeeld stond erop dat Moeder naar Haar kamer zou gaan, terwijl niemand van ons ook maar een enkel woord uitte. We zaten daar maar en hielden onze mond. Natuurlijk bleven ook wij in de regen. Maar ik vraag me af wat de juiste houding is? Welke houding is correct, die van Gayatri of de onze?"

Zijn gevoelens van ongemak delend gaf een andere *brahmachari* het volgende commentaar: "Nu je die vraag gesteld hebt, heb ik er ook een schuldig geweten over. Ik denk dat we Amma hadden moeten vragen naar Haar kamer te gaan voordat het zo zwaar regende."

Er volgde een discussie en de *brahmachari's* besloten het aan Moeder te vragen wanneer zij de kans kregen. Toen gingen ze naar hun kamers. De enige geluiden waren die van het waaien van de wind, het vallen van de regen en het bulderen van de oceaangolven.

Hoofdstuk 2

Wat is de juiste houding?

Zaterdag, 7 juli 1984

In de loop van de ochtend hadden de *brahmachari's* de gelegenheid Amma de vraag te stellen, die hen de vorige dag had dwarsgezeten. Eén van hen vroeg: "Amma, toen U gisteren in de regen zat en het begon te stortregenen, smeekte Gayatri U naar Uw kamer te gaan, terwijl wij niets zeiden. Wij hielden eenvoudig onze mond. Amma, wees nu zo vriendelijk ons te vertellen of het verkeerd was dat wij zwegen."

Luid lachend antwoordde Amma: "Nee, nee, kinderen. Maak je niet ongerust, jullie houding was niet verkeerd. Zowel Gayatri's houding als die van jullie waren correct.

Gayatri's *sadhana* bestaat uit het zorgen voor Amma's lichamelijke behoeften. Zij is hier heel nauwgezet in. De minnaar is in de beginfasen van liefde altijd erg gehecht aan en bezorgd over het fysieke lichaam van zijn of haar geliefde. Deze gehechtheid of sterke band blijft bestaan tot aan de laatste fase, waarin de minnaar volkomen één wordt met de geliefde. De houding van 'ik' en 'jij' blijft bestaan in de minnaar totdat de uiteindelijke versmelting plaatsvindt. Gayatri is altijd bezorgd over Amma's lichaam. Ze denkt en droomt onophoudelijk over Amma's fysieke behoeften. Haar zorg voor Amma's lichaam komt voort uit haar pure liefde voor Amma. Zo moet het zijn: gehecht zijn aan en zeer bezorgd zijn over het lichaam van de Guru, ook al maakt de Guru zich helemaal niet druk om zijn lichamelijke behoeften. Gehechtheid aan de Guru maakt je onthecht van alle wereldse aangelegenheden en zorgen. Het helpt de spirituele zoeker de wereld te vergeten en zich op God te concentreren. De spirituele vooruitgang van een leerling of toegewijde hangt af van de intensiteit waarmee hij of zij zich zijn Guru of God herinnert. Dit is ook meditatie en het zal culmineren in volledige Eenheid. Gayatri's gedachten zijn altijd gericht op Moeder en Haar behoeften. Daarom is er niets verkeerd in Gayatri's houding. Het is juist.

Kinderen, hebben jullie het verhaal van Krishna's hoofdpijn gehoord? Heer Krishna wendde op een dag voor zware hoofdpijn te hebben. Toen de wijze Narada in de privé-kamers van de Heer kwam, zag hij Krishna over het bed rollen, niet in staat de vreselijke pijn te verdragen. Met grote bezorgdheid vroeg Narada of hij iets voor de Heer kon doen, of er enige remedie was om zijn pijn te verzachten. Krishna mompelde met een nauwelijks hoorbare stem, alsof Hij zware pijn onderging: 'Het enige medicijn is stof van de voeten van Mijn toegewijden. Deze ondraaglijke pijn zal alleen verdwijnen als dit stof op Mijn voorhoofd wordt aangebracht.'

Toen Narada dit hoorde dacht hij: 'O hemel, ik ben de grootste toegewijde van de Heer, maar hoe kan ik de vreselijke zonde begaan door het stof van mijn voeten aan de Heer te geven om op Zijn voorhoofd aan te brengen? Dat is onmogelijk. Dat kan ik niet doen.'

Maar toch wilde hij een geneesmiddel voor de Heer vinden. Dus ging hij op zoek naar iemand die het stof van zijn voeten zou geven, zodat de Heer het op Zijn voorhoofd kon aanbrengen. Eerst ging de wijze naar Rukmini en Satyabhama, de heilige echtgenotes van Krishna. Zij weigerden onmiddellijk, want zij wilden niet zo'n grote zonde begaan. Daarna bezocht Narada vele heiligen en wijzen die bekend stonden om hun devotie en *tapas*, maar geen van hen was bereid om zo'n grote zonde te begaan.

Narada keerde teleurgesteld terug naar Dvaraka, de verblijfplaats van Shri Krishna. Hij vertelde de Heer dat degenen die hij benaderd had, bang waren om zo'n grove zonde te begaan en hij vroeg waarheen hij moest gaan om de remedie vinden. De Heer zag Narada's hulpeloosheid en Hij antwoordde glimlachend, terwijl Hij nog steeds voorwendde zware pijn te hebben: 'Ga naar Vrindavan'.

Narada ging dus naar Vrindavan, waar de Gopi's helemaal blij en opgewonden waren om de grote toegewijde van Heer Shri Krishna te zien. Zij omringden hem en stelden vol verlangen vragen over Krishna. Nadat Narada hun vragen had beantwoord, vertelde hij hun uiteindelijk over de zware hoofdpijn en de enige remedie, die hij kwam vragen. Zonder een ogenblik te aarzelen en alsof zij krankzinnig waren geworden, begonnen de Gopi's zakken en zakken met zand van onder hun voeten te vullen.

Geschokt riep Narada uit: 'Wat doen jullie? Weten jullie niet dat dit de grootste zonde is: de Heer het stof van jullie voeten te laten dragen? Zijn jullie gek?'

In hun intense liefde voor de Heer riepen de Gopi's uit: 'Laat ons dan deze zonde maar begaan, hoe ernstig die ook mag zijn. Dat kan ons niets schelen. We geven niets om zonde of verdienste. De hoofdpijn van onze geliefde Krishna moet genezen worden. Dat is onze enige zorg. Als dit stof van onder onze voeten Zijn hoofdpijn zal genezen, dan kan het ons niets schelen wat voor straf er op ons wacht. Wij zullen deze met vreugde accepteren.'

Narada was verbaasd over de onvoorwaardelijke liefde en devotie die de Gopi's voor Krishna hadden. Toen hij met de zakken vol zand van de voeten van de Gopi's terugkeerde naar Dvaraka, vond Narada een gezonde, volkomen genezen Shri Krishna, die daar zat met een hartelijke glimlach, die Zijn goddelijke gelaat verlichtte. Narada realiseerde zich nu dat het hele hoofdpijn-gebeuren een goddelijk drama was, gespeeld door Shri Krishna om hem te vernederen. Hij werd zeker vernederd toen de Heer tegen hem zei: 'Mijn dierbare Narada, terwijl jij en alle anderen zich zorgen maakten over het begaan van een zonde, waren de Gopi's alleen maar bezorgd om Mij. Zij waren helemaal niet bezorgd over wat voor grote zonde zij zouden begaan. Zij waren in feite bereid alle consequenties te accepteren van de zogenaamde zondige daad van het geven van het zand van hun voeten aan de Heer. Zij dachten alleen aan mij, dat Krishna beter moest worden en dat Zijn pijn moest ophouden. Dit was hun enige zorg. Hun *bhakti* is met niets te vergelijken.'

Kinderen, deze houding van de toegewijde, die zorgt voor het fysieke welzijn van de Heer, is erg goed. Voor hem is de Heer zijn geliefde en zijn alles. Dus het past volkomen bij de liefde en devotie van de toegewijde om voor het lichamelijke comfort, de gezondheid en fysieke behoeften van de Heer te zorgen. De gehechtheid van de toegewijde en de voortdurende herinnering (of concentratie) komt uit deze houding voort. Dit is erg goed."

De *brahmachari* vroeg toen: "Amma, in het begin zei U dat onze houding niet verkeerd was, maar uw uitleg klinkt alsof Gayatri juist was en wij verkeerd."

"Nee, nee, niet waar", verzekerde Amma hem. "Moeder wilde juist zeggen dat jullie houding voortkwam uit jullie volledige identificatie met deze bepaalde omstandigheden. Jullie waren in een toestand van vergeetachtigheid. Jullie zagen de regen niet aankomen. Jullie hadden niet gezien dat de regenwolken zich opstapelden. Jullie geest was op dat moment zo geconcentreerd op het kijken naar Amma, dat jullie, zelfs toen het begon te regenen, de regendruppels niet opmerkten. Jullie leefden in het moment met Amma, en niets anders was van belang. Maar omdat het Gayatri's *sadhana* is om voor Amma's lichamelijke behoeften te zorgen, was zij meer bezorgd over Amma's gezondheid. Zij zag de regen komen en maakte zich grote zorgen dat Amma doornat zou worden. Natuurlijk wilde zij dat Amma uit de regen kwam en naar binnen ging. Dus zowel haar houding als die van jullie zijn correct.

Als Gayatri's houding vergeleken kan worden met die van de Gopi's die zonder de minste aarzeling het stof van hun voeten naar Krishna stuurden om Zijn hoofdpijn te genezen, dan kan jullie houding op dat ogenblik vergeleken worden met die van de Gopi, die haar vingers brandde toen zij Krishna zag.

Kinderen, kennen jullie dat verhaal? Er was eens een Gopi die door haar schoonmoeder werd gevraagd de lamp in het huis aan te doen, omdat de schemering viel. Zij ging naar het huis van de buren om vuur te halen. In die dagen waren er geen elektrische lampen, zelfs geen lucifers. Om een vuur aan te maken moest je op een vuursteen slaan of twee stokjes tegen elkaar wrijven, en als iemand dat gedaan had, hield hij dit vuur aan, zodat anderen hun vuur met het zijne konden aanmaken. Het was heel gewoon om naar het huis van de buren te gaan om vuur te halen. De Gopi nam een katoenen draad gedrenkt in olie met zich mee om deze aan te steken aan de lamp van de buren. Juist toen zij de in olie gedrenkte draad in het vuur stak, hoorde zei iemand zeggen: 'Kijk, daar is Krishna bij de deur.' Zij keerde zich onmiddellijk om en zag haar geliefde Krishna daar staan. Zij was zo betoverd door de aanblik van haar Heer, dat ze daar eenvoudig naar Hem stond te staren, onbewust van de draad die in haar hand brandde. De uiterlijke omstandigheden totaal vergetend, merkte zij niet dat haar vingers verbrandden. Zij voelde geen pijn want ze was zich helemaal niet bewust van haar lichaam. Intussen wachtte de schoonmoeder op haar terugkomst met het vuur. Toen de schoondochter niet terugkwam, besloot de schoonmoeder haar te gaan zoeken. Toen ze bij de buren aankwam, vond zij de Gopi in trance staan, naar Krishna starend. Zij was zo betoverd door Zijn aanwezigheid, dat zij zelfs niet wist dat haar vingers verbrandden.

Maar onthoud, dit is slechts een voorbeeld. Gayatri en jullie hebben nog een lange weg te gaan om deze staat van hoogste devotie te bereiken.

Kinderen, als je bewust op een egoïstische manier handelt is dat verkeerd. Als je bijvoorbeeld uit boosheid of wrok Amma opzettelijk in de regen laat zitten, dan zou dat een zeer schadelijke houding zijn, die je spirituele vooruitgang kan beïnvloeden. Ook als je de regen was ontvlucht, zonder je om Amma te bekommeren, zonder Haar toestemming om te vertrekken te vragen, of zonder dat Amma je zei te gaan, dan zou dat ook verkeerd zijn geweest. Maar geen van jullie heeft iets dergelijks gedaan, dus maak je niet ongerust.

Sommige mensen hebben de houding dat Amma God is, dat Zij boven alles staat en dat niets Haar kan deren. Zij denken aan Haar als almachtig en weten dat Zij zelfs zonder voedsel en slaap kan leven, omdat Haar energie onuitputtelijk is. Zij beschouwen Haar als hoogste *Brahman*, het Absolute. Deze houding is ook correct.

Het verschil is dat een toegewijde zowel de uiterlijke als de innerlijke aspecten van de Heer ziet, terwijl mensen die geloven dat God absolute *Brahman* is, alleen het innerlijke aspect zien. Voor Gayatri en voor jullie is Moeder jullie geliefde Heer en almachtige God. Zij is alles voor jullie.

Kinderen, Moeder weet dat Gayatri en jullie zeer bezorgd zijn over Amma's fysieke welzijn, maar in deze bepaalde omstandigheden identificeerden jullie je met het moment en vergaten jullie alles. Gayatri daarentegen was meer bezorgd om Amma's fysieke lichaam, omdat dit haar *sadhana* is. In beide gevallen gebeurt deze vergeetachtigheid en identificatie slechts af en toe. Het moet constant worden. Dat is het punt waarop je een voorproefje van de hoogste liefde ervaart."

De *brahmachari's* waren heel gelukkig te horen dat zij geen fout hadden begaan, toen zij Amma onbewust toelieten in de regen te blijven. Deze uitleg bevrijdde hen van elk schuldgevoel. Eén van de *brahmachari's* zong *Mara yadukula hridayeshvara...*, zoals Amma hem had opgedragen.

> *Meest bekoorlijke Heer over de harten van de Yadava's*
> *met de gelaatskleur van regenwolken,*
> *Die de godin Lakhsmi op Zijn borst draagt,*
> *U met de lotusogen, waar zijn Uw vingers,*
> *Die zachte wiegeliederen spelen?*
>
> *U, die in Vrindavan leefde als de zoon van Nanda,*
> *Die danste en speelde in de harten van Lord Chaitanya en anderen,*
> *U bent het begin en het einde.*
> *Tot U die gebonden bent aan Uw toegewijden*
> *Vouwen wij onze handen samen in verering.*

Rond drie uur 's middags doolde Amma rond tussen de kokospalmen. Dat was niet ongebruikelijk, maar er was iets bijzonders in Haar manier van doen. Men kon waarnemen dat Zij in hogere sferen vertoefde, want de ashrambewoners hadden Haar dit voorheen zien doen. Het was één van Haar bijzondere stemmingen, waarbij Zij – terwijl Zij rondliep – in de absolute stilte van Haar innerlijke natuur verbleef. Dit ging een tijdje door.

Een paar minuten later stopte Moeder en keek bij een jonge kokospalm omhoog. Boven in de boom werd een uil aangevallen door een groep kraaien. De boze kraaien krijsten luid terwijl zij genadeloos naar de weerloze uil pikten. Het leek zeker dat de kraaien de uil zouden doden.

Moeder pakte een steen en gooide hem naar de kraaien, maar zij stoorden zich er niet aan en gingen verder met hun aanval.

Moeder pakte toen meerdere stenen en gooide deze snel naar de kraaien. Deze keer erkenden de kraaien hun nederlaag en vlogen weg, de uil alleen achterlatend. Maar spoedig viel de arme vogel uit de boom naar beneden, fladderde vlak voor Moeder zwakjes op de grond en lag toen stil. Hij had wonden over zijn hele lichaam. Moeder ging zitten en nam de bloedende vogel in Haar handen, terwijl ze hem vol mededogen streelde. Met een bedroefde blik op Haar gezicht plaatste Ze de uil zachtjes op Haar schoot. "Gayatri," riep Moeder, "breng wat heet water en handdoeken."

Eén van de *brahmachari's* rende naar Gayatri en vertelde haar wat er gebeurd was. Een paar minuten later kwam Gayatri van Moeders kamer naar beneden met heet water en wat handdoeken. Toen zij Moeders witte rok vol bloed zag, glipten de volgende woorden uit Gayatri's mond: "O hemel! Amma Uw rok is vol met bloed. De rok is nu verpest."

Moeder wierp Gayatri een strenge blik toe. De liefde en het mededogen in Haar ogen voor de uil, waren niet zichtbaar in de blik waarmee Zij naar Gayatri keek. Het was meer als een waarschuwing, alsof Zij zei: "Wacht tot ik klaar ben deze arme en hulpeloze vogel te helpen." Gayatri vermoedde de betekenis van deze blik en werd bleek.

Moeder waste met het hete water en de handdoek het bloed van de wonden van de uil. Ze deed dit met grote liefde en zorg. Zij deed dit heel nauwkeurig, iedere keer waste Zij de met bloed bevlekte handdoek in een andere emmer uit. De aandacht die Amma aan een schijnbaar onbetekenende uil schonk, was zo bijzonder dat ieder die aanwezig was, voelde dat Zij een van Haar eigen kinderen verpleegde. Moeder sprak geen enkel woord toen Zij de vogel behandelde. Toen al het bloed verwijderd was en de wonden schoon waren, streelde Moeder het lichaam van de uil met een frisse handdoek droog. Toen vroeg Amma aan Nealu om wat geelwortelpoeder te halen. Nealu kwam snel terug met geelwortelpoeder uit de keuken. Het was kant en klaar, verpakt geelwortelpoeder, dat op de markt gekocht was. Maar dat had Moeder niet in gedachten: "Dat is niet goed," zei Ze. "Neem een gedroogde geelwortel, maak hem fijn en breng het poeder hier." Binnen een paar minuten was het versgemalen geelwortelpoeder klaar en Amma bracht met Haar eigen handen het poeder aan op de wonden van de vogel – onder de vleugels, op het hoofd, rond de ogen en op de nek. Zij zocht nauwkeurig naar iedere wond om het geelwortelpoeder erop aan te brengen. Terwijl Zij dit deed, zat de uil stilletjes op Moeders schoot zonder te fladderen of zich te verroeren. De uil leek eerder in gelukzaligheid dan in pijn te verkeren. Het leek er zelfs op dat hij hersteld was.

Na zorgvuldig het geelwortelpoeder op al zijn wonden te hebben aangebracht, sloot Amma Haar ogen en zat enkele momenten in een meditatieve stemming, terwijl Zij de vogel op Haar schoot hield. Toen Amma Haar ogen opende, streek Zij opnieuw over de rug van de vogel. Toen overhandigde Zij de vogel aan Balu en instrueerde hem er tot de schemering voor te zorgen. Zonder van Haar plaats te gaan waste Amma Haar handen en bleef op dezelfde plaats zitten.

Gayatri herinnerde Amma aan Haar met bloed bevlekte rok: "Amma, wilt U geen andere rok aantrekken?"

Alsof Amma op deze woorden had gewacht, antwoordde Zij vinnig: "Nee, Amma wil geen andere rok. Zij wil het bloed op Haar kleren houden. Dat herinnert Amma aan dit hulpeloze schepsel en aan de pijn die het geleden heeft. Het symboliseert de pijn en het intense lijden van de gehele schepping. Het doet Haar denken aan de hulpeloze toestand van hen die verdriet hebben en lijden. Zo wordt Moeder ook herinnerd aan de behoefte aan mededogen en de noodzaak dit aan alle schepsels te tonen, hoe onbelangrijk of nutteloos die ook schijnen te zijn. Het is erg pijnlijk voor Moeder om te zien hoe zelfgericht Haar kinderen zijn. In plaats van mededogen voor deze hulpeloze vogel te voelen, is Gayatri meer bezorgd over Amma's kleren. Het is pijnlijk te beseffen dat Amma's kinderen als spirituele zoekers de pijn van andere wezens niet voelen."

Gayatri liet haar hoofd hangen en zat erg stil. Een zware stilte vulde de atmosfeer en iedereen begon iets van Moeders zorg voor de hele schepping te voelen. Het was ontzagwekkend. Tranen rolden over Moeders gezicht, maar niemand wist waarom. Wie kan de betekenis begrijpen van de tranen van iemand die zo vol mededogen is?

Als Moeders stemming verandert, dan is er een verandering in de atmosfeer rondom Haar. Haar stemming wordt onvermijdelijk gereflecteerd in de mensen bij Haar.

Amma begon opnieuw te spreken: "De gedachte dat Haar kinderen niet in staat zijn mededogen te voelen, dat zij zich niet in een ander kunnen verplaatsen, is uiterst pijnlijk voor Moeder.

Zonder liefde en mededogen kan de wereld niet bestaan. Het hele bestaan is dank verschuldigd aan de *Mahatma's* voor alle liefde en mededogen die zij over de hele schepping hebben uitgestort. Deze schepping en alle schepsels erin zijn een uitdrukking van mededogen. Zij die de staat van Zelfrealisatie hebben bereikt, willen niet naar beneden komen. Zij transcenderen. Zij bestaan in het transcendente. Zij zijn het transcendente.

Het transcendente is de staat van stilte, de staat van Eenheid. In deze staat is geen beweging en er zijn geen gedachten omdat er geen geest is. Om liefde en mededogen te voelen is er een geest of een gedachte nodig, er is een *sankalpa* (wilsbesluit) vereist. Dus vanuit de staat van 'geen-geest', vanuit de staat van absolute stilte, komt een *Mahatma* een stap naar beneden, misschien niet één maar meerdere stappen, uit zorg voor degenen die hulpeloos zijn en in het duister tasten. De *Mahatma's* wilden nooit naar beneden komen. Waarom zouden zij, wanneer zij één zijn met de eeuwigheid? Waarom zouden zij zich druk maken om anderen? Waarom zou bewustzijn zich bezighouden met de geschapen wereld? In feite is er geen betrokkenheid in deze staat van eenheid. Er zijn geen gevoelens in deze staat. Er is geen mededogen, noch gebrek aan mededogen. Dus wordt er een geest geschapen met als doel om liefde en mededogen te ervaren en zich het lijden van de mensheid aan te trekken. Door eigen wil creëert de *Mahatma* een lichaam om mededogen en liefde uit te drukken. Wanneer er eenmaal mededogen van binnen opkomt, komt de *Mahatma* naar beneden naar het menselijke niveau van bewustzijn. Waarom doet hij dat? Waarvoor? Hebben jullie daar ooit over nagedacht? Hij doet dat alleen om de geest van liefde en mededogen in jou te creëren."

Moeder zweeg een tijdje. Eén van de *brahmachari's* vroeg Haar: "Amma, het klinkt alsof U ook niet naar beneden wilde komen, alsof U er de voorkeur aan had gegeven in deze staat van Eenheid te blijven. Hoe vindt dit naar beneden komen dan plaats? Hoe ontstaat dit mededogen?"

Amma, de mededogende, sprak: "Moeder heeft een verhaal over Boeddha gehoord, over wat er gebeurde toen hij verlicht werd. Luister goed.

Door jaren *tapas* werd Boeddha verlicht. Toen hij verlichting bereikte, bleef hij vele dagen zwijgen. Hij wilde niet spreken. Hij wilde zichzelf slechts verliezen in de eenheid met dat Hoogste Bewustzijn. Daarom zweeg hij. Toen werden de hemelbewoners erg bedroefd. Zij werden bang en vroegen zich af of Boeddha ooit zou spreken. Zij wisten dat zijn verlichting een zeer zeldzame gift was. Daarom wilden zij dat hij sprak, zodat de hele wereld en al zijn schepsels konden profiteren van wat hij had bereikt. Als hij niet sprak, zou dit een enorm verlies voor de wereld zijn.

Daarom kwamen de goden kwamen neer uit de hemel en verschenen voor Boeddha. Zij bogen neer voor de grote ziel en smeekten hem herhaaldelijk om te spreken. Zij zeiden: 'Heilige, spreek alstublieft. Uw ervaring is uniek en met niets vergelijkbaar. Wees daarom mededogend. Er zijn veel mensen die ondergedompeld zijn in pijn en verdriet. Eén enkel woord van U zal hun hoop geven. Enkel uw aanwezigheid zal hen vrede en rust geven. Er zijn ook zoekers naar de Waarheid die uw hulp nodig hebben. Leid hen naar deze staat van Zelfrealisatie. Een woord, een blik of een aanraking van U zal een regen van ambrosia op hen zijn. Spreek alstublieft, Grote Ziel.'

Eerst schonk Boeddha, de Verlichte, geen aandacht aan hun gebeden. Toen zij voortdurend bleven aandringen, probeerde hij hen uit te leggen, dat niets dat hij kon zeggen, zijn ervaring van de Waarheid volledig zou uitdrukken. De goden gingen door met hem te smeken: 'Denk aan de lijdende mensheid. Heb mededogen met hen die bedroefd en wanhopig zijn, verlangend naar iemand die hen troost en vrede kan geven. Denk aan deze zoekers naar de Waarheid, die dringend iemand nodig hebben om hen naar het doel te leiden. Zij hebben leiding nodig. Als niemand hen helpt, kijken zij misschien terug en denken: 'Ik heb zo lang gewacht om de staat van Volmaaktheid te bereiken. Wat als het niet bestaat? Misschien is er helemaal niet zoiets als Zelfrealisatie. Waarom zou ik dan mijn tijd nog langer verspillen?' En in deze toestand van frustratie en teleurstelling, kunnen zij zelfs terugvallen in de wereld van verscheidenheid. Denk, Heilige, denk. Denk aan zulke mensen. Heb medelijden met hen. Heb mededogen met hen en spreek. Een blik, een woord of een aanraking van een heilig iemand zoals U, is voor hen voldoende om het doel te bereiken. Wanneer één enkele ziel dit bereikt, vindt de rest van de wereld er baat bij.'

Geleidelijk aan vulde Boeddha's hart zich met mededogen. En zo, na de Hoogste Waarheid te hebben ervaren, na van binnen en van buiten vervuld te zijn en eenheid te hebben bereikt met het Hoogste Wezen, kwam hij naar beneden. De gebeden en het smeken van de goden in dit verhaal symboliseren de innerlijke roep en het verlangen van oprechte *sadhaks* en mensen die geloven in het bestaan van een Hoogste Macht en die dringend Gods genade en leiding nodig hebben. Er zijn altijd zulke mensen die intens verlangen naar een tastbare ervaring van God. Zij zien hoe de destructieve machten proberen de hogere waarden van het leven te overweldigen en voelen de innerlijke drang naar een positieve spirituele verandering. Hun intense roep en gebeden zullen golven van mededogen in de geest van een grote ziel scheppen. Deze roep noopt hem naar beneden te komen."

Een *brahmachari* zei: "Amma, ik voel me verward over wat u zei. Soms zegt u, dat wanneer Realisatie eenmaal is bereikt, men vol liefde en mededogen wordt, dat er niets dan liefde in zo iemand is. Maar ik heb u ook horen zeggen dat er in deze staat van Eenheid noch liefde, noch gebrek aan liefde is, noch mededogen, noch gebrek aan mededogen. Dit klinkt tegenstrijdig. Amma, maak dit alstublieft duidelijk."

"Kinderen", sprak Amma, "De meesten die Realisatie bereiken gaan op in het Eeuwige. Heel weinig van hen komen terug naar beneden. Want wie zou graag naar beneden willen komen, nadat hij de Oceaan van Gelukzaligheid is binnengegaan? Om naar beneden te komen vanuit deze uiteindelijke staat, vanwaar geen terugkeer is, is het nodig iets te hebben om aan vast te houden, een vastberaden gedachte, een *sankalpa*. Slechts enkelen die deze beslissing om naar beneden terug te keren, kunnen maken, zullen naar beneden terugkomen. Deze *sankalpa* of dit mentale besluit is liefde, mededogen en onbaatzuchtige dienstverlening aan de lijdende mensheid. Maar als je niet wil luisteren naar en antwoorden op de roep van de oprechte zoekers en de schreeuw van hen die in de wereld lijden en als je in deze onpersoonlijke staat wilt blijven en niet mededogend wil zijn, is dat volkomen in orde. Je kunt daar blijven.

Wanneer je naar beneden komt, wordt er een sluier door de wil van het Zelf opgehangen. Deze sluier kan op ieder moment worden weggetrokken en dient om het functioneren in deze wereld gladjes en ononderbroken te laten verlopen. Bewust schenk je geen aandacht aan de andere kant van de sluier. Toch ga je nu en dan naar de andere kant, maar je slaagt erin om weer terug te keren. De gedachte zelf of iets dat je aan de andere kant herinnert, kan je daar eenvoudig heen tillen.

Wanneer je eenmaal naar beneden bent gekomen, speel je je rol goed. Je leeft en werkt hard voor de verheffing van de hele mensheid. Je zult problemen, hindernissen en moeilijke situaties tegenkomen. Je zult ook het hoofd moeten bieden aan gescheld, schandalen en laster. Maar je bekommert je er niet om, omdat je van binnen verschillend bent, totaal verschillend, hoewel je er van buiten net zo uitziet als iedereen. Innerlijk ben je één met de Hoogste Waarheid. Daarom ben je onaangedaan, onbewogen. Doordat je één bent geworden met de bron van energie zelf, werk je onvermoeibaar. Je schenkt vrede en geluk aan iedereen, terwijl je de diepe wonden van hen die bij je komen, heelt en verzacht. Je manier van leven – je onthechting, liefde, mededogen en onzelfzuchtigheid – inspireert anderen om te willen ervaren wat jij ervaart.

Als deze mededogende en liefhebbende zielen, die naar beneden komen, zich helemaal niet willen bekommeren om de wereld, kunnen zij ook in die non-dualistische staat blijven en opgaan in het Hoogste Bewustzijn. In die staat is er noch liefde, noch gebrek aan liefde, noch mededogen, noch gebrek aan mededogen.

Om liefdevol en mededogend te zijn en onzelfzuchtige dienst te verlenen en om anderen te inspireren deze goddelijke kwaliteiten te ervaren, moet men een lichaam hebben. Wanneer men eenmaal een lichaam heeft aangenomen, moet dit zijn natuurlijke loop volgen. Het lichaam van een *Mahatma* is verschillend van dat van een gewoon iemand. Indien hij dit wenst, kan hij het lichaam zolang houden als hij wil, zonder gekweld te worden door lijden en ziekte. Maar hij laat het lichaam bewust alle ervaringen ondergaan, die een gewoon mens ondergaat. Daarin ligt zijn grootheid.

Werd Krishna niet gewond tijdens de strijd in de Mahabharata? Vocht Hij niet achttien maal met Jarasandha, de wrede en machtige koning? Uiteindelijk verliet Hij diplomatiek het slagveld. Krishna had Jarasandha kunnen doden als Hij dat had gewild, maar Hij deed het niet. Hij liet Bhima, de tweede Pandava broer, dat doen.

Onthoud dat het een pijl was, afgeschoten door een gewone jager, die een eind maakte aan Krishna's leven in deze wereld. Jezus werd ter dood gebracht aan het kruis. Beiden hadden zij de gebeurtenissen die een eind maakten aan Hun lichaam, kunnen voorkomen, maar Zij lieten alles plaatsvinden volgens de natuurlijke loop der dingen. Zij lieten zich door het leven dragen. Zij kozen ervoor te zijn zoals Zij waren en de gebeurtenissen te laten plaatsvinden. Zij waren bereid Zich over te geven. Dat betekent echter niet dat de natuurlijke gang van zaken voor Hen onvermijdelijk of onafwendbaar is, zoals dat voor normale mensen geldt. Nee, dat is niet zo. Als Zij dat hadden gewild, hadden Zij alle bittere ervaringen kunnen afwenden. Doordat Zij almachtig waren, hadden Zij degenen die zich tegen Hen keerden, gemakkelijk kunnen vernietigen. Maar zij wilden een voorbeeld stellen. Zij wilden de wereld laten zien dat het mogelijk is de hoogste waarden van het leven te leven, zelfs terwijl men alle problemen die gewone mensen hebben, ondergaat. Maar houd in gedachten dat, als er zich een situatie voordoet waarin het noodzakelijk is dat Zij een natuurwet doorbreken, Zij dit makkelijk kunnen doen.

Herinner je hoe Shri Rama op het punt stond de hele oceaan droog te leggen.4 En hoe Shri Krishna de berg Govardhana met zijn pink optilde.5

Amma pauzeerde en vroeg brahmachari Rao een lied te zingen, *Muka ganam pativarum...*

Ongelukkige bijen, melodieën zonder woorden,
Willen jullie niet naar het verblijf van de Goddelijke
Moeder komen?

De Goddelijke Moeder is op aarde gekomen.
We hoeven niet langer te zwerven
Over de stoffige wegen van deze aarde.

Met de lentebloemen is de Godin gekomen,
Vergane dagen zijn voor altijd voorbij.
Laten we nu naar het Goddelijke Verblijf gaan.

Laten we onze harten vullen
Met nieuwe woorden van wijsheid,

---

[4] Toen Shri Rama, een incarnatie van Heer Vishnu, de oceaan bereikte en naar Shri Lanka wilde oversteken, om Zijn goddelijke echtgenote Sita terug te krijgen, bad Hij tot de oceaangod om hem doorgang te verlenen. Toen deze hierop onverschillig reageerde, dreigde Hij uiteindelijk de god. Deze verscheen en verleende Hem doorgang door Shri Rama te vragen een brug over het water te bouwen.

[5] Om Indra, de trotse koning van de goden, te vernederen beval Krishna dat zijn jaarlijkse verering door de koeienherders moest worden onderbroken en in plaats daarvan aan de berg Govardhana moest worden aangeboden. Woedend hierover zond Indra hevige stortregens neer om de dorpelingen en hun koeien te vernietigen. Om hen te beschermen tilde Krishna de berg op en hield hem op Zijn pink zeven dagen en nachten lang omhoog, terwijl Hij hen onder de berg liet schuilen. Zo kreeg Hij de naam 'Govardhana Giridhari', oftewel 'Hij die de berg Govardhana omhoog hield.'

Vol van de gelukzaligheid van het Zelf,
Laten we verkondigen dat het complex van lichaam En geest
nooit 'Dat' is.

Na het lied ging Amma verder: "Kinderen, je kunt de hoogste Waarheid bereiken, maar je kunt toch nog mededogen missen. Zonder liefde of enige zorg voor lijdende mensen te voelen, kun je in de staat van Eenheid blijven. Je zult als een lotusbloem zijn, bloeiend op een verborgen bergtop in de Himalaya's. Of je zult als een meer zijn vol puur kristalhelder water, dat verborgen ligt in een diep, ontoegankelijk woud. Of je zult als een fruitboom zijn vol rijpe vruchten midden in een dicht bos. Niemand kan de schoonheid en de geur van deze lotusbloem genieten. Geen bij zal zijn stuifmeel verzamelen om honing te maken. Niemand zal komen baden in dat afgelegen meer of eruit drinken. Niemand kan de heerlijke, zoete vruchten van de ontoegankelijke boom genieten. Maar toch is je bestaan vol, helder en zuiver, want je hebt het doel bereikt.

De mededogenden daarentegen, wier harten gevuld zijn met liefde en zorg, zijn als een rivier die neerstroomt van de hoogste berg. Zij zijn als de Ganga. Nadat zij zijn opgestegen tot de hoogste top van gelukzaligheid, stromen zij uit mededogen van deze hoogten naar beneden om anderen van hun water te laten drinken en hen daarin te laten baden en zwemmen. Zij zijn als een fruitboom die langs de kant van de weg groeit, en iedereen zijn fruit aanbiedt. Vermoeide reizigers kunnen van het fruit genieten. Zij kunnen hun dorst lessen en hun honger stillen. Zij zijn als een prachtige lotus die in de tempelvijver bloeit. De mensen kunnen komen om van zijn schoonheid te genieten en zich te verheugen over zijn geur, en daardoor voelen zij zich tevreden. Zoals bijen die het stuifmeel voor honing komen verzamelen, zullen mensen zich rond deze mededogende zielen verzamelen, wachtend op de parels van wijsheid die van hun lippen vallen. Zij zelf worden een offer aan de mensen. Zulke zielen hebben zich totaal overgegeven aan het hele bestaan, maar uit mededogen offeren zij zich terug aan de wereld. Toch blijven zij in stilte."

Amma's verklaring was zo doordringend en onthullend dat iedereen geabsorbeerd was in Haar woorden. Wie anders kan zo duidelijk en zo overtuigend deze waarheden uiteenzetten, die 'subtieler dan het subtielste' zijn? Alleen iemand die enkel door zijn wil, zich moeiteloos tussen deze twee niveaus van bewustzijn kan bewegen.

Een *brahmachari* begon te spreken: "Amma, U sprak over Uw eigen ervaring. U vertelde ons dat U naar beneden bent gekomen en deze menselijke vorm hebt aangenomen, alleen uit liefde en mededogen voor ons, die in het duister tasten. Amma, hoe kunnen we iets terugdoen voor alle moeilijkheden die U voor ons ondergaat? Amma, hoe kunnen we deze liefde en mededogen ontwikkelen? O, Amma... Amma... Amma..." De *brahmachari* begon te snikken.

Als een moeder die diep bezorgd is over haar zoon, troostte Amma hem. Hij hield langzaam op met huilen, terwijl Amma zijn tranen afveegde met Haar eigen handen. Het was een zeer ontroerend incident, dat Amma's liefde en mededogen voor Haar kinderen toonde.

Vergeten teneinde zich God te herinneren

Een andere *brahmachari* had een vraag: "Amma, ik heb U verschillende keren horen zeggen dat men moet 'vergeten teneinde zich God te herinneren.' Wat betekent dat?"

Amma legde deze schijnbare paradox uit: "Kinderen, vergeten is noodzakelijk, niet alleen om zich God te herinneren. Als je welk werk dan ook geconcentreerd wil doen, moet je al het

overige vergeten. Als je tijdens het bestuderen van je lessent, aan voetballen begint te denken of aan scènes uit een film die je hebt gezien, dan zul je niet in staat zijn te leren. Je kunt mechanisch lezen, maar omdat je geest elders is, zul je de lessen niet in je opnemen.
 Een wetenschapper vergeet de hele buitenwereld wanneer hij in zijn laboratorium onderzoek doet. In hetzelfde laboratorium kunnen er verschillende andere dingen gebeuren, maar de wetenschapper hoort en ziet niets, omdat hij zich met zijn eigen persoonlijke werk bezighoudt. Misschien kijkt hij door een microscoop om de cellen van het menselijk lichaam te onderzoeken, maar hij zal zich niet eens bewust zijn van de microscoop. Hij ziet niets dan de minutieuze cellen die hij bestudeert.
 Dus in het dagelijks leven gebeuren dit vergeten en zich herinneren voortdurend. Ieder moment vergeet men iets en herinnert men zich iets anders. Men vergeet het gezin en herinnert zich het kantoor. Men vergeet de echtgenote, men herinnert zich de kinderen. De kinderen verdwijnen en de echtgenote verschijnt. Dit gebeurt voortdurend, van moment tot moment, maar we zijn ons er niet van bewust. Het is duidelijk dat in het dagelijks leven vergeten nodig is om je iets anders te herinneren. En hetzelfde geldt voor het je herinneren van God. Om je God te herinneren, moet je de wereld vergeten, omdat wanneer we de wereld zien, God wordt vergeten – tenzij we in staat zijn de wereld als God te zien.
 Het je constant herinneren van God, betekent een constant vergeten van de wereld en zijn objecten. Een geconcentreerd herinneren vergroot de afstand tussen twee gedachten. We dagdromen veel, denken en piekeren over verschillende dingen, mensen, plaatsen, enzovoorts. De wereld bestaat in ons als gedachten en ideeën. De wereld is gedachte. De grootste hindernis om zich God te herinneren, is denken – ons constante denken en dagdromen,

onze gewoonte om altijd alles uit te willen zoeken. Onze gedachten zijn altijd onregelmatig. De ene gedachte leidt naar een andere. Nu eens denken we aan onze zoon die in het buitenland woont. We dromen dat we erheen gaan en bij hem wonen voor de rest van ons leven. Dan weer dromen we over dat land en het grote plezier en de pret die we er zullen hebben. Het volgende moment gaan onze gedachten naar de dierentuin die we onlangs bezochten en de chimpansees die we in één van de kooien zagen, de manier waarop zij van de ene kant naar de andere sprongen, hoe grappig het was toen zij de pinda's aten, die wij hen gaven en hoe ze zich krabden. Een ogenblik later herinneren we ons onze trouwdag. Zo denken de meeste mensen. Zij leven in hun gedachtewereld.

Als je nauwkeurig kijkt, als je met een subtiel oog kunt kijken, zul je ontdekken dat er een ruimte tussen gedachten is. Deze ruimte is klein, kleiner dan de breedte van een haar, maar hij is er. Als je kunt voorkomen dat de gedachten ongecontroleerd stromen, zoals zij dit nu doen, zal deze ruimte toenemen. Maar dit is alleen mogelijk met een geest die op één enkele gedachte is geconcentreerd. Hij moet niet bij vele gedachten, maar bij één enkele gedachte stilstaan. En deze gedachte noemen we de herinnering van God. Deze gedachte kan de naam hebben van Rama, Krishna, Christus of Boeddha, hoe je je geliefde godheid ook noemt. Door dit soort herinneren worden dagdromen vergeten. Alle andere gedachten worden losgelaten en te zijner tijd wordt deze herinnering constant. Door constante herinnering van God vergeet men de wereld en wat er gebeurt. Alle gedachten worden vervangen door één enkele gedachte, de gedachte aan God. Je kunt hem Rama, Krishna, Boeddha of Christus noemen. Welke naam je Hem ook geeft, dit geconcentreerde denken resulteert in de constante herinnering van God."

De *brahmachari* twijfelde: "Wat win je hiermee? Wat is het nut van dit vergeten en herinneren?"

Amma antwoordde: "Stel je bouwt een prachtig huis. Het was de droom van je leven om dit huis te hebben. Je dacht altijd aan dit droomhuis, waarbij je vaak al het andere vergat. Wat win je erbij wanneer je uiteindelijk de constructie van het huis hebt voltooid en je erin trekt? Je voelt je gelukkig en tevreden, nietwaar? Op dezelfde wijze zul je vrede en perfecte tevredenheid bereiken, wanneer je je voortdurend God herinnert en de hele wereld vergeet. De tevredenheid die je ervaart wanneer je in je nieuwe huis trekt, zal spoedig verdwijnen, omdat die zal worden vervangen door een ander verlangen. Maar de vrede en tevredenheid die je bereikt door constante herinnering van God, waarbij je al het andere vergeet, zul je eeuwige vrede en geluk schenken.

Waar hunkert de mens naar? Wat is het meest afwezig in deze wereld? Het antwoord is vrede, nietwaar? Er is nergens vrede, niet in de buitenwereld en niet van binnen. Om het leven ten volle te leven, heeft men vrede en liefde nodig. Vrede is niet iets dat verkregen wordt wanneer alle wensen vervuld zijn of alle problemen zijn opgelost. Zolang de geest er is, zullen er wensen opkomen en zullen er problemen zijn. Vrede is iets dat ontstaat wanneer alle gedachten tot rust komen en je de geest transcendeert. Vrede komt wanneer de herinnering van God en het vergeten van de wereld gelijktijdig ervaren worden.

Iemand die innerlijk vrede heeft, is ontspannen. Zijn leven is in evenwicht. Hij is nooit te opgewonden of bezorgd. Hij treurt nooit over het verleden. Hij treedt de situaties van het leven kalm en intelligent tegemoet, omdat hij een grote helderheid van geest heeft. Zijn geest en visie worden niet vertroebeld door onnodige gedachten. Denk erom dat hij dezelfde problemen in het leven zal hebben als andere mensen, maar iemand die innerlijke vrede heeft, gaat er anders mee om. Zijn houding is verschillend. Er is een speciale charme en schoonheid in alles wat hij doet. Hij blijft onverstoord onder alle omstandigheden die zich in het leven voordoen.

Kinderen, leer te onthouden dat je het Zelf bent en God zelf toebehoort. Probeer te vergeten dat je het lichaam bent, dat je van God verwijderd bent of dat er niemand is die voor je zorgt."

Liefde en rede

Toen Amma ophield met spreken, begon *brahmachari* Pai spontaan een lied te zingen. Iedereen, inclusief Amma, zong blij met hem mee. Zij zongen *Hariyute kalil...*

> *Zonder aan de voeten van God (Hari) te vallen,*
> *Kan niemand het vuur van verdriet van wedergeboorte uitdoven.*
> *Zonder voor altijd voor de Guru te buigen,*
> *Zal niemand de gelukzaligheid van bevrijding verkrijgen.*
>
> *Niemand kan de Heer bereiken*
> *Zonder zichzelf te verliezen in het zingen van Zijn naam.*
> *Zonder op te gaan in de zoetheid van devotie,*
> *Kan niemand de staat van bevrijding bereiken.*
>
> *Hij die niet mediteert, geen japa of andere sadhana doet,*
> *Zal niet deelnemen aan de nectar van gelukzaligheid.*
> *Zonder rechtvaardigheid en mededogen*
> *Kan dharma niet worden uitgevoerd.*
>
> *Zonder alle gehechtheden op te geven*
> *Kan het vuur van wedergeboorte niet gedoofd worden.*
> *Tenzij de jaloezie van binnen verwijderd wordt,*
> *Zal God niet naar ons toe komen.*

Na het lied maakte een *brahmachari* de volgende opmerking: "God of het Zelf kennen is een kwestie van volmaakt geloof, zelfovergave en pure liefde, nietwaar? Maar intellectuelen beschouwen deze drie dingen als irrationeel en onlogisch."
Amma had Haar antwoord klaar: "Zogenaamde intellectuelen kunnen nooit van het echte leven genieten. Liefde is onontbeerlijk in het echte leven. Geloof heeft liefde nodig en liefde heeft geloof nodig. Zelfovergave vereist ook geloof en liefde. Al deze kwaliteiten zetelen in het hart, niet in het intellect.

Liefde, overgave en geloof zijn bijna onmogelijk voor een rationele denker, voor iemand die altijd alles berekent en analyseert. Hoe kan zo iemand liefhebben? Er is geen logica in liefde. Je kunt liefde niet analyseren. Liefde is een gevoel, een diep gevoel. Je kunt liefde niet zien of aanraken. Maar liefde kan gevoeld worden en gevoel is in het hart. Om lief te hebben is een hart dat kan voelen en zich kan uitdrukken, nodig.

Kinderen, wat zou er gebeuren wanneer een vrouw verliefd werd op een rationalist en hem vroeg met haar te trouwen? Hij zou kunnen zeggen: 'Wacht, ik moet over de hele zaak nadenken. Ik moet de situatie analyseren en zien of het huwelijk een succes of een mislukking zal worden. Ik moet rationeel zijn en dit eerst uitzoeken.' Hij zal misschien zelfs een verhandeling schrijven, die het slagen en falen van de liefde en het huwelijksleven analyseert. Hoogstwaarschijnlijk zal de conclusie zijn: 'Liefde is irrationeel. Er bestaat niet zoiets als liefde. Het is slechts verbeelding. Liefde kan niet bestaan, want het kan niet worden gezien, aangeraakt of geroken. Daarom is het een illusie. Het is onmogelijk.'

Liefde gebeurt eenvoudig. Niemand denkt eraan hoe lief te hebben of wanneer en waar lief te hebben. Niemand is rationeel wanneer het op liefde aankomt. Rationeel denken hindert liefde. Liefde is een plotselinge opwelling in het hart. Liefde is een onvermijdelijk en niet tegen te houden verlangen naar eenheid. Het is niet logisch. Het gaat alle logica voorbij. Probeer daarom niet rationeel te zijn over liefde. Het is alsof je probeert een reden te vinden voor het stromen van de rivier, voor de koelte en zachtheid van een briesje, voor het stralen van de maan, voor de weidsheid van de hemel, voor de uitgestrektheid en diepte van de oceaan, of voor de geur en schoonheid van de bloem. Analyseren doodt de schoonheid en charme van deze verschijnselen. Zij zijn om genoten, ervaren en bemind te worden. Als je hen probeert te beredeneren, zul je de schoonheid, charme en de gevoelens die zij opwekken, missen. Zit aan de kust. Kijk naar de zee. Voel zijn uitgestrektheid. Voel het rijzen en dalen van de golven. Ervaar het en wees verbaasd over de schepping en de schepper van zo'n pracht. Wat voor goed zal het je doen om over de oceaan te redeneren?

Rationaliseren vernietigt schoonheid. Voortdurend vertrouwen op logica doodt poëzie, muziek, schilderkunst en zang. Het vernietigt alles wat mooi is in de natuur. Poëzie, muziek, schilderkunst, beeldhouwkunst en zang zijn afhankelijk van liefde. Deze kunsten zijn een uitdrukking van de kunstenaar. Het is zijn hart, dat uitgedrukt wordt in zijn kunst. De artiest geeft zichzelf in zijn kunst. Hij lost op en alleen de poëzie bestaat. Alleen de muziek bestaat. Alleen liefde bestaat.

Geloof en zelfovergave behoren tot dezelfde categorie als liefde. Liefde, geloof en zelfovergave zijn alle met elkaar verbonden en van elkaar afhankelijk. Zij zijn uitingen van het hart. Geloof is het geloven van iets dat je voelt. Dat iets is niet zichtbaar of tastbaar. Het is een ervaring. Net als liefde is geloof een ervaring. Geloof is zeer persoonlijk en subjectief. Wanneer men geloof heeft, weet men door eigen ervaring, en hoeft er niets bewezen te worden. Als er onomstotelijk, uiterlijk bewijs is, is het niet geloof, maar een feit. Wanneer feiten voorhanden zijn, is geloof niet nodig. Bijvoorbeeld: de zon, de aarde, planten, bomen, rivieren en bergen bestaan. Dit zijn allemaal feiten. Er is geen geloof nodig om te weten dat zij bestaan. Hun bestaan kan gedemonstreerd worden. Geloof begint waar de rede faalt. Geloof en liefde gaan aan de rede voorbij. Het hart voelt en ervaart geloof en liefde.

De wetenschap heeft zijn gebieden van onderzoek enorm uitgebreid, maar er zijn nog steeds veel dingen die het menselijke intellect niet kan begrijpen. Veel dingen kunnen niet door wetenschappelijke feiten verklaard worden. Hoewel de wetenschap niveaus van succes heeft bereikt, die voorheen ondenkbaar waren, blijft het universum een mysterie. Hoewel de wetenschap zich verbazingwekkend ontwikkeld heeft, heeft zij nog geen oneindig klein gedeelte kunnen vatten van wat het universum werkelijk is. Heeft de wetenschap niet totaal gefaald om de mensen gelukkig en vreedzaam te maken? Is de wetenschap met al zijn grote prestaties in staat geweest de mensheid meer menselijk te maken? Alle technologische ontwikkelingen en wetenschappelijke vooruitgang die we hebben bereikt, zijn het resultaat van ons rationeel denken. Zij zijn producten van het intellect. Maar de overheersing van het intellect heeft de kwaliteit van het leven vernietigd. Want het heeft liefde, geloof en overgave aan een hoger doel in het leven kapotgemaakt. Het heeft de schoonheid vernietigd. Het heeft slechts geholpen het ego op te blazen en de ijdelheid van het ego is voor ons een struikelblok geworden."

Niet geheel overtuigd merkte dezelfde *brahmachari* opnieuw op: "Het klinkt alsof Amma tegen wetenschap en intellectueel denken is. Moeten we niet tevens de nuttige dingen beschouwen die de wetenschap en het intellectuele denken aan de samenleving hebben bijgedragen?"

Moeders antwoord was welwillend: "Zoon, Moeder is niet tegen de wetenschap en het intellectueel denken. Moeder zegt niet dat de wetenschap ons volkomen geruïneerd heeft, noch probeert ze te zeggen dat intellectueel denken nutteloos is. De wetenschap en het intellectueel onderzoek hebben grote successen voor de gehele mensheid bereikt, daar is geen twijfel over. Maar wat Amma wil overdragen is dat wij mensen niet zóveel belang moeten hechten aan de wetenschap en het intellectuele denken, dat we al het andere uitsluiten. Zij hebben hun plaats. Hou hen daar, niet hoger en niet lager. Onthoud dat het leven geen machine is. Leven is bewustzijn zelf. Maak het leven niet mechanisch. Probeer niet een wetenschapper of zakenman te zijn, of je te gedragen als een bestuurder, wanneer je thuis bent. Je gezin is geen machine. Dat geldt ook voor jou. Het leven is geen machine. Liefde is thuis nodig om het leefbaar te maken. Anders wordt het thuis een hel.

Als je een wetenschapper bent, laat dan je rationele kant naar buiten treden wanneer je in het laboratorium of onder andere wetenschappers bent. Dat is oké. Je kunt dan van dit aspect van jezelf gebruik maken. Maar wanneer je naar huis gaat, moet je in staat zijn deze rol te laten vallen. Wanneer je thuiskomt, keer je terug tot het echte leven en je moet van je hoofd naar je hart kunnen bewegen. Je moet de kracht hebben om op te houden met denken over je wetenschap en experimenten.

Thuis ben je geen wetenschapper of ingenieur. Daar is je werk niet het belangrijkste. Je fronzen en je serieuze gezicht horen hier niet thuis. Hoe saai en droog zou het leven zijn als je, wanneer je thuiskomt, direct naar je werkkamer zou gaan zonder zelfs naar je vrouw en kinderen te kijken of te glimlachen. Denk aan de pijn en spanning die het zou geven in je gezinsleven. Er zouden geen glimlachende gezichten zijn. Het hoofd van het gezin dat altijd met zijn kin op zijn hand zit en constant over zijn werk denkt, komt zijn plichten als echtgenoot en vader niet na. Als hij zich niet met zijn vrouw en kinderen bezig houdt, zal er spanning en druk ontstaan en iedereen zal het gezinsleven saai en treurig vinden.

Hoeveel gezinsrelaties mislukken er door gebrek aan liefde en zorg? Hoeveel vrouwen komen er bij Amma en zeggen: 'Amma, mijn man glimlacht zelfs niet naar me. Hij spreekt nooit liefdevol tegen me. Hij geeft helemaal niet om mij. Ik vind het erg moeilijk om met hem te leven. Wat moet ik doen?' Soms gaan zulke vrouwen op zoek naar een andere man of zij worden verslaafd aan verdovende middelen of plegen zelfs zelfmoord. In sommige gevallen is de echtgenoot het slachtoffer. En er zijn talloze gevallen waarin de kinderen verwaarloosd en genegeerd worden.

Kinderen, Moeder wil zeggen dat je kunt worden wat je wil, maar dat je beroepsleven gescheiden moet zijn van je gezinsleven. Je kunt je intellect gebruiken en denken zoveel als je wilt, maar tegelijkertijd moet je in staat zijn het intellect los te laten en liefde en geloof te omarmen wanneer je dat wilt. Je moet in staat zijn ieder ogenblik de frons in een prachtige glimlach te veranderen.

Liefde creëert glimlachende en lachende gezichten en harten vol mededogen, en wordt uitgedrukt in zoete en innemende woorden. Je kunt zowel voor het hoofd als voor het hart kiezen. Dat is geen probleem. Maar er moet evenwicht zijn, want als je alleen voor logica en rationeel denken kiest, krijg je moeilijkheden. Liefde zal geen enkele moeilijkheid scheppen. Liefde verdrijft alle moeilijkheden. In liefde bestaat er geen moeilijkheid, geen angst, geen onrust, geen spanning of boosheid. Maar door uitsluitend op het rationele, intellectuele denken te vertrouwen zul je overladen worden met vele problemen en je zult voortdurend in moeilijkheden verkeren. Onthoud, de keus is aan jou. Gebruik je onderscheidingsvermogen. Onthoud dat Moeder de wetenschap of logica niet afwijst. Moeder probeert alleen de gevaarlijke tendens van de moderne tijd aan te geven die teveel belang hecht aan de rede en de logica ten koste van liefde en geloof, kwaliteiten die het menselijke ras verenigen.

Het was bijna half zes 's middags. Amma stond op uit de kokosaanplant naar de zuidkant van de ashram, waar de backwaters[6]

---

[6] Brakke wateren tussen het vasteland en het eiland waarop de ashram staat.

het ashramterrein scheidde van het land van de buren. Deze buren waren toegewijden van Moeder. Twee meisjes die ouder waren dan Amma, waren speciaal aan Haar toegewijd. In de jaren dat er niemand was om voor Amma te zorgen, bekommerden deze twee meisjes zich om Haar. Zij namen Haar vaak mee naar hun huis, waar zij Haar baadden en te eten gaven. Nu kwamen deze meisjes met hun hele familie naar de rand van hun land gerend, alsof zij op Amma hadden gewacht. Tussen Moeder en het gezin lagen de backwaters. Amma was zo gelukkig en verheugd hen allen samen te zien. Roepend over het water informeerde Zij naar hun welzijn. De oudste zoon vertelde Amma dat de vissers in dat gebied een heel moeilijke tijd hadden gehad. Door de zware regen en het hoge tij waren zij verscheidene dagen niet in staat geweest iets te vangen. "Wat erg! Wat zal er met hen gebeuren als dit zo doorgaat?" Amma's bezorgdheid was duidelijk toen zij sprak. "Het zou genoeg zijn als zij voor tenminste één dag te eten hadden."

Het gesprek tussen Amma en het gezin ging een tijd door. Na afloop ging het gezin weg en liep Amma terug door de kokosaanplant met Haar handen op Haar rug. Zij stopte toen Zij bij de zuidwesthoek van de ashram kwam, en stond daar te staren naar de zee, de golven en een lange rij vissersboten die langs de kust gelegd was.

Moeder stond daar een tijdje. Misschien dacht ze aan de tegenspoed van de vissers en hun gezinnen. Toen Amma over hun benarde toestand hoorde, had Zij Zich onmiddellijk grote bezorgd getoond. Doordat Zij in dit dorp geboren en opgegroeid was, wist Zij wat het betekende om dagenlang geen goede vangst te hebben. Het scheen dat de onheilspellende zeeslang van verhongering en armoede aan de kuststrook zijn kop opstak.

Tijdens de avond-*bhajans* zong Moeder *Ammayalle entammayalle...*

Bent U niet mijn Moeder?

Bent U niet mijn lieve Moeder,
Die de tranen wegveegt?
Bent U niet de Moeder van de veertien werelden,
Schepper van de wereld...

Hoeveel dagen heb ik U geroepen,
U, wier natuur Shakti is,
wilt U dan niet komen?

U, die ervan houdt alle wensen te vervullen,
vinden schepping, instandhouding en vernietiging niet in U plaats?

Moeder huilde toen Zij zong. Waren het tranen van geluk, of huilde Zij vanwege de arme vissers en bad Zij tot het Hoogste Zelf namens hen?

Na de *bhajan* riep Amma Nealu en zei: "Zoon, Moeders hart doet pijn nu ze hoort dat de kinderen aan de kust geen voedsel hebben. Moeder moet iets doen, anders kan zij geen vrede vinden. Moeder zal niet in staat zijn om te eten of te slapen. Maak voorbereidingen om morgen rijst en ander voedsel aan hen uit te delen."

"Zoals Amma wenst", was Nealu's antwoord.

De lichten in de ashram gingen om elf uur uit, maar om twaalf uur 's nachts waren de lichten in Amma's kamer nog aan. Het regende, maar als je goed luisterde door het geluid van de vallende regen heen, kon je de melodieuze klank van de *tamboera* vanuit Amma's kamer horen. In harmonie met het zachte geluid van dit snaarinstrument zong Moeder *Kalina kananen kannukal...*

O donkergekleurde, erbarmelijk branden mijn ogen
Om Uw voeten te zien.
U met de lotusogen, kom rennend
Met de koeien en de muziek van de fluit.

Daar ik geen boter of melk heb om U te offeren,
Offer ik U een beetje van mijn pijn.
Kanna, aan Uw voeten
Offer ik de pareldruppels van mijn tranen.

Hoeveel dagen heb ik U geroepen?
Hebt U dan geen greintje mededogen?
Welke grote fout heb ik begaan?
Bent U dan niet de Geliefde van Uw toegewijden?

Moeder had misschien gebeden voor het vissersvolk. De donkere nacht hulde zich rond de geluiden van de vallende regen, het gebulder van de oceaangolven en Amma's lied. De atmosfeer van deze regenachtige nacht was vol pathos. Enkele *brahmachari's* zaten, naar buiten gelokt door Moeders lied, bij hun hutten te luisteren. Amma's stemming scheen een reflectie van de ellende en de teleurstelling van de vissers. Wat kon het anders zijn? Haar geest die één is met het universum, voelt en weerspiegelt alles wat rond Haar gebeurt.

Hoofdstuk 3

Zondag, 8 juli 1984

Iedereen was verrast deze ochtend de opkomende zon te zien. Na zoveel dagen zware regen was het werkelijk een prachtig gezicht. De zonnestralen dansten en glinsterden op de natte bladen. Vogels tsjilpten vrolijk en sprongen van tak tot tak. De dag zag er veelbelovend uit alsof de zaken nu beter zouden gaan voor de vissers. Er werden maatregelen getroffen om volgens Amma's instructies rijst en ander voedsel aan de dorpelingen langs de kust uit te delen.

De ashrambewoners geloofden dat de verandering in het weer het resultaat was van Moeders *sankalpa* om het lot van de vissers en hun gezinnen te verbeteren. Toen Zij voor het eerst hoorde over hun ellende, scheen Zij diep geroerd en wilde Zij niets meer eten of drinken. Haar liederen waren als intense smeekbeden om de dorpelingen van de hongerdood te redden. Moeder zelf had in het begin verklaard dat zij tenminste één dag voedsel moesten hebben. Op deze zonnige dag viel er geen regen en tot ieders verrassing was de oceaan niet ruw, in tegenstelling tot de vorige dagen. De vissers gingen die middag uit vissen en hadden een heel goede vangst die vele gezinnen van verhongering redde. Zo werd Amma's verklaring dat zij tenminste één dag voedsel moesten hebben, bewaarheid, zowel door de verdeling van het voedsel van de ashram als door hun goede vangst.

De *darshan* begon rond elf uur. Toen Amma de hut binnenkwam, liep er een jongetje naast Haar. Het was Shakti Prasad, een kind dat door Moeders zegen bij een kinderloos echtpaar geboren was. Amma's hand vasthoudend, zag de jongen er uit als een kleine *yogi*. Rond zijn nek hing een *mala* van grote *rudraksha*-kralen en er waren lange, brede strepen van heilige as op zijn voorhoofd aangebracht. De toegewijden staarden naar het uiterlijk van de jongen. Toen Amma hun nieuwsgierige blikken zag, vertelde Zij hen: "Hij stond erop de grote *mala* en de heilige as te dragen." Amma klonk erg gelukkig en blij met deze jongen, die was gekomen om een paar dagen bij Haar door te brengen.

Amma ging op de bank zitten en bleef een tijd met gesloten ogen in een meditatieve stemming, terwijl de *brahmachari's* de *Guru Paduka Stotra* zongen...

Om.
Voor U, geliefde Guru, voor Uw sandalen buig ik.
Guru zonder weerga, voor Uw sandalen buig ik.
U bent onze leraar, de Heer van alle Machten.
Voor Uw sandalen, geliefde Guru, buig ik nogmaals.

Begiftigd met de macht van 'aim' en van 'hrim',
Bevatten Uw sandalen alle glorie van 'shrim'.
De diepe, innerlijke betekenis van 'Om' leggen zij uit.
Voor Uw sandalen, geliefde Guru, buig ik nogmaals.

Vuurceremonies, offerandes door priesters,
Alle religieuze riten zijn hierdoor volledig:
De kennis van Brahman die Uw sandalen schenken.
Voor Uw sandalen, geliefde Guru, buig ik met de meeste eerbied.

Een arend om alle slangen van verlangen te verslaan.
Tot onthechting en wijsheid inspireren Uw sandalen.
Uw sandalen geven kennis en vrijheid nu.
Voor Uw sandalen, geliefde Guru, buig ik nogmaals.

Een betrouwbare boot om de zee van het leven over te steken.
Uw sandalen wekken op tot echte devotie aan U.
Zij dienen als vuur voor de waters van twijfel.

Voor Uw sandalen, geliefde Guru, buig ik nogmaals.

De *brahmachari's* gingen door met hun devotioneel gezang, terwijl Moeder *darshan* gaf.

Sadhana en bestemming

Een van de toegewijden had een verband op zijn voorhoofd en Moeder wilde graag weten waarom. Met een ondeugende glimlach op zijn gezicht antwoordde hij: "U weet waarom, Amma. Zonder U zou ik niet in staat zijn geweest om hier vandaag te komen." De toegewijde vertelde Amma toen dat hij een ongeluk had gehad met zijn motorfiets, toen hij van zijn werk naar huis terugkeerde. Hij was gehaast om thuis te komen om zijn zoon te zien, die met hoge koorts en overgeven in bed lag. Hij negeerde het drukke verkeer en reed erg snel door de regen. Terwijl hij invoegde en uitvoegde, verscheen er plotseling een vrachtwagen op zijn rijbaan die hem raakte. De botsing kwam zo hard aan, dat de motorfiets door de vrachtwagen werd teruggeworpen en de toegewijde op de weg werd gegooid.

"Ik dacht dat ik dodelijk verpletterd zou worden door de snel rijdende voertuigen," vertelde hij Amma. "Ik verzamelde al mijn kracht en riep uit: 'Amma, red me, bescherm me!' Plotseling herinnerde ik me mijn zoon en opnieuw riep ik: 'Amma, mijn zoon!' Met dichtgeknepen ogen wachtte ik op het moment dat ik verpletterd zou worden onder de wielen van een zware vrachtwagen, maar dat gebeurde niet. In plaats daarvan voelde ik dat iemands handen mij droegen. Het leek alsof ik door de lucht zweefde of vloog, maar toch voelde ik duidelijk dat ik in iemands handen werd gewiegd. Toen ik mijn ogen opende, voelde ik nog steeds de handen, maar ik zag niemand. Toen verscheen er langzaam een gezicht voor mijn ogen. Dat was U, Amma, dat was U…" De man snikte en bedekte zijn gezicht met beide handen. Door zijn tranen heen zei hij: "Ik zou uw gezicht vol mededogen nooit meer hebben gezien. Ik zou mijn zoon nooit meer hebben gezien. Als ik bij dat ongeluk gestorven was, dan zou dat zijn hart gebroken hebben en zou hij ook gestorven zijn." De toegewijde huilde zonder zich te kunnen beheersen.

Als een liefdevolle moeder die haar lievelingskind troostte, wreef Amma over zijn rug, klopte hem op de schouders en streek over zijn voorhoofd, terwijl Zij hem vertelde zich geen zorgen te maken, omdat er niets ernstigs gebeurd was. Toen de man uiteindelijk kalmeerde, wilde hij zijn verhaal afmaken. Hij zei dat hij buiten bewustzijn was geraakt nadat hij Amma's glimlachende gezicht had gezien. Toen hij zijn ogen opende, lag hij in de wei langs de kant van de weg, omgeven door een menigte mensen. Hij was verrast te horen dat alles binnen een paar seconden was gebeurd.

Hij vertelde verder: "Uit de opmerkingen van de mensen over hoe ik wonder boven wonder ontsnapt was, begreep ik dat zij hadden gezien hoe het ongeluk gebeurde en hoe ik op mysterieuze wijze in het weiland was beland. Zij stonden op het punt mij naar het ziekenhuis te brengen, maar plotseling stond ik op en zei dat ik in orde was. Op deze wond op mijn voorhoofd en op mijn linkerknie na, was ik oké. Gisteravond had ik een grondige controle en de dokters zeiden dat ik volkomen gezond was. Amma, u hebt mijn leven gered." Toen hij deze woorden sprak, werden zijn ogen opnieuw gevuld met tranen.

Moeder informeerde vriendelijk: "Hoe is het met je zoon? Voelt hij zich beter?"

De man antwoordde: "Door Uw genade was, toen ik uiteindelijk gisteren thuiskwam, zijn koorts gezakt en hij voelt zich nu veel beter."

Een andere toegewijde die naar het verhaal geluisterd had, werd ertoe aangezet een vraag over bestemming te stellen: "Kan zijn ontsnapping aan de dood beschouwd worden als enkel de vrucht van zijn handelen? Is dit het resultaat van karma? Was hij voorbestemd door U gered te worden of was hij voorbestemd te sterven?"

Moeder legde uit: "Dit ongeluk was bestemd te gebeuren en hij was bestemd te sterven. Maar Moeder waarschuwde hem maanden geleden dat er iets zeer ernstigs zou gebeuren en dat hij zoveel als hij kon, moest bidden en mediteren. Hij gehoorzaamde en volgde alle instructies van Moeder op. Zijn gehoorzaamheid, oprechtheid en toewijding stelden hem in staat Gods genade te ontvangen. Het was deze genade die hem van de dood redde. Maar onthoud dat dit ernstige ongeluk wel gebeurde. Het was een ervaring die hij moest ondergaan, maar toch werd hij gered. Dit was het resultaat van zijn eigen inspanning. Zijn oprechte en toegewijde inspanning deden mededogen en genade stromen en dit redde zijn leven. Kinderen, zelfs bestemming kan overwonnen worden door oprechte en toegewijde inspanning. In zo'n geval zal God Zelf zijn bestemming veranderen."

De toegewijde die het ongeluk had gehad, vervolgde: "Vijf maanden geleden, toen ik voor het eerst kwam om Amma's *darshan* te ontvangen, vertelde Zij mij dat ik erg voorzichtig moest zijn, dat ik binnen enkele maanden tegenover iets ernstigs en gevaarlijks zou komen te staan. Toen Amma hoorde dat ik een motorfiets bezat, gaf Zij mij opnieuw een waarschuwing. Zij vertelde mij in het bijzonder dat ik altijd langzaam moest rijden. Amma verbood me zelfs om lange afstanden met de motorfiets af te leggen."

De man die de vraag over bestemming had gesteld, bracht een ander punt naar voren: "Amma, U zei dat deze toegewijde Uw instructies perfect opvolgde en dat dit genade naar hem deed stromen. Maar in sommige gevallen gebeuren zulke wonderen zelfs voordat mensen U ontmoet hebben. Ik heb veel van zulke verhalen gehoord. Zij zeggen dat Amma hen of iemand in hun gezin hielp, hoewel zij U nog niet hadden ontmoet. In zulke gevallen gaf U hen geen instructies, en deden zij ook geen enkele *sadhana*. Kunt U dit uitleggen?"

Moeder antwoordde: "Het is waar dat sommige mensen soortgelijke ervaringen hebben, zelfs voordat zij Moeder ontmoeten. Zoon, onthoud dat al degenen die in dit leven met Amma omgaan, ook bij Haar waren in hun vorige levens. Jij kunt alleen dit leven zien en denkt daarom dat zij Moeder voorheen niet kenden. Maar zij zijn allemaal eerder bij Amma geweest. Daarom kun je niet zeggen dat deze ervaringen plaatsvonden voordat zij Moeder hadden ontmoet. Niemand herinnert zich of kent zijn relatie met Moeder in vorige levens. Er is een voorbestemde tijd voor iedereen om bij Moeder te komen. Sommigen komen eerder, anderen later. Maar ieder van Moeders kinderen is altijd bij Haar geweest. Zij komen bij Moeder op verschillende tijden. Zij horen misschien over Amma of zien toevallig Haar foto. In andere gevallen hebben zij naar een opname van Amma's *bhajans* geluisterd. In sommige gevallen komen mensen naar Amma nadat zij één van Haar kinderen hebben ontmoet. Anderen realiseren zich hun relatie met Amma alleen door direct contact met Haar.

Je spreekt over 'voor Amma te ontmoeten', maar zoiets bestaat niet. Al Amma's kinderen hebben Haar reeds lang geleden ontmoet. Hoewel niemand zich hiervan bewust is, is Amma's bescherming er altijd geweest. Omdat mensen de instructies hebben opgevolgd die hen in een vorig leven gegeven zijn, voelen zij Gods genade. Zelfs als zij de instructies van de Guru niet opvolgen of *sadhana* doen in dit leven, kunnen zij toch Gods genade ontvangen dank zij de verdiensten die zij in een vorig leven verworven hebben.

Je zult Amma geen instructies zien geven aan deze toegewijden, omdat er al instructies aan hen gegeven zijn. Je ziet hen misschien geen instructies opvolgen, want zij hebben dat misschien al in het verleden gedaan. Zij hebben in een vorig leven voldoende verdiensten verzameld om de genade van de Guru in dit leven naar hen toe te laten stromen. In zulke gevallen moet de toegewijde dat gedaan hebben wat hij geacht was te doen. Nu is hij klaar voor de vrucht, want de vervulling moet komen. Als de *Mahatma* besluit dat de vrucht van de handelingen van de toegewijde, bij een bepaalde gelegenheid in dit leven moet worden gegeven, dan zal dat gebeuren. De Guru is degene die de vrucht van iemands handelingen schenkt. Hij weet wanneer die gegeven moet worden. Je ziet slechts een heel klein deel van het leven. Onthoud dat dit leven slechts een oneindig klein deel van je hele leven is. Evalueer de dingen niet door alleen naar dit kleine stukje te kijken. Bovendien zie je de handelingen van de *Mahatma* alleen van de buitenkant, dus hoe kun je oordelen? De *Mahatma* is de enige die alles weet over het verleden, het heden en de toekomst. Daarom kun je geen oordeel vellen over de *Mahatma* of over het feit of mensen de genade van de Guru verdienen of niet. Wanneer de instructies van de Guru eenmaal zijn opgevolgd, moeten de resultaten tot vervulling komen, omdat het, bij wijze van spreken, een schuld is die Amma moet afbetalen.

Zoon, probeer zaken niet te beoordelen, voordat je ze hebt doorgrond. Je weet niet hoe je dingen moet doorgronden, omdat je altijd aan de oppervlakte bent geweest. Om door te dringen heb je een subtiele geest, een subtiel oog en een rustige geest nodig. Een wankelende geest kan niet doordringen. Alleen een rustige geest kan dat.

Zoon, je zou alle toegewijden die hier komen, moeten benaderen. Ga naar alle ashrambewoners. Vraag hun over hun relatie met Amma. Probeer erachter te komen wanneer zij Moeder hebben ontmoet en hoe lang zij reeds bij Haar zijn. Vraag hun naar hun gevoelens. Ze zullen allemaal zonder uitzondering zeggen: 'Ik kwam op die en die datum. Ik ben hier acht, negen of tien jaar bij Moeder.' En zij zullen er ook aan toevoegen: 'Toch voel ik sterk dat mijn relatie met Amma al vele levens bestaat. Het moment dat ik Haar ontmoette, voelde ik dat. Amma ging ook zo vertrouwd met mij om. Zij leek mij al te kennen.'

Jij voelt het ook zo, nietwaar? Waarom? Bestaat dit gevoel van vertrouwdheid in iedere relatie? Nee, dat is niet zo. Wanneer we iemand ontmoeten, kost het gewoonlijk een tijd om hem te leren kennen. Gewoonlijk is er een gevoel dat de ander een vreemde voor je is en dat jij een vreemde voor hem bent. Maar geen van Moeders kinderen heeft dat gevoel bij Haar. Geen van Moeders kinderen zegt dat Amma een vreemde voor hen is of dat Amma Zich gedraagt als een vreemde. Waarom? Omdat Zij altijd bij je is geweest. Amma heeft je nooit verlaten.

Jullie hebben allemaal deze ervaring, dat je voorheen bij Amma bent geweest. Het is slapend aanwezig. Wanneer de tijd daar is zal het zich manifesteren.

Kinderen, het geven van een zegening of het geven van genade aan iemand ligt volkomen in de handen van een *Mahatma*. Hij kan het doen wanneer hij ook maar wil of hij kan ervan afzien, als hij het niet wil. Genade is een vreemd verschijnsel. Men kan niet zeggen wanneer, waar of hoe genade zal komen. Menselijke berekeningen falen volkomen als het om zaken van genade gaat. Als hij dat wil, kan de Guru in een fractie van een seconde de zegening van Zelfrealisatie aan een vreemdeling schenken, die nog nooit enige *sadhana* heeft gedaan. Hij kan zich er ook van weerhouden het te geven aan iemand die lange tijd intense *sadhana* heeft gedaan. Moeder zegt niet dat een *Mahatma* de genade zal onthouden aan een *sadhak* die het verdient. Zij benadrukt eenvoudig dat het in zijn macht ligt om het al dan niet te schenken. Een

Mahatma kan gemakkelijk iemand zegenen door zijn levenslange wens te vervullen. We kunnen proberen te analyseren waarom iemand zo gezegend wordt, terwijl wij geen enkele verdienste in hem zien. Maar zo'n onderzoek naar een reden of oorzaak, zal een volkomen mysterie voor ons, sterfelijke menselijke wezens blijven, omdat we niet voorbij het intellect kunnen gaan. Soms is er geen enkele oorzaak voor. De Guru doet het eenvoudig. Daarom, huil en bid om zijn genade te ontvangen. Hou je vast aan de voeten van de Guru, wat er ook gebeurt."

De *darshan* ging door, terwijl de mensen zich naar voren bewogen om zich aan Amma's liefdevolle omhelzing over te geven en hun hart bij Haar uit te storten. De toegewijden zongen *Samsara dukha samanam...*

Moeder van de wereld,
Verdrijver van het verdriet van wedergeboorte,
De bescherming van Uw gezegende hand
Is onze enige toevlucht.

U bent de toevlucht voor blinde en verloren zielen.
De herinnering van Uw Lotusvoeten
Beschermt iedereen tegen gevaar.

Voor hen die misleid zijn
En ploeteren in de dichte duisternis
Is meditatie op Uw naam en vorm
De enige oplossing voor hun ellendige toestand.

Werp een blik op mijn geest
Met uw prachtige, glinsterende ogen.
Moeder, Uw genade is de enige manier
Om Uw Lotusvoeten te bereiken.

Toen het lied afgelopen was, was er een korte stilte. Toen ging Amma door met spreken: "Iemands bestemming kan gewijzigd worden door de kracht van een *Mahatma*, door de invloed van een heilige. Hier volgt een verhaal om dit te illustreren.

Er leefde eens een vurige toegewijde van Heer Vishnu. Na verscheidene jaren getrouwd te zijn, waren hij en zijn vrouw niet gezegend met kinderen. Deze toegewijde deed intens *tapas* om een kind te krijgen, maar toch bleef het echtpaar kinderloos. Op een dag ontmoette hij de wijze Narada, die door zijn dorp trok. Toen de toegewijde hoorde dat de wijze op weg was naar Vaikunta[7] om de *darshan* van Heer Vishnu te krijgen, verzocht hij Narada om de Heer te vragen waarom hij en zijn vrouw nog niet gezegend waren met een kind. Hij wilde ook weten wanneer hij deze zegening kon verwachten.

Toen Narada Vaikunta bereikte, bracht hij nauwgezet de boodschap van de toegewijde over aan de Heer. Heer Vishnu zei dat de toegewijde niet voorbestemd was enige kinderen in dit leven te krijgen. Dat was zo'n teleurstellend antwoord dat Narada de toegewijde niet wilde vertellen wat de Heer gezegd had. Daarom bracht hij nooit dit onplezierige nieuws aan de man over.

Jaren gingen voorbij en Narada kwam toevallig nog eens door hetzelfde dorpje. Hij bracht een bezoek aan het huis van de toegewijde en was erg verrast toen hij drie kinderen op de binnenplaats zag spelen. Toen hem verteld werd dat het de kinderen van deze toegewijde waren, vroeg Narada de man hoe deze drie kinderen bij hem geboren waren.

De toegewijde vertelde Narada dat niet lang nadat de wijze de laatste keer door het dorp gekomen was, hij het geluk had gehad een heilige te ontmoeten en om hem te mogen dienen. De toegewijde legde uit: 'De heilige was ingenomen met mijn diensten en zei mij om een gunst te vragen. Natuurlijk vroeg ik

---

[7] Hemels verblijf van Heer Vishnu.

om een kind en de heilige zei dat ik drie kinderen zou krijgen. Zo zijn deze drie kinderen in mijn leven gekomen.'

Narada ging direct naar Vaikunta en beschuldigde Heer Vishnu ervan niet de waarheid te hebben gesproken: 'Enkele jaren geleden toen ik namens een bepaalde toegewijde om een kind vroeg, vertelde U me dat hij niet voorbestemd was kinderen te krijgen. En nu heeft hij er drie!'

Nog voordat Narada de kans had, iets over de heilige te vermelden, moest Heer Vishnu lachen en zei: 'Dat moet het werk van een heilige zijn, want alleen heiligen kunnen iemands bestemming veranderen.'

Kinderen, een *Mahatma* kan een zegening geven, die zelfs God niet kan geven. God is naamloos en vormloos. Hij kan niet gezien worden. Een *Mahatma* geeft realiteit aan het bestaan van God. In zijn aanwezigheid kunnen mensen God zien en ervaren. De Mahatma zegent de mensen met een tastbare ervaring van God. Hij offerde veel op door het Hoogste Verblijf van Gelukzaligheid te verlaten om te midden van gewone mensen te leven als één van hen. Maar hij blijft in Eeuwige Eenheid."

Een volgende vraag werd gesteld: "Amma, sommige mensen, die voorheen niet gelovig waren, worden vurige toegewijden wanneer zij U ontmoeten. Hoe gebeurt dit?"

Amma antwoordde: "Kinderen, het is waar dat zij best een tijd lang niet-gelovig kunnen zijn. Dat is hun karma. Maar op een gegeven moment zullen zij er zeker toe komen in God te geloven. Deze mensen – niet-gelovigen, die plotseling vurige toegewijden worden, nadat zij Amma hebben ontmoet – zijn alleen in dit leven atheïst geweest door de omstandigheden en situaties waarin zij werden geboren. Maar diep binnenin bezitten zij nog steeds de spirituele *samskara* die zij uit vorige levens geërfd hebben, en die zal overheersend zijn. Vergeleken met de atheïstische kwaliteiten die zij in dit leven of het vorige hebben ontwikkeld, is de verborgen spirituele *samskara*' van een toegewijde, sterker. Wanneer hun atheïstische neigingen zijn uitgeput, zal het oude geloof zich in hen manifesteren. Het is slechts een kwestie van tijd. Deze ongemanifesteerde toewijding manifesteert zich wanneer zij een Volmaakte Meester ontmoeten of wanneer zij een sterk spirituele situatie ondergaan. Op dat moment zullen de zwakkere neigingen plaats maken voor de sterkere spirituele neigingen. Deze mensen zullen nog *sadhana* moeten doen onder de leiding van een Volmaakte Meester om de neigingen die zij in dit leven en in vorige levens verzameld hebben, te elimineren. Onthoud dat zij nog steeds *vasana's* hebben om aan te werken. Het enige verschil is dat de spirituele *samskara* iets sterker zal zijn dan de *vasana's*. Deze sterkere *samskara* helpt hen om dichter bij een *Mahatma* of bij God te komen. Maar een *Mahatma* kan, als hij dat wenst, ook een grote verandering teweegbrengen in een niet-gelovige, die helemaal geen spirituele aanleg uit het vorige leven overgehouden heeft. Niets is onmogelijk voor een *Mahatma*.

Amma vroeg de *brahmachari's* te zingen. Zij zongen: *Kerunnen manasam amma...*

> *Moeder, mijn geest huilt,*
> *O mijn Moeder, heeft U geen oren om te horen?*
>
> *Met een pijnlijk hart heb ik*
> *door het hele land gezworven op zoek naar U.*
> *Waarom dit uitstel om voor mij te verschijnen?*
> *Moeder, wat zal ik nu doen?*
>
> *Welke zonde heeft deze hulpeloze zwakkeling begaan*
> *dat U zo'n onverschilligheid tegenover mij toont?*
> *Moeder, ik zal Uw Lotusvoeten met mijn hete tranen*
> *wassen.*

Moeder, ik ben moe van deze ondraaglijke last,
de vrucht van daden uit het verleden.
Moeder, stel het geven van toevlucht niet uit
aan deze totaal uitgeputte nederige dienaar van U.

De *brahmachari's* zongen het lied met zoveel intensiteit en devotie dat Amma in *samadhi* ging. Zij zat erg stil. Haar ogen waren half gesloten. Haar handen vormden twee goddelijke *mudra's*. Er was een paar minuten totale stilte, terwijl de toegewijden met ontzag en devotie naar Moeders gezicht staarden. De stilte werd verbroken toen de *brahmachari's* Hari Om... Hari Om... reciteerden Iedereen antwoordde. De atmosfeer was doordrenkt van goddelijke spirituele energie.

Handel met onderscheid

Maandag, 9 juli 1984

Deze ochtend zat Amma in de eetzaal die aan de noordzijde van de tempel lag. Het was tijd voor het ontbijt en Zij vroeg Gayatri enkele bladeren te plukken van een jackfruitboom. Het is in de dorpen van Kerala gebruikelijk om deze bladen op een bepaalde wijze te vouwen en als lepel te gebruiken voor het drinken van *kanji* of ander vloeibaar voedsel. Gayatri ging naar buiten en kwam terug met tien of vijftien bladen. Toen Amma zoveel bladen in Gayatri's handen zag, riep Zij uit: "O, wat een grote zonde heb je begaan! Ik vroeg je slechts een paar bladen te brengen, genoeg voor vijf mensen. Je hebt zonder noodzaak leven vernietigd. Dat is een zonde. Je hebt iets onjuist gedaan. Hoe kon je dat doen? Een handeling die zonder het juiste onderscheid wordt uitgevoerd, is *adharma*. Wat heb je geleerd na zoveel jaren bij Moeder te zijn geweest? Men begaat zo'n zonde alleen, wanneer men geen liefde of mededogen heeft. Je kon het leven in deze bladen niet voelen pulseren. Daarom had je geen mededogen met hen. Gebrek aan mededogen maakt het gemakkelijk leven te vernietigen. Wanneer je geen mededogen hebt, heb je geen zorg voor anderen. Dit duidt erop dat je ook geen geloof hebt, want mededogen is een verlenging van geloof, geloof in het bestaan van het allesdoordringende leven. Zo'n gebrek aan geloof en *shraddha* zet je ertoe aan zonder onderscheid te handelen. Door zoveel meer bladen te plukken dan nodig was, handelde je zonder enig onderscheid."

Er viel een pauze. Amma keek naar Gayatri. Zij wilde Moeder iets vragen, maar was bang haar mond open te doen. Amma vervolgde: "Gayatri-*mol* denkt: 'Hoe kan het plukken van een paar extra bladen *adharma* zijn, als het plukken van vijf bladen dat niet is? Hoe komt het dat vijf bladen plukken geen *adharma* is?' "

Gayatri was verbaasd Amma dit te horen zeggen, want dit was precies wat zij Amma had willen vragen, maar niet durfde te vragen.

Telkens weer wordt de alwetendheid van een *Mahatma* onthuld. Toch begrijpen zelfs mensen die veel met een *Mahatma* omgaan, hem niet juist. Zij kunnen honderden ervaringen hebben meegemaakt, die hen volledig overtuigden van de alwetendheid en allesdoordringende natuur van de *Mahatma*, maar toch doen er zich situaties voor, waarin zij twijfelen. Natuurlijk, zoals Moeder zegt: 'Volmaakt geloof is Zelfrealisatie.' De macht van *Mahamaya* of de grote illusie is onverklaarbaar. Het dikke gordijn van *vasana's* maakt het ons moeilijk om diep in het bewustzijn van de Guru of de *Mahatma* door te dringen.

Amma beantwoordde Gayatri's gedachte: "Iedere handeling die uitgevoerd wordt zonder onderscheid is *adharma*, een onjuiste handeling. Het is een zonde. Wat er verspild wordt door ons gebrek aan zorg en aandacht, is een zonde. Alles is geschapen met een bepaald doel. Alles heeft een bepaald nut. Zonder de onderlinge afhankelijkheid van de dingen kan de wereld niet bestaan. Planten en bomen kunnen niet bestaan zonder de aarde. Dieren zijn afhankelijk van planten en andere dieren voor hun voedsel. Mensen zijn van dieren en planten afhankelijk. Zo is het bestaan van de hele wereld niets anders dan een verhaal van onderlinge afhankelijkheid.

Dingen die bedoeld zijn voor het levensonderhoud van de mens, kunnen gebruikt worden. Als je bijvoorbeeld maar twee aardappels nodig hebt, neem er dan twee, geen drie. Stel dat twee aardappels genoeg zijn om een gerecht te koken. Wanneer je er dan toch drie neemt in plaats van twee, dan handel je zonder onderscheid. Je begaat een *adharmische* daad.

Verspilling is een vorm van diefstal. Omdat je de derde aardappel niet echt gebruikt, verspil je hem onnodig. Je zou hem aan iemand anders kunnen geven, misschien aan een buurman die niet genoeg te eten heeft. Door deze extra aardappel te nemen, ontneem je hem voedsel. Je steelt zijn voedsel en je begaat een onjuiste daad.

Een paar bladen plukken, genoeg voor vijf mensen, zou niet verkeerd zijn geweest, maar je hebt er tien extra geplukt. Dit veranderde de hele situatie. Je handeling was *adharmisch*. Op de eerste plaats vernietigde je zonder noodzaak het leven van tien bladen. Ten tweede onthield je hen aan iemand anders. Deze bladen zijn verspild doordat je handelde zonder na te denken."

Een van de *brahmachari's* zei: "Amma drukt precies hetzelfde principe uit als Krishna in de *Shrimad Bhagavad Gita*. Shri Krishna noemde mensen die dingen oppotten en niet aan de armen geven '*stenah*', wat dieven betekent."

Amma vervolgde: "Precies. Wat anders kunnen zulke mensen zijn? Die mensen die meer dingen houden dan ze nodig hebben, zonder iets te geven aan anderen, die het hard nodig hebben, zijn werkelijk dieven. Hun oppotten brengt andere mensen tot roven en stelen. Amma heeft over een *Mahatma* gehoord, die tot magistraat van het land werd gemaakt. De manier waarop hij de eerste zaak die voor hem gebracht werd, afhandelde, was erg vreemd. Hij beval zowel de dief als degene die beroofd was, in de gevangenis te zetten. Toen de koning hem over deze vreemde bestraffing ondervroeg, zei de *Mahatma*: 'De rijke man potte te veel rijkdom op. Hij gebruikte het niet juist, noch deelde hij het uit aan hen die het konden gebruiken. Er zijn veel mensen die verhongeren en sterven door gebrek aan voedsel, kleding en onderdak. De rijke man zou in feite de dief dankbaar moeten zijn dat hij hem niet heeft vermoord.'

Toen voegde hij eraan toe: 'In feite voel ik me een beetje schuldig omdat ik hen beiden dezelfde straf heb gegeven. Ik had een zwaardere straf aan de rijke man moeten geven, omdat hij degene is die de dief tot stelen bracht. Als hij zijn extra rijkdom onder de armen en behoeftigen had verdeeld, dan zou dit niet zijn gebeurd.' "

Toen Moeder het verhaal beëindigd had, zat Ze nog enkele minuten in de eetzaal, verwikkeld in een lichte conversatie. Toen ging Zij terug naar Haar kamer.

Dring door tot beneden het oppervlak

Tegen elf uur 's ochtends gaf Amma *darshan* in de hut. Toen Zij de toegewijden ontving, stelde een *brahmachari* die naast Amma zat, een vraag: "Amma, ik hoorde U onlangs zeggen, dat we niet weten hoe we de dingen kunnen doorgronden, dat we altijd aan de oppervlakte blijven. U zei ook dat om diep door te dringen een subtiele geest en een subtiel oog nodig zijn. Wat bedoelt U met diep doordringen? Kunt U dat uitleggen?"

Amma antwoordde: "Het is de aard van de menselijke geest om op en neer te gaan. Net als de slinger van een klok beweegt de geest zich altijd van het ene ding naar het andere, van de ene stemming of emotie naar de andere. Deze beweging is constant. De geest is altijd in een toestand van voortdurende verandering. Het ene moment heeft de geest lief, het volgende moment haat hij. Soms houdt de geest ergens van en het volgende moment heeft hij er een hekel aan. De slinger van de geest beweegt zich soms naar woede en dan weer naar verlangen. Hij kan niet ophouden, hij kan niet stil zijn. Door deze constante beweging wordt de stabiele en onbeweeglijke, onderliggende basis van het bestaan, de ware natuur van de dingen, niet gezien. De beweging van de geest schept onophoudelijk golven en deze golven, de rimpelingen van gedachten, vertroebelen alles, zodat niets helder gezien kan worden. Deze beweging is net als een mist, die ons zicht belemmert. Je ziet iets, maar niet duidelijk. Je kunt niet goed zien wegens een wolk van gedachten. Daarom is je waarneming gebrekkig. Je doet uitspraken over wat je waarneemt, niet wetend dat je zicht vertroebeld is. Daardoor vel je onjuiste oordelen en geef je onjuiste informatie.

Iedere gedachte, iedere emotionele uitbarsting en ieder verlangen is als een kiezelsteen, die in het meer van de geest wordt gegooid. De onophoudelijke gedachten zijn als de rimpelingen aan de oppervlakte van een meer. Het golvende oppervlak maakt het je onmogelijk duidelijk door het water heen te zien. Wat op de bodem van het meer ligt, kan niet duidelijk worden gezien, doordat het vervormd wordt door de rimpelingen aan het oppervlak. Je staat de geest nooit toe stil te zijn. Er is ofwel een verlangen de een of andere wens te vervullen of er is woede, jaloezie, liefde of haat. En als er niets gebeurt in het heden, zullen er herinneringen uit het verleden naar binnen kruipen. De zoete en de bittere herinneringen, de vreugdevolle momenten, spijt, verlangen naar wraak, iets zal er opkomen. En wanneer het verleden zich terugtrekt, komt de toekomst met prachtige beloften en dromen. Zo is de geest altijd volledig in beslag genomen. Hij is altijd bezig en nooit stil.

Kinderen, jullie zien alleen de golven aan het oppervlak. Maar vanwege deze beweging aan het oppervlak denk je bij vergissing dat de bodem ook beweegt. Maar de bodem is stil. Hij kan niet bewegen. Je projecteert de beweging van de oppervlakte – de rimpelingen van gedachten en emoties – op de stille bodem, op de onderliggende grond. De beweging behoort alleen tot het oppervlak, tot de geest. De beweging wordt veroorzaakt door gedachtegolven. Zij heeft niets te maken met de bodem. Maar om deze onbeweeglijke bodem te zien, moet het oppervlak rustig en stil worden. De rimpelingen moeten ophouden. De op en neer gaande slinger van de geest moet tot stilstand komen. Dit tot rust komen van de geest wordt doorgronden genoemd.

Wanneer deze stilte eenmaal is bereikt, kun je duidelijk door het oppervlak heen zien. Je houdt op verdraaide vormen te zien. Je ziet de werkelijke basis van het bestaan, de Waarheid. Al je twijfels eindigen. Op dit punt besef je, dat je verdraaide vormen hebt waargenomen, dat je alleen schaduwen en wolken hebt gezien. Dan pas realiseer je je onwetendheid. Voordat je deze staat bereikt, kun je zeggen dat je onwetend bent, maar je bent je hier nooit werkelijk bewust van. Doorgronden betekent de ware natuur van alles zien, terwijl je constant in je eigen Zelf verblijft.

Kijk naar de ogen van echte *yogi's*, echte heiligen. Zij hebben doordringende ogen. Zij kunnen recht door je heen kijken. Wanneer zij naar je kijken, kijken zij niet naar je denkbeeldige, vervormde vorm. Integendeel, zij kijken naar je oneindige wezen. Zij kijken naar het Zelf. Zij zien niet jou, het ego. Zij zien voorbij het ego. Zij zien niet het spel, zij zien het onbeweeglijke toneel, waarop het spel wordt opgevoerd. Dat betekent dat zij het spel als een spel zien. Zij kennen er geen realiteit aan toe. Het spel kan ieder moment eindigen, maar het toneel blijft. Zij zien en genieten van het spel, maar raken er nooit mee geïdentificeerd."

De *darshan* was om kwart voor één nog steeds aan de gang. De *brahmachari's* zongen het lied *Mannayi marayum…*

De mens sterft en verdwijnt als stof,
maar wordt opnieuw op deze aarde geboren en groeit op.

Als hij goede daden doet,
kan hij een hogere staat bereiken
en dan opnieuw naar de aarde terugkeren.

In het leven moet men ziekte en ouderdom ondergaan.
O mens, denk! Is het de moeite waard om telkens weer
geboren te worden?
Waarvoor zijn al deze slechte neigingen?

Iemand kan vele slechte daden hebben begaan,
maar als hij weet Wie er achter deze wereld staat,
dan zal al zijn negativiteit worden verwijderd
en hij zal opgaan in de Oceaan van Gelukzaligheid.

Maak je ego niet groter

Na het lied werd er een andere vraag gesteld: "Amma, U zei dat we ons op een gegeven moment zullen realiseren, dat we alleen denkbeeldige vormen hebben gezien en dat we de ware natuur van de dingen slechts zullen ervaren wanneer we de staat van stilte bereiken. Dan zullen we ons onze onwetendheid realiseren. Wat bedoelt U met het ons realiseren van onze onwetendheid?"

Amma zei: "Kinderen, iedereen verkeert op het ogenblik in een staat van onwetendheid. Zelfs grote geleerden geven toe dat zij onwetend zijn. Wanneer mensen bidden of wanneer zij in de aanwezigheid van een *Mahatma* zijn, zeggen zij: 'O Heer, onwetend als ik ben, leid mij alstublieft. Ik weet niets. Laat uw genade op mij neerdalen...' Dit zijn gewone uitdrukkingen, gebruikt door mensen die zeggen dat zij onwetend zijn. Maar hoeveel weten er werkelijk dat zij onwetend zijn? Hoeveel mensen zijn zich bewust van hun onwetendheid? Mensen zijn zich er niet bewust van. Bewustzijn helpt het ego te elimineren. Maar omdat mensen zich niet bewust zijn van hun onwetendheid, kunnen zij die niet opheffen. Zelfs wanneer zij het intellectueel konden begrijpen, zouden zij toch blijven denken dat zij iets geweldigs zijn. Dus zijn zij zich niet echt bewust van hun onwetendheid.

Onwetendheid is onwetendheid van de Realiteit. De opvatting die de meeste mensen over onwetendheid hebben is anders. Het is een algemene overtuiging dat een onwetend persoon iemand is die niet heeft gestudeerd, iemand die niet geleerd is. Geleerden zeggen dat een onwetend persoon iemand is die de *Veda's* en *Upanishaden* niet bestudeerd heeft en die geen kennis heeft van de moderne wetenschap. Dat is wat geleerden onder onwetendheid verstaan. Daarom studeren zij. Zij lezen alle boeken die zij kunnen krijgen. Wanneer zij eenmaal geleerd zijn, willen zij spreken. Zij willen anderen onderwijzen en lezingen geven. Zij willen toehoorders. Zij willen van anderen horen dat zij grote geleerden zijn met zo'n diep inzicht en wijsheid. Zij willen aanbeden worden. Zij willen Gurus worden. Dat alles maakt hun ego natuurlijk groter Voordat zij zoveel dingen leerden, was hun ego klein. Zij hadden toen een kleinere last. Het zou niet zo'n groot karwei geweest zijn om zich van deze kleinere last te ontdoen, maar nu is de last erg zwaar geworden. Er is hard werk nodig om zelfs een klein barstje in een groot, stevig ego te maken.

Toch zullen zulke mensen bidden. Zulke egoïstische mensen bidden, niet uit nederigheid of liefde, maar uit angst. Als zij bidden, gebruiken zij bloemrijke taal. In hun gebeden presenteren zij op een mooie manier hun onwetendheid aan God. Zij vragen Gods genade om hun onwetendheid te verwijderen en het licht van kennis in hen te ontsteken. In het bijzijn van anderen maken zij er een vertoning van zeer nederig te zijn. Na het geven van een lange toespraak zal zo iemand herhaaldelijk zeggen hoe onwetend hij is en voorwenden nederig te zijn wanneer mensen applaudisseren of hem prijzen. Maar van binnen is hij gelukkig als zijn ego meer en meer wordt opgeblazen. Hij stroomt over van vreugde, omdat anderen denken dat hij een groot geleerde is.

Zulke mensen realiseren zich hun onwetendheid niet. Zij zeggen misschien dat zij onwetend zijn, maar zij voelen het niet, want zij geloven werkelijk dat zij geweldig zijn. Zij denken dat hun kennis van de geschriften echte kennis is. Voor hen is geleerdheid een sieraad, iets om te verwerven en dan te dragen voor de show. Als gevolg hiervan krijgt iemand die zo denkt en handelt, een opgeblazen ego. Zijn ego zwelt op, maar toch voelt hij het gewicht ervan niet. Het is belangrijk dat men de zwaarte van zijn ego voelt. Hoe meer men voelt dat het ego een last is, des te intenser zal het verlangen zijn om zich ervan te bevrijden, om ervan af te komen.

Maar de meeste mensen voelen niet dat hun ego een last is. Zij geloven dat het nodig is. Zij zien het ego als een verfraaiing van hun persoonlijkheid die hun schoonheid en charme verleent. Vergeet niet dat iemand kan zeggen dat hij niemand is, dat hij niets is, maar als je zijn ego raakt, als je met een vinger naar zijn ego wijst en aan het licht brengt hoe hij zich met zijn ego identificeert, dan zal hij uitbarsten als een vulkaan en de lava van protest zal beginnen te stromen. Hij reageert vanuit zijn totale identificatie met zijn ego. Hoe kunnen zulke mensen zich de waarheid over hun onwetendheid realiseren? Dat is heel moeilijk." Toen voegde Moeder er speels aan toe: "Je hebt een grote slaghamer nodig om het ego van zo iemand af te breken."

Iedereen barstte in lachen uit en Amma lachte ook. Er was een pauze en toen vervolgde Zij: "Dit is één van de belangrijkste dingen om te begrijpen. Men moet zich ervan bewust worden hoe egocentrisch men is. Iemand moet zich realiseren dat zijn ego een last is. Hij moet zich bewust zijn van zijn onwetendheid. Hij moet weten dat boekenkennis geen werkelijke kennis is en dat zulke geleerdheid slechts bijdraagt aan de kracht van het ego, tenzij men subtiel genoeg is om aan de woorden voorbij te gaan en de echte waarheid te zien.

Zelfs egocentrische mensen bidden en gebruiken dezelfde of gelijksoortige woorden als echte toegewijden. Maar hun gebeden komen niet uit hun hart. Zij spreken de woorden slechts uit. Van buiten zien zij er zeer toegewijd uit en zij kunnen prachtig spreken over spiritualiteit. Maar zij hebben een sterk ego, subtiel en moeilijk te breken. Zij bidden en zitten in een meditatieve houding, maar van binnen maalt hun geest door. Zo'n houding is de ergste soort van onwetendheid. Toch beseft zo iemand niet hoe onwetend hij is."

Dit doet ons denken aan een incident dat in 1981 plaatsvond. Op een dag zat Amma aan de rand van de backwaters aan de zuidwestkant van de ashram. In die dagen kon men over de backwaters uitkijken en een goed uitzicht hebben op de oceaan. Bij Moeder zaten enkele *brahmachari's*, een paar toegewijden uit de buurt en Moeders ouders. Zij bespraken praktische zaken over de ashram toen een gedistingeerd uitziende bezoeker van middelbare leeftijd hen benaderde. Na Amma en de andere aanwezigen begroet te hebben, ging hij zitten en begon het doel van zijn bezoek te vertellen.

"Ik ben op een spirituele reis," zei hij, "noem het een pelgrimstocht als je wilt. Ik ben tot het besef gekomen dat het leven niet waard is geleefd te worden, tenzij men de werkelijke betekenis van het leven, de ware reden waarom we hier op aarde zijn, vindt. De wijzen en heiligen van het oude India zeggen allemaal dat we hier zijn om het uiteindelijke doel van Zelfrealisatie te bereiken. Na een leven waarin ik gezegend ben met financieel succes heb ik nu de tijd en de middelen om mijn enige hartstocht in het leven, de spirituele zoektocht, te bevredigen."

Zo ging hij door met filosoferen. Hij praatte welsprekend. Het klonk alsof hij de anderen wilde laten weten hoe kundig hij wel was. Het scheen alsof hij probeerde de anderen te laten geloven hoe oprecht hij was in zijn zoektocht naar de Waarheid. Hij zei: "Wat mij betreft is de meest belangrijke *sadhana* meditatie. Alleen in meditatie kan ik een werkelijke relatie met God aangaan, want God kent me beter dan wie ook, beter dan ik mezelf ken."

De man ging een tijdje door in deze trant. Zijn woorden werden beaamd door instemmend geknik van de aanwezigen want hij scheen ervaren en geleerd te zijn in de dingen waarover hij sprak. Amma zat glimlachend naar hem te luisteren.

Aangemoedigd door de ontspannen atmosfeer, keek hij langzaam om zich heen en zei: "Ik voel me erg thuis in ashrams. Ik heb er zo veel bezocht. O, er is hier zo'n gevoel van vrede. Mag ik hier een paar dagen blijven om te mediteren?" Met deze woorden ging hij in de lotushouding zitten, sloot zijn ogen en begon te mediteren.

Brahmachari Nealu hervatte nu het gesprek met Amma over bepaalde ashramzaken. Nadat de korte bespreking was beëindigd, stond Amma op. Iedereen boog zich voor Haar neer. De man scheen in diepe meditatie te zijn. Toen Amma langs hem liep, legde Ze Haar handpalm volledig op de bovenkant van zijn hoofd en schudde hem flink heen en weer, en zei: "Ben je nog steeds aan het onderhandelen over die teakhout-aankoop?" Toen liep ze verder.

De man was erg van streek. Hij was duidelijk geschokt. Hij kon niet meer mediteren. Hij stond op en zag er rusteloos en verstoord uit. Terwijl hij heen en weer liep, vroeg hij een van de *brahmachari's* verschillende keren of hij een persoonlijk gesprek met Moeder kon hebben. Vlak voor de avond-*bhajan* voldeed Moeder aan zijn verzoek. Het bleek dat deze man een houthandelaar was, die in het noorden van Kerala in teakhout handelde. De laatste twee weken had hij geprobeerd een partij teakhout van zeer hoge kwaliteit te krijgen. Hij had zijn bod gedaan, maar de verkoper wilde een hogere prijs dan hij had geboden. Hij was eerlijk en vertelde Moeder dat, juist toen Zij Haar hand op zijn hoofd had gelegd om hem door elkaar te schudden hij in zijn geest feitelijk met de verkoper aan het onderhandelen was, net zoals Moeder had gezegd.

Deze man voelde berouw over zijn pretenties en vroeg Moeder om vergeving. "Nu weet ik dat U werkelijk een grote heilige bent, Amma. U wist al die tijd dat ik alleen sprak vanuit mijn fantasieën om een spirituele zoeker te zijn. U hebt me nederig gemaakt, Amma. Ik wil niet meer pretentieus zijn over spiritualiteit. O Amma, help me alstublieft eerlijk tegenover mezelf te zijn. Ik weet dat U me kunt helpen."

Later, toen de man de ashram had verlaten, bespraken enkele *brahmachari's* dit incident, terwijl ze de spot dreven met zijn pretenties. Toen dit Amma ter ore kwam, gaf zij hen een uitbrander omdat ze zo laatdunkend waren geweest. Ze maakte de volgende scherpe opmerking: "Denk niet dat jullie zelf zo geweldig zijn. Op dit moment zijn jullie niet veel anders dan hij. Wie kan het laten te piekeren, wanneer er zoveel dromen van binnen liggen opgestapeld?"

Moeders *darshan* ging door en de *brahmachari's* begonnen met een volgend lied van de Goddelijke Naam: *Devi Maheshvariye...*

Goddelijke Moeder, Grote Godin,
Wier natuur illusie is,
Schepper en Oorzaak van het universum
Ik buig voor U telkens weer.

Donkerharige Keizerin van het universum,
Grote Maya met prachtige ledematen,
O Hoogste Godin,
U bent de vriendin van de toegewijden
en geeft hun zowel gebondenheid als bevrijding.

U bent die barmhartige Godin,
In wie alles is ontstaan,
Door wie alles wordt geleid
In wie alles zal opgaan...

Terwijl het zingen doorging, raakte Moeder zittend op de bank in de *darshan*-hut, in een toestand van innerlijke absorptie. Wat een onbegrijpelijk fenomeen! Een paar minuten tevoren had Zij woorden van grote wijsheid gesproken. Plotseling, zonder enige aankondiging was Zij verdwenen! Zij was niet meer in deze wereld. Er viel een stilte over de menigte en er heerste een diep gevoel van vrede in de hut. Geïnspireerd door Amma's gelukzalige toestand gleden de toegewijden gemakkelijk in meditatie.

De getuige

Nadat Moeder naar de toppen van spiritueel bewustzijn was opgestegen, keerde Zij na een paar minuten terug en begon opnieuw *darshan* te geven aan de groep toegewijden. Een andere *brahmachari* stelde een vraag: "Amma, U vertelde zojuist dat de heilige, wanneer hij naar ons kijkt, niet naar de uiterlijke persoon, maar naar het oneindige bewustzijn kijkt. Maar wanneer de heilige tot ons spreekt, onthult hij soms dingen over ons verleden en toekomst, dingen die verbonden zijn met onze fysieke vorm. Zelfs U doet dat, Amma. Hoe kan de heilige op deze manier spreken zonder onze uiterlijke vorm te zien?"

Moeder antwoordde: "Moeder zegt opnieuw dat de heilige alleen het oneindige Zelf ziet, niet de persoon. Ja, hij kan tegen je praten. Wat dan nog? Wanneer hij tot je spreekt, is hij slechts een getuige. Hij spreekt alleen omdat jij er voordeel aan hebt. Jij wordt geïnspireerd door zijn woorden, die je een glimp van de werkelijkheid geven. Anders geeft hij er de voorkeur aan stil te zijn. Hij ís stilte. Wanneer een heilige spreekt, spreekt hij niet echt. Zijn lichaam spreekt en hij is getuige. Wanneer de heilige slaapt, slaapt hij niet. Hij slaat het slapen van zijn lichaam gade. Wanneer hij werkt, werkt hij niet. Hij observeert hoe het lichaam werkt. Hij is eenvoudig een aanwezigheid, een constante aanwezigheid, een getuige van alles wat er gebeurt met zijn lichaam en alles eromheen.

Als de heilige ziek is, komt hij uit zijn lichaam en kijkt naar de grote pijn die het ondergaat. Als hij door anderen beledigd of uitgescholden wordt, komt hij opnieuw uit zijn lichaam en kijkt toe. Hij is getuige van de narigheid die het lichaam ondergaat. Dan kan hij lachen om de beledigingen die over hem uitgestort worden. Hij kan lachen om de boze blikken en woorden die naar hem gericht worden. Hij is niet langer het lichaam. Hij is Zuiver Bewustzijn. Hoe kan bewustzijn boos worden? Hoe kan bewustzijn beledigd worden? Dat is onmogelijk! De heilige is bewustzijn, daarom wordt hij niet geraakt door beledigingen of boosheid. Hij blijft onaangedaan.

Wanneer de heilige naar je kijkt, ziet hij je vorm, je fysieke uiterlijk. Niet omdat je lichaam voor hem staat of omdat zijn ogen wijd open zijn, maar omdat hij je vorm wil zien. Als hij je niet wil zien, dan ziet hij je niet. Hij is meester over zijn geest, niet de slaaf ervan. Wij zijn degenen die in slavernij van de geest leven.

Als de heilige naar je kijkt en je vorm ziet, is dat alleen omdat hij je vorm wil zien, maar hij kan ook ophouden je te zien, zelfs als je voor hem zit en zijn ogen wijd open zijn. Als hij je verleden, heden en toekomst onthult, wat dan nog? Waarom is dat zo verbazingwekkend? Als hij dat wenst kan hij je over het verleden, het heden en de toekomst van het hele universum vertellen, omdat hij het universum is. Het universum is in hem. Het universum is als een luchtbel in zijn bestaan. Om naar het universum te kijken en wat voorspellingen te doen, is niets bijzonders voor hem. Hij is de oceaan van het bestaan en het universum is als een luchtbel of een kleine golf in hem. Als hij je iets over jezelf vertelt, blijft hij nog steeds een onaangedane getuige van wat hij zegt. Maar gewoonlijk houdt hij zich niet bezig met dit soort onthullingen. Hij houdt zich niet bezig met praten over wat er in de wereld gebeurt. Hij is voortdurend in meditatie.

Nu moet je het woord meditatie niet verkeerd begrijpen. Vergelijk jouw meditatie niet met die van een heilige. Jouw meditatie is geen meditatie. Jouw meditatie is een voortdurende inspanning, een worsteling om de staat van meditatie te bereiken. Maar de heilige is altijd in deze staat. Of hij nu loopt, zit, slaapt, eet, of praat, hij is altijd in diepe meditatie. Er is geen moment dat hij niet mediteert, dat hij niet in zijn eigen Zelf verblijft.

Omdat de heilige in zijn eigen oneindige Zelf verblijft, ziet hij het oneindige Zelf in alle anderen. Het is geen tegenstrijdigheid te zeggen dat hij de vorm van iemand anders ziet, want hij ziet dat alleen als hij dat wil. Hij kan zijn lichaam binnengaan en het spel meespelen, en hij kan zich, als hij dat wil, terugtrekken. Hij kan de zintuigen laten zien, spreken, eten, rennen, lachen of slapen, maar hij kan hen op ieder moment dat hij dat wil, weer terugtrekken. Wat hij ook doet, de *Mahatma* verblijft nog steeds in zijn eigen Zelf, en hij beschouwt alles als zijn eigen Zelf. Hij raakt nooit geïdentificeerd met zijn lichaam, hij observeert eenvoudig. Hij is voortdurend aan het gadeslaan. Wanneer hij waarneemt wat er rondom hem gebeurt, kan hij zijn lichaam eraan laten deel nemen en zich weer ervan terugtrekken, al naar gelang zijn wil. Maar zelfs wanneer hij eraan deelneemt, is hij er helemaal niet bij betrokken. Hij weet immers dat de enige werkelijkheid het oneindige Zelf is."

Moeder zweeg een tijdje en de toegewijden zaten in stilte, in zich op te nemen wat Zij zojuist had gezegd. De stilte werd verbroken door een toegewijde, een oudere man, die zei: "Amma's woorden herinneren me aan een vers in de Bhagavad Gita." Toen citeerde hij de Sanskriet *shloka* uit het vijfde hoofdstuk, vers 8-9...

Naiva kimcit karōmīti
yuktō manyeta tattva-vit |
paśyan śrnvan sprśan jighrann
aśnan gacchan śvasan svapan ||

Pralapan visrjan grhnann
unmiṣan nimiṣann api |
indriyānīndriyārtheṣu
vartante iti dhārayan ||

De wijze, verblijvend in het Zelf, realiseert zich:
"Ik doe helemaal niets."
Hoewel hij ziet, hoort, aanraakt, ruikt, eet, loopt,
leegmaakt, slaapt, vasthoudt, zijn ogen opent en sluit, is hij
er zeker van dat alleen de zintuigen
zich met hun objecten bezighouden.

Amma vervolgde: "Laat eens zien... waar waren we? Ja, de heilige kan zich op ieder ogenblik naar buiten richten en weer terugkeren in zichzelf. Als hij wil, zal hij kijken en waarnemen. Als hij dat niet wil, zal hij in zijn eigen Zelf blijven. Met het hele universum in zich rondwentelend, is er iets onmogelijk voor hem?

Luister naar dit verhaal. Een houthakker was hout aan het hakken, toen er een man naar hem toe kwam: 'Neem me niet kwalijk, maar er is zojuist een grote stoet voorbijgekomen. Kunt U me vertellen welke kant hij op is gegaan?' De houthakker keek de man aan en zei: 'Ik heb niet eens een stoet gezien,' en onmiddellijk hervatte hij zijn werk. Dat is de staat van een *Mahatma*. Zijn geest is stil. Hij ziet en hoort niets. Tegelijkertijd kan hij, als hij dat wil, de wereld binnenlaten. Hij kan zien of horen wat hij maar wil en dan kan hij weer naar binnen gaan. Hij is zowel hier, in de wereld, als daar in het Uiteindelijke. Maar de wereld kan hem niet raken. Hij kan niet misleid of bezoedeld worden door de wereld. Hoewel hij alles doet, blijft hij onberoerd."

Dit deed een volgende vraag opkomen: "Hoe doet hij dat? Hoe kan hij naar eigen goeddunken zowel gaan naar, als terugkeren vanuit het Uiteindelijke?"

Moeder antwoordde: "Wanneer de *yogi* zijn geest uitschakelt, eindigt het spel of het programma. Het is net als het uitzetten van een televisie. Wanneer je het programma wilt zien, druk je op de aanknop. Als je ernaar wilt kijken, is het er. En wanneer je niet meer wilt kijken, doe je de tv uit, en het programma verdwijnt. De aan- en uitknop van de geest ligt in de hand van de *yogi*. en staat volledig onder zijn controle.

Als je iets hebt dat je op ieder moment dat je wil, kunt loslaten, wat betekent dat dan? Het betekent dat je er niet aan gehecht bent. Je bezit het niet en het bindt je niet. Het kan je niet schelen, of je het hebt of niet. Dat is onthechting. Op deze wijze is de *yogi* in de hoogste staat van onthechting.

De *yogi* zelf is als een scherm. Een scherm projecteert het spel niet, en geniet er ook niet van. Het is eenvoudig de ondergrond waarop de activiteit van het spel plaatsvindt. Het ís er eenvoudig.

Misschien heb je gehoord van de grote wijze Veda Vyasa. Hij zat eens in *samadhi* op de oevers van de Yamuna-rivier. De *Gopi's* van Vrindavan wilden naar de andere kant oversteken, maar zij konden dat niet omdat het water in de rivier te hoog stond. Het werd donker en zij konden nergens een weg vinden om de rivier over te steken. Uiteindelijk zagen zij de wijze in meditatie zitten. Vol hoop benaderden ze hem. De *Gopi's* offerden wat fruit en bloemen aan zijn voeten en smeekten hem hen te helpen de rivier over te steken. Veda Vyasa ontwaakte uit zijn *samadhi*. Hij was verheugd, want hij wist dat zij erg toegewijd waren. Hij nam hun offergaven aan en at alles op.

Toen Vyasa klaar was met het eten van het fruit, had hij medelijden met de *Gopi's*, hief zijn hand op en zei: 'Als het waar is dat ik geen van deze vruchten heb gegeten, laat de wateren van de Yamuna zich dan scheiden en een weg maken voor deze toegewijde *Gopi's*.' En zie! De wateren scheidden zich en de *Gopi's* waren in staat de andere oever te bereiken. Dat is precies waar Moeder het over had. Hoewel de wijze Vyasa at, at hij niets en het scheiden van de rivier bevestigde dat. Hoewel hij de wateren van de Yamuna uit elkaar liet gaan, deed hij niets, omdat hij in de hoogste staat van onthechting was.

Omdat je de heilige ziet eten, slapen en spreken, kun je zeggen dat hij eet, slaapt en spreekt. Dit is je geest die zulke handelingen op hem projecteert, omdat je zelf eet, slaapt en spreekt. Je ziet alleen de buitenkant. Je ziet alleen zijn lichaam en denkt dat je hem begrijpt. Bovendien zie je iedereen hetzelfde doen als jij, dus denk je dat ook de *yogi* niet van jou verschilt. Jouw eigen gedachten en handelingen worden op hem geprojecteerd. Maar wat je waarneemt, heeft niets met hem te maken. Zijn gedachten en handelingen zijn totaal verschillend van de jouwe. Jij bent niet vertrouwd met onthechting. Je kent alleen gehechtheid, boosheid, haat, jaloezie en andere negatieve eigenschappen. Daarom projecteer je dezelfde bekende eigenschappen ook op de wijze. Je interpreteert wat hij is en wat hij doet volgens je eigen *vasana's*.

Kinderen, heb je dit verhaal gehoord? Er was eens een koning die twee grote schilders aan zijn hof had. Omdat er grote rivaliteit tussen hen bestond, besloot de koning een wedstrijd te houden. Hij riep hen en zei: 'We zullen een wedstrijd houden om te beslissen wie de beste schilder is. Jullie moeten allebei een schilderij voorleggen, dat als thema "vrede" heeft.' De eerste schilder koos ervoor een stil meer in de bergen te schilderen, met zelfs geen rimpeling aan het oppervlak. Alleen al het kijken naar het meer maakte je geest stil.

De andere kunstenaar schilderde een donderende waterval vol wit schuim. Vlak naast de waterval stond een struikje waarop een klein, teer vogeltje zat, met zijn ogen gesloten. Dit laatste is een voorbeeld van dynamische stilte, stilte die te midden van de drukke wereld kan bestaan. Dit is de hoge staat van de *yogi*. Hij kan vreedzaam leven zelfs te midden van chaos en strijd. Hij blijft stil en onaangedaan, omdat hij in diepe meditatie is verzonken. Zelfs wanneer de wijze in de problematische wereld van diversiteit leeft, is hij in meditatie."

"Deze staat van Eenheid is zo moeilijk uit te leggen, dat grote zielen door de eeuwen heen het moeilijk vonden het in woorden te beschrijven," merkte een toegewijde op.

"Zoon, je hebt gelijk," zei Amma. "Het is zo'n moeilijke opgave, omdat de ervaring van de Waarheid zo vol is, zo overvloedig en zo volmaakt, dat woorden het niet kunnen bevatten. Het intellect kan het niet begrijpen. Zelfs veel gewone, subjectieve ervaringen kunnen niet verbaal worden uitgelegd. Hoe kan men dan spreken over de uiteindelijke ervaring van de Waarheid? Dit is één van de redenen waarom veel geschriften in de vorm van *sutra's* of aforismen zijn geschreven.

De *rishi's* wilden niet veel spreken. Het lijkt erop dat zij heel weinig woorden wilden gebruiken om hun ervaringen te beschrijven. Zelfs zij moeten het moeilijk hebben gevonden hun ervaringen onder woorden te brengen en daarom vonden zij *sutra's* de beste manier van uitdrukking. Zij voorzagen waarschijnlijk dat in de toekomst geleerden dat wat zij schreven, zouden gaan interpreteren en uitwerken. Zij wisten waarschijnlijk dat iedere geleerde zijn eigen interpretatie eraan zou geven. Dat ieder vele nieuwe verklaringen zou bedenken, waarvan de *rishi's* zelf nooit gedroomd hadden. Zij vermoedden misschien dat, zelfs wanneer zij over hun ervaringen zouden uitweiden, de mensen toch niet tevreden zouden zijn en in plaats daarvan de uitweidingen van de *rishi's* verder zouden uitwerken, wat nog meer interpretaties zou geven. Misschien was dit de reden waarom zij besloten heel weinig te zeggen.

Zoals we kunnen zien, is dit precies wat er gebeurd is. Er bestaan nu zoveel commentaren en interpretaties van de *Bhagavad Gita* en andere geschriften. Mensen hebben eeuwenlang over spiritualiteit geschreven, geschreven en geschreven. Zij kunnen niet ophouden. De hoofden van de mensen zijn zo vol dat zij willen schrijven, praten, interpreteren, uiteenzetten en discussiëren. Uiteindelijk raken zijzelf in de war en in hun verwarring maken zij anderen ook verward."

Iedereen lachte. De laatste bezoekers ontvingen Moeders *darshan*. Omdat er die dag niet veel bezoekers waren, gingen alle *brahmachari's* en de andere bewoners van de ashram ook naar Amma om haar zegening te ontvangen. Het was een langzame en zoete *darshan*, waarbij Zij iedere toegewijde veel aandacht schonk. Toen de *darshan* tegen het einde liep, zongen de *brahmachari's* het laatste lied: *Mauna ghanamritam*...

Het verblijf van intense stilte, eeuwige vrede en schoonheid,
Waarin de geest van Gautama Buddha werd opgelost
De schittering die gebondenheid verbreekt
De kust van gelukzaligheid voorbij het bereik van gedachten

Kennis die eeuwige gelijkmoedigheid van de geest schenkt
Het verblijf dat geen begin en einde heeft
Gelukzaligheid die ervaren wordt,
Nadat de bewegingen van de geest tot zwijgen zijn gebracht
De zetel van macht, het gebied van geconcentreerd bewustzijn

Het doel, aangeduid met de uitspraak 'Gij zij Dat',
Dat de zoete, eeuwige, non-dualistische staat schenkt
Dat is het wat ik verlang te bereiken.
Geen andere wegen zijn er dan Uw genade.

Het was bijna twee uur en nog niemand had zijn middagmaal gehad. Amma stond op van Haar bank, riep enkele *brahmachari's* en vroeg hen voorbereidingen te treffen om in de eetzaal voedsel op te dienen aan de toegewijden.

Zij zei: "Kinderen, jullie moeten allemaal middagmaal-*prasad* nemen, voordat jullie de ashram verlaten." Zij keek toen rond alsof Zij iets zocht. Toen zij niet kon vinden wat Ze zocht vroeg Amma Gayatri, die buiten op Haar wachtte: "Heb je boven bananen? Zo ja, breng ze dan." Gayatri ging naar boven en keerde terug met enkele bananen, die Moeder in stukjes verdeelde en aan iedere toegewijde te eten gaf. Om er zeker van te zijn dat iedereen een stukje ontvangen had, vroeg Amma: "Kinderen, heeft iedereen *prasad* gekregen?"

Er was geen direct antwoord, maar na een tijdje zei een toegewijde met een zachte stem: "Het lijkt erop dat iedereen gehad heeft, Amma, maar we zijn altijd blij om nog meer *prasad* uit uw handen te krijgen. Dit is zo'n zeldzame gelegenheid." Amma liep naar hem toe en kneep liefdevol in zijn oor, zoals een moeder doet bij een ondeugend kind. Amma boog naar al Haar kinderen en verliet de *darshan*-hut. Zij werd gevolgd door Gayatri en ging direct naar Haar kamer. De toegewijden begaven zich naar de eetzaal om hun middagmaal te gebruiken, met hun harten vol gelukzaligheid en tevredenheid.

Hoofdstuk 4

Rond vijf uur kwam Moeder van Haar kamer weer naar beneden. Het motregende en Gayatri hield daarom een paraplu boven Moeders hoofd. Maar Moeder bleef niet lang onder de paraplu, want Ze liep erg snel. Gayatri volgde Amma en probeerde Haar telkens weer tegen de regen te beschermen, maar zonder veel succes. Uiteindelijk keerde Moeder Zich om en zei tegen haar: "Moeder wil de paraplu niet. Ze zal geen kou vatten of koorts krijgen. Moeder is eraan gewend. Dus jij kan hem hebben."

Toen keek Ze om naar de anderen, waaronder Gayatri, en zei tegen degenen die Haar volgden: "Kinderen, laat de regen niet op je hoofd vallen. Jullie zouden een kou kunnen vatten."

Inmiddels waren alle ashrambewoners bij Amma toen Zij langs de keuken naar de badkamers en toiletten liep. Amma keek in iedere badkamer en toilet. Wegens de zware regen had niemand er veel aandacht aan geschonken en zij waren daarom niet erg schoon. Zonder een woord te zeggen ging Amma één van de badkamers binnen en begon deze schoon te maken met een bezem en een emmer water. Iedereen die in de buurt was begon rond te rennen op zoek naar andere bezems en emmers om de overige badkamers en toiletten schoon te maken. Zij wisten al dat dit een moeilijke tijd voor hen zou worden. Zij wisten dat hen een harde les te wachten stond.

Emmers en bezems waren snel gevonden, maar juist toen iemand op het punt stond een badkamer binnen te gaan, hoorden ze allemaal Moeders stem: "Nee, nee, dit is niet jullie werk. Jullie werk is te mediteren, bidden en studeren. Jullie worden niet geacht dit soort vies werk te doen. Moeder zal dit doen. Zij is eraan gewend vies werk te doen. Kinderen, jullie zijn allemaal van goeden huize. Jullie moeten dit niet doen. Dit is geen mediteren en bidden. Dit is anders. Jullie moeten niets doen waarvan jullie denken dat het iets anders is dan meditatie. Jullie hebben allemaal je bad genomen en jullie zijn klaar voor de avond-*bhajans*. Laat je lichaam niet stinken. Ga mediteren."

Haar woorden waren vol sarcasme. Iedereen werd bleek en stond bewegingloos, aan de grond genageld door de uitwerking van Moeders woorden. Sommigen hielden bezems in hun handen en anderen hadden emmers. Niemand durfde de badkamers binnen te gaan. Zij konden dat eenvoudig niet door wat Moeder had gezegd. De boodschap die in Moeders woorden verborgen was, was diep doorgedrongen in ieders hart. Allen stonden stil met emmers en bezems in hun handen en met het hoofd van schaamte naar beneden. Amma maakte alle badkamers en toiletten alleen schoon. Het was wel een gezicht, de ashrambewoners daar te zien staan met emmers en bezems in hun handen, als onbeweeglijke beelden. Bij een andere gelegenheid zou het een goeie grap geweest zijn om hen zo te zien staan.

Na het afmaken van het werk plaatste Amma de bezem en de emmer waar zij gewoonlijk werden opgeborgen en zonder nog een woord te zeggen vertrok Zij. Gayatri wenste oprecht Haar te volgen, maar was bang dit te doen. Het motregende nog steeds toen Amma naar de rand van het ashramterrein ging, waar Zij in het natte zand ging liggen. Spoedig ging de motregen over in regen, alsof de regenwolken erop gewacht hadden dat Moeder ging liggen. Iedere bewoner wilde aan Haar voeten vallen om Haar om vergeving te vragen. Iedereen wilde naar Haar toe rennen en Haar smeken Zichzelf niet te straffen voor zijn onachtzaamheid, maar niemand had de moed dit te doen.

De regen stortte neer, terwijl Amma in het zand bleef liggen. Zij was volkomen doorweekt. De bewoners stonden op een afstand, totdat uiteindelijk één van hen zich niet langer kon beheersen. Hij rende naar Haar toe en riep: "Amma!" Iedereen had erop gewacht, dat iemand het initiatief zou nemen. Nu rende de hele groep naar de plaats waar Amma lag. De roep "Amma!" klonk door de lucht als het koor in een groots drama. Iedereen huilde toen hij Moeder om vergiffenis vroeg voor zijn fout. Maar Moeder was er niet. Zij was ver voorbij het gebied van geluid en spraak. Het kostte hen enkele ogenblikken voordat zij zich realiseerden dat Amma in diepe *samadhi* was.

Hoewel Moeder meestal – blijkbaar door de gelukzaligheid van devotie – tijdens de *bhajans* of *darshan* in *samadhi* ging, waren er ook situaties waarin Haar staat van *samadhi* teweeg werd gebracht door een of andere moeilijkheid of ruzie, of door incidenten die te maken hadden met nalatig of onjuist gedrag van Haar kinderen. Zonder duidelijke reden duurden deze toestanden van *samadhi* langer dan de andere. Eens in 1979 ging Moeder de familietempel binnen en kwam er de hele dag niet uit. Zij bleef daar vele uren lang in een volkomen bewegingloze toestand. Zij verroerde Zich niet en knipperde niet met Haar ogen. Er was geen duidelijk teken van ademhaling. Dit gebeurde als gevolg van een ruzie tussen Moeders twee jongere broers. Moeder had geprobeerd tussenbeide te komen, maar zij wilden niet ophouden. Moeder bad en smeekte, maar zij gingen toch door met ruzie maken totdat hun verbale strijd onbeheersbaar werd. Op dat moment rende Moeder de tempel in, ging naar een hoek en zonk weg in diepe *samadhi*.

Omdat dit op een dergelijke vorm van *samadhi* leek, werd iedereen ongerust. Sommigen begonnen te huilen en te bidden en enkele *brahmachari's* begonnen te reciteren. Al die tijd hield de regen aan. Er werden paraplu's gebracht, maar die beschermden Moeder niet echt tegen de krachtige stortregen. Meer dan vijftien minuten gingen voorbij. Er was niet de minste beweging in Amma's lichaam. Angst en bezorgdheid maakten zich van iedereen meester. Zou Moeder terugkomen uit *samadhi*? Bracht de neerstortende regen Haar lichaam schade toe? Iedereen was volkomen doorweekt door de zware regen. Uiteindelijk werd besloten Amma naar Haar kamer te brengen. Geholpen door enkele andere vrouwen droeg Gayatri Amma de trap op en de kamer in, terwijl een paar *brahmachari's* doorgingen met reciteren.

Nadat zij Moeders natte kleren hadden verwisseld en Haar hadden afgedroogd, masseerden Gayatri, Kunjumol en enkele ashrambewoonsters Haar. Een paar *brahmachari's* kwamen de kamer binnen en gingen door met reciteren. Brahmachari Pai zong met veel emotie een paar Sanskriet hymnen, geschreven door Shankaracharya...

> *Moeder, U hebt vele waardige zonen op aarde,*
> *Maar onder hen ben ik de meest onbeduidende.*
> *Toch past het U niet, Gemalin van Shiva, mij op te geven,*
> *Want af en toe kan er een slechte zoon geboren worden,*
> *Maar nooit is er een slechte moeder.*
>
> *Er is geen zondaar zoals ik,*
> *Noch een vernietiger van zonden als U.*
> *Mahadevi, nu U dit allemaal weet,*
> *Doe zoals U goeddunkt.*

De staat van *samadhi* duurde bijna twee uur. Een *brahmachari* was door Amma geïnstrueerd wat hij moest doen tijdens Haar staat van *samadhi*. Zo nu en dan voelde hij Amma's voetzolen. Hij onthulde niet precies wat de instructies geweest waren, maar hij zei: "Amma vertelde me eens dat we erg voorzichtig moeten zijn als Haar *samadhi* langer dan een half uur zou duren. Zij zei strikt dat we de Goddelijke Naam voortdurend moesten zingen of *mantra's* moesten reciteren, totdat Ze tot Haar normale toestand terugkeert."

Rond half acht 's avonds keerde Moeder terug tot het aardse niveau van bewustzijn. Zij bleef op bed met een strakke, wezenloze blik in Haar ogen. Gayatri, Kunjumol en de andere vrouwen waren nog steeds Haar lichaam aan het masseren. De klank van de avond-*bhajans* kwam op vanaf de tempelveranda en Moeder opende Haar ogen. Het leek er niet op dat Zij al volledig was teruggekeerd vanuit Haar transcendente staat. De *brahmachari's* in de kamer hielden op met reciteren. Met een gebaar van Haar hand vroeg Amma iedereen de kamer te verlaten en iedereen, behalve Kunjumol en Gayatri, ging naar buiten, de deur achter zich sluitend. Nog steeds bezorgd over Amma wilden enkele *brahmachari's* voor Moeders deur gaan zitten, maar de anderen vonden dat niemand daar moest blijven. Als het nodig mocht zijn, zou Gayatri of Kunjumol iemand komen halen. Dus gingen zij allemaal naar beneden.

De regen was opgehouden enkele minuten nadat Amma naar binnen was gedragen Kort daarna was de lucht helder. Het feit dat de storm zo plotseling opgestoken was, juist toen Amma in het zand ging liggen, en net zo abrupt verdwenen was, toen Zij naar Haar kamer was gebracht, deed het hele drama op een daad van Goddelijke Wil lijken. Hoewel alleen Moeder de onmetelijkheid van goddelijke macht kan begrijpen, scheen het de ashrambewoners die aanwezig waren geweest, toe dat de storm nauw verband hield met de les die Moeder hen leerde.

De schoonheid van werk uit liefde

Dinsdag, 10 juli 1984

Na het ontbijt rond tien uur riep Amma alle *brahmachari's*. Eén voor één kwamen zij naar Amma's kamer. De *brahmacharini's* Gayatri, Kunjumol en Saumya werden ook geroepen. Toen zij allemaal binnen waren, vroeg Amma één van hen de deur dicht en op slot te doen. Toen dit was gebeurd, sloot Amma Haar ogen, vouwde Haar handen samen en zat in een devote stemming. De *brahmachari's* staarden allen naar Haar gezicht. Tranen rolden over Moeders wangen. Even opende Zij Haar ogen, veegde Haar tranen met een handdoek weg en sloot opnieuw Haar ogen. Plotseling begon zij *Vedanta venalilude* te zingen...

> *Waar is nu de waarheid van de Gita*
> *die verklaart dat U een reiziger helemaal alleen*
> *op weg naar Brahman zult helpen?*
>
> *Hoewel ik mij een weg baan*
> *door een pad dat lijkt op een woud,*
> *om U te bereiken en*
> *voor de vrede van mijn ziel.*
> *is mijn geest vol verdriet.*
>
> *Vriendin van de ellendigen,*
> *mijn hart brandt voor altijd naar iets,*
> *ik weet niet wat.*
> *Bent U niet van plan al*
> *mijn verdriet te verwijderen?*
>
> *O Moeder, O Bhagavati Devi,*
> *weet U niet dat zonder op te gaan*
> *in Uw geestbetoverende Wezen,*
> *er geen vrede is?*

Dit was niet gewoon een devotioneel lied. De oprechte uitingen van Amma stroomden over in dit lied en vervulden de hele atmosfeer met een gevoel van intens verlangen. De ogen van de *brahmachari's* vulden zich ook met tranen en de hele kamer werd doordrongen van liefde en devotie. Amma's stralende gezicht en de manier waarop Zij Zichzelf volkomen gaf in dit lied, raakte iedereen diep en schiep een onuitwisbare herinnering in de geheime kamer van ieders hart.

Na het lied was er een diepe, intense stilte. Amma bleef in een meditatieve stemming en iedereen reageerde hierop door spontaan in meditatie te gaan. De meditatie ging door totdat iedereen ontwaakte door Amma's meest geliefde mantra *Om namah Shivaya*.

Onverwachts vroeg Amma: "Heeft Moeder Haar kinderen verdrietig gemaakt?" Zij verwees naar het badkamer-incident gevolgd door de staat van *samadhi* de vorige dag.

"We moeten zulke harde lessen krijgen, anders is er geen hoop voor ons," antwoordde een *brahmachari*.

"Denk niet dat Amma jullie allemaal wilde laten schrikken. Het gebeurde eenvoudig. Soms is het onbeheersbaar. Wat moeten jullie met deze gekke vrouw?"

"We waren allemaal erg bezorgd over uw lichaam. Waarom kwelt U Uw lichaam voor onze fouten?" zei een andere *brahmachari*.

Moeder antwoordde: "Dat zijn gelukzalige momenten, helemaal geen kwellingen. Amma wilde in de regen zijn. Niettemin voelt Amma Zich verdrietig wanneer Haar kinderen erg onzorgvuldig zijn of wanneer Amma hun gebrek aan *shraddha* ziet. Zo'n verdriet brengt Haar soms in een staat van in zichzelf gekeerd zijn. Zij wil Zich dan volledig van de buitenwereld terugtrekken. Wanneer we naar de buitenkant kijken, zien we al deze fouten, tekortkomingen en dit gebrek aan waakzaamheid. Dan denkt Zij eraan Haar geest uit deze wereld, deze wereld van gebeurtenissen, terug te trekken. Enkel de gedachte zich terug te trekken is voldoende. Dan stijgt Ze in minder dan geen tijdrazendsnel naar spirituele hoogten. De gedachte dat de wereld en het lichaam de oorzaak van alle moeilijkheden zijn, maakt dat Amma Haar ogen voor beide sluit.

Kinderen, Amma's lichaam wordt alleen in stand gehouden voor Haar kinderen, voor de wereld. Jullie moeten je altijd bewust zijn van deze waarheid. Jullie moeten altijd onthouden dat het niet gemakkelijk is om dit lichaam in de wereld te houden. Op ieder moment kan Amma een eind maken aan het wereldse bestaan van dit lichaam. Het is de oprechtheid van Haar kinderen en hun standvastige gerichtheid op het doel, die het lichaam hier houden. Het is de roep van duizenden oprechte zoekers en toegewijden over de hele wereld, die aan dit lichaam trekt, zodat het beneden op dit niveau van bestaan blijft. Zonder dat is er niets dat dit lichaam naar beneden trekt. Het heeft geen ander doel om hier te zijn. Voedsel en slaap zijn helemaal geen probleem voor Amma. Zij heeft niets te maken met wereldse zaken of met rijkdom. Amma heeft Zich voldoende geoefend om iedere gunstige of ongunstige situatie meester te zijn.

Kinderen, deze ashram is niet van Amma. Deze plek is er voor de wereld. Hij behoort jullie toe en alle mensen die hier komen. Moeder heeft er in feite geen belang bij ashrams of andere instituten op te richten. Zij zou deze dingen niet hebben gedaan, als het niet voor de wereld was. Amma doet deze dingen om de wereld te helpen. De wereld moet niet gevuld zijn met egoïstische mensen. Er moeten een paar plaatsen zijn waar tenminste een handvol mensen onzelfzuchtig kunnen werken en dienen. De schoonheid en charme van onzelfzuchtige liefde en dienstbaarheid mogen niet van het aangezicht van deze aarde verdwijnen. De wereld moet weten dat een leven van toewijding mogelijk is, dat een leven geïnspireerd door liefde en dienst aan de mensheid mogelijk is.

Kinderen, Amma verwacht dat jullie liefdevol, onzelfzuchtig en erg zorgvuldig zijn bij het uitvoeren van jullie taken. Wanneer jullie hart gevuld is met liefde en onzelfzuchtigheid, stroomt het over en uit het zich in al jullie handelingen, woorden en gedachten.

Amma weet goed dat jullie de staat van volmaaktheid nog niet bereikt hebben. Maar is dat niet jullie doel? Jullie willen leven en dienen in liefde, nietwaar? Daarom hebben jullie oefening nodig. Jullie moeten je voortdurend inspannen. Amma is erg gelukkig als jullie op zijn minst een poging doen. Maar Moeder is erg verdrietig wanneer Zij de luiheid van Haar kinderen ziet. Kinderen, word nooit onachtzaam en verzink niet in apathie. Apathie is de ergste geestelijke toestand voor een spirituele zoeker. Iemand die apathisch is, is niet enthousiast. Hij is in niets geïnteresseerd. Hij heeft alle hoop verloren en is het leven beu. Zo iemand is zelfs te lui om te proberen uit zijn sufheid te komen en hij wordt een last voor anderen. Zijn bedrukte natuur doet woede en haat in hem opkomen. Zijn woede dwingt hem alles te haten – zijn eigen mensen, de samenleving, God en zelfs zijn eigen bestaan.

Kinderen, het is nodig te werken zolang we leven. Het leven is kostbaar. Verspil het daarom niet door dingen mechanisch, zonder liefde te doen. We moeten proberen liefde te stoppen in alles wat we doen. Machines kunnen veel dingen doen die wij doen, soms zelfs beter en efficiënter. Maar niemand wordt geïnspireerd door een machine. Hoewel machines grotere hoeveelheden werk kunnen verzetten dan mensen, is de kwaliteit van liefde afwezig in machinaal gemaakte producten. Wanneer er geen liefde is in een bepaalde handeling, dan wordt deze handeling mechanisch. Mensen die mechanisch, zonder liefde werken, worden van binnen als een machine. Zij worden minder menselijk. Mensen kunnen liefhebben. Zij kunnen liefde uiten en in liefde leven. Zij kunnen zelfs liefde worden."

Amma hield abrupt op. Er was een paar momenten stilte. De klok sloeg één maal. Het was half elf 's morgens. De tijd zelf waarschuwde iedere ziel: "Ik kan niet op je wachten. Ik kan niet terugkomen. Wat je ook doen wilt, doe het nu. Stel niet uit. Ik draag je naar de dood, zelfs zonder dat je het weet." Amma was in een in zichzelf gekeerde stemming. Met gesloten ogen wiegde ze heen en weer.

Teruggekeerd naar een normale stemming, ging Amma door met vertellen: "Er zijn schilders die honderdduizenden schilderijen maken. Maar er zit geen diepte in hun schilderijen. Niemand voelt zich ertoe aangetrokken. Zij raken iemands hart niet. Zij scheppen geen enkel gevoel van schoonheid of liefde in de geest van de kijker. Er zijn veel van zulke schilders en zij gaan door met schilderen tot aan hun dood. Maar niemand voelt zich geïnspireerd door hun werk.

Maar er zijn andere schilders, die niet veel schilderijen maken, misschien slechts een paar. Maar die paar schilderijen worden wereldberoemd. Mensen verlangen er sterk naar zo'n schilderij te bezitten. Door ernaar te kijken voelen zij inspiratie en verwondering. Als het een schilderij van de oceaan is, dan kan men de uitgestrektheid en de diepte van de zee voelen, eenvoudig door voor het schilderij te gaan zitten. Door gewoon naar het schilderij te kijken ben je in staat om de zee te ervaren. Je ziet de golven en je voelt zelfs de oceaanbries. Hoe is dit mogelijk? Door de grote liefde die de schilder in zijn werk legt. Zelfs wanneer het schilderij in een piepklein kamertje hangt, lijkt het een weidse ruimte te creëren. De bergen, dalen, rivieren en bomen komen tot leven. Je ziet voorbij het doek en de verf. Je ziet de natuur in al zijn pracht en glorie.

Als men zijn hart en ziel in een activiteit legt, zal deze veranderen in een geweldige bron van inspiratie. Het product van een handeling die met liefde is uitgevoerd, zal een waarneembare aanwezigheid van leven en licht in zich hebben. Deze werkelijkheid van leven en liefde zal een enorme aantrekkingskracht op mensen uitoefenen. Een *Mahatma* wijst voortdurend de weg. Geduldig instrueert hij je, niet eenmaal of tweemaal, maar wel duizend maal. Als je niet luistert, als je altijd ongehoorzaam bent, als je nog steeds denkt dat je schoonheid en liefde van hem kunt lenen in plaats van er zelf voor te werken, dan zal hij zich terugtrekken en verdwijnen. *Mahatma's* hebben geen andere verbintenissen of verplichtingen tegenover de wereld dan die zij zelf, uit eigen wil, voor het welzijn van de wereld en de mensheid, geschapen hebben.

Kinderen, God heeft ons de noodzakelijke vermogens gegeven om als Hem te worden. Liefde, schoonheid en alle goddelijke kwaliteiten bestaan in ons. We moeten van onze vermogens gebruik maken om deze goddelijke kwaliteiten in ons leven uit te drukken. Wees niet lui. Verdoe je tijd niet. Het leven is een kostbaar geschenk. Dit menselijk lichaam is een zeldzaam geschenk. Werk met liefde zolang je nog gezond bent. Wees geen last voor anderen. Misschien heeft God je niet voorzien van geld, maar als je begiftigd bent met een gezond lichaam, werk dan en doe het met je hele hart.

Er was eens een bedelaar die arm, maar heel gezond was. Hij deed een beroep op iedereen die langs kwam: 'Goede mensen, kijk naar mij. God heeft me geschapen zonder me van iets te voorzien. Ik heb niets, geen familie, niemand om voor me te zorgen. Heb medelijden met mij.' Op een dag bleef er een wijze voorbijganger staan en zei tegen hem: 'Oké, geef je beide handen aan mij en ik zal je een miljoen dollar geven.' Daarop riep de bedelaar uit: 'Hoe kan ik leven zonder mijn handen? Zij zijn heel kostbaar voor mij.' De wijze man zei toen: 'Oké, maak je niet druk. Wat zeg je van je benen? Ik bied hetzelfde bedrag voor je twee benen.' Geschokt antwoordde de bedelaar: 'Ben je gek? Hoe kan ik mijn benen geven voor een miljoen dollar? Mijn benen zijn zelfs voor dit bedrag te kostbaar.' De wijze man vroeg toen om de bedelaars ogen, maar hij kreeg hetzelfde antwoord. De bedelaar zei dat elk deel van zijn lichaam te kostbaar was om voor een miljoen dollar weg te geven. Daarom riep de wijze man uit: 'Kijk broer, dag in dag uit zeg je dat God je geschapen heeft zonder je van iets te voorzien. Nu heb je zelf openlijk verklaard dat je handen, benen en ogen, dat ieder lichaamsdeel erg kostbaar voor je is. Ieder deel is onbetaalbaar, zeg je. Dus God heeft je zeker dit kostbare en onbetaalbare lichaam gegeven. Waarom werk je niet en gebruik je dit gezonde lichaam niet om in je levensonderhoud te voorzien? Als je nog gezond bent, strek dan niet je arm uit om om aalmoezen te bedelen. Dat is luiheid. God houdt niet van luie mensen, die alles van anderen willen lenen. God houdt niet van mensen die als parasieten leven. Daarom, werk, mijn lieve broer, werk!'

Niemand wil werken en moeite doen om de staat van volmaaktheid te bereiken. Allen wil graag weten of zij vrede, schoonheid en liefde ergens anders of van iemand anders kunnen lenen. Wanneer zij schoonheid en liefde rond een *Mahatma* zien, hunkeren zij ernaar. Zij willen als hij worden. Zij zeggen: 'Hoe prachtig en fantastisch bent U! Ik heb nooit zoveel liefde en vrede in mijn leven ervaren. Hoe kan ik als U worden?' Dan vertelt de *Mahatma* hen hoe zij dat kunnen worden, maar zij werken niet hard om het te bereiken. Toch willen zij het, daarom vragen zij of ze het kunnen lenen.

Een *Mahatma* is de belichaming van de zuivere liefde van God, de verpersoonlijking van eeuwige schoonheid. Wanneer mensen hem ontmoeten, worden zij tot hem aangetrokken. Soms willen ook zij liefdevol en mooi worden als hij. Maar wanneer de *Mahatma* hen de wegen uitlegt om deze kwaliteiten te bereiken, de grote onthechting en overgave die nodig zijn, fronsen zij hun voorhoofd en trekken zich terug. Zij verwachten het voor niets te krijgen, zonder iets te doen. Dit lichaam zelf is een gratis geschenk van God. Hij gaf het eenvoudig uit mededogen. Maar mensen zijn hebzuchtig. Zij willen altijd meer. Meer en meer en meer, maar gratis! Dat is hun hele leven hun slagzin.

Doe je werk en voer je taken uit met je hele hart. Probeer onzelfzuchtig en met liefde te werken. Geef je totaal in alles wat je doet. Dan zul je schoonheid en liefde voelen en ervaren in ieder soort werk. Liefde en schoonheid zijn in je. Probeer hen in je activiteit uit te drukken en je zult beslist de bron van gelukzaligheid raken."

Opnieuw was er een pauze. Amma bewoog Haar rechterhand in cirkels terwijl Zij zachtjes zong *Shiva... Shiva... Shiva... Shiva...* Iedereen had aandachtig geluisterd naar de parabel die Moeder zojuist had verteld en naar de uitleg die daarop volgde. Amma vroeg de *brahmachari's Maname nara jivitamakkum* te zingen. Toen zij het lied begonnen, zong Amma ook mee...

Geest, dit menselijk leven is als een akker.
Als het niet juist bewerkt wordt, wordt het droog en
onvruchtbaar.

Je weet niet hoe je het zaad juist moet zaaien,
noch hoe je het goed moet laten groeien.
Je hebt ook niet de wens het te weten.

Door het onkruid te verwijderen
en door te bemesten,
door er goed voor te zorgen,
zul je een goede oogst hebben.

Het eerste deel van het leven wordt in hulpeloze kreten
doorgebracht
en de jeugd wordt besteed
aan wellustige gehechtheid.

Wanneer de oude dag nadert,
wordt je kracht je ontnomen.
Je wordt als een hulpeloze worm

met niets om handen en brengt de tijd door met enkel naar het graf uit te kijken.

Na dit lied vroeg een *brahmachari*: "Amma, Uw bewering dat de *Mahatma* zich zal terugtrekken en verdwijnen als de leerlingen niet luisteren en hem gehoorzamen, klonk als een waarschuwing aan ons allen. Probeert U te zeggen dat U hetzelfde zult doen als we zonder onderscheid handelen?" Er was angst en bezorgdheid in zijn stem.

Amma troostte hem en klopte hem op de rug en begon te spreken: "Zoon, probeer niet te vergelijken. Amma zei niet dat Zij ook weg zal gaan als jullie niet naar Haar luisteren. Amma wees erop dat de *Mahatma* niets te winnen of te verliezen heeft. Jullie zijn de verliezers als je zijn woorden niet opvolgt. Jullie zullen de schoonheid, liefde en vrede, die je in hem en in zijn handelingen ziet, verliezen. In zekere zin is het zijn verdwijning uit júllie leven, nietwaar? Moeder probeerde eenvoudig duidelijk te maken dat we in staat moeten zijn onze handelingen met liefde en toewijding uit te voeren. Probeer de voetstappen van de Guru met heel je hart te volgen. Gehoorzaamheid aan de woorden van de Guru is de enige manier om alle hindernissen, die zich op het spirituele pad voordoen, te overwinnen.

Amma wilde zeggen dat alleen liefde aantrekking en schoonheid aan onze handelingen verleent. Geen enkel werk is onbelangrijk of zonder betekenis. De hoeveelheid liefde en gevoel die je in je werk legt, geeft het betekenis en schoonheid.

Je denkt misschien dat het schoonmaken van de badkamer vuil werk is. Probeer het schoonmaken van de badkamer te zien als een gelegenheid om de toegewijden die de ashram bezoeken, te dienen. Als je kunt, maak dan een smerige openbare plek, zonder iemands aandringen, schoon. Doe het eenvoudig uit zorg voor de anderen. Zo'n handeling wordt een prachtig stuk werk. Je zuivere houding verleent schoonheid aan het werk. Een ongekend gevoel van vreugde welt in je op als resultaat van zo'n handeling.

Achter alle grote en onvergetelijke gebeurtenissen, staat het hart. Liefde en een onzelfzuchtige houding liggen aan alle werkelijk grote daden ten grondslag. Achter ieder goed doel zul je iemand vinden die alles heeft opgegeven en zijn of haar leven hieraan heeft gewijd.

Kijk naar je moeder die kookt. Zij doet het met liefde. Kijk naar de boer die op het land werkt. De boer kan echt golven van schoonheid in zijn werk scheppen, als hij het met liefde en oprechtheid doet. Je kunt zijn hart in zijn werk zien. Je kunt voelen hoe zijn hart ernaartoe stroomt. Hij is gelukkig en enthousiast, terwijl hij zich aan zijn taken wijdt. Luid zingend of een volksmelodietje neuriënd werkt hij onvermoeibaar. Hij maakt zich geen zorgen om voedsel of slaap. Hij is niet bekommerd om wat er om hem heen gebeurt. Hij is geduldig. Hij is niet bezorgd over hoeveel tijd het werk zal kosten. Hij geniet ervan alleen te ploegen, zaaien, irrigeren en oogsten. Dit is de betekenis van het woord oprechtheid. Oprechtheid betekent het vermogen je hart uit te drukken in wat je doet, het vermogen om van je werk te houden.

Kinderen, jullie moeten je werk met oprechtheid doen. Of je het nu belangrijk of onbelangrijk vindt, of je het leuk vindt of niet, je moet je werk met belangstelling en liefde doen. Wanneer je op deze manier werkt, wanneer er liefde begint te stromen in alles wat je doet, wordt je werk *sadhana*. Het wordt steeds minder moeilijk, totdat op een dag alle fysieke en mentale inspanning verdwenen is. Vanaf dan begin je met je hele hart te werken. Liefde bloeit binnen in je en zal weerspiegeld worden in alles wat je doet.

Zelfs een heilige die Zelfverwerkelijking heeft bereikt, kan doorgaan hetzelfde werk te doen als hij voorheen deed, zoals het vegen van de straat of het werken op het land. Maar nu is zijn houding anders. Na verwerkelijking is hij totaal onthecht. Hij is de waarnemer van alles wat hij doet. Vol onschuld en verwondering raakt de heilige nooit verveeld. Hij is als een kind dat het nooit moe wordt de vogels te horen zingen, dat het nooit beu wordt naar de bloemen te kijken, dat altijd ontroerd wordt door de opkomende maan. Net als de wereld van een kind is het leven van een heilige vol verwondering. Voor hem is alles nieuw en alles is fris omdat hij de wezenlijke natuur van alles met liefde bekijkt."

Amma hield op en zei: "We hebben een hoop gepraat. Laten we nu ophouden en een tijd naar binnen keren, voordat we afsluiten." Amma zong een lied dat iedereen meezong, *Chintakalkantyam...*

> *Glorieus Licht van Eeuwige Gelukzaligheid,*
> *dat in mij daagt wanneer mijn gedachten geëindigd zijn.*
> *Denkend aan Uw gouden voeten*
> *heb ik blij alles opgegeven.*
>
> *Wanneer U er bent als de mijne,*
> *heb ik geen andere familieleden nodig.*
> *Geef snel de onwetendheid van egoïsme op!*
>
> *Deze geest zal niet meer droevig zijn,*
> *omdat hij de bloem van verlangen afwerpt.*
> *Laat hem oplossen in Uw licht*
> *en grote vrede genieten.*
>
> *Verblijf alstublieft in mij om me te helpen*
> *als lucht te leven,*
> *met alles in contact te staan*
> *en toch met niemand een binding te hebben.*
>
> *Denk o mens! Waarom leef je?*
> *Volg je de wegen van het dierenrijk?*

Na het gelukzalige zingen, zat iedereen in een meditatieve stemming, zoals Amma had geïnstrueerd. Toen nam Amma een deel van de lunch die voor Haar was gebracht, en verdeelde het in kleine balletjes. Zij begon iedereen met Haar eigen handen te voeden. Elke *brahmachari* ging naar Amma toe om zijn deel van de *prasad* te ontvangen. Terwijl Amma Haar kinderen voedde, genoot Zij ervan grappen te vertellen, zich met de *brahmachari's* in het moment verheugend. Een van hen, die zich voor Amma altijd als een klein kind gedroeg, kwam twee keer. Hij werd op heterdaad betrapt. Ze zei luid: "Kijk hier, hier is een dief. Hij is al een keer gekomen en heeft zijn deel gehad." De *brahmachari* antwoordde in alle onschuld: "Geef me nog één keer. Dan zal ik nog maar één keer extra komen." Iedereen barstte in lachen uit. Amma lachte ook hartelijk om dit kinderlijke antwoord van de *brahmachari*.

Uiteindelijk was het Gayatri's beurt. Amma nam een rijstbal en stond op het punt die haar te voeden. Gayatri zat met haar mond wijd open, klaar om de *prasad* te ontvangen, maar plotseling trok Amma Haar hand terug. Opnieuw was de kamer gevuld met gelach. Gayatri bloosde en was lichtelijk in verlegenheid gebracht. Toen zei Amma: "Hier mijn lieve dochter, neem het." Opnieuw opende zij haar mond, terwijl Amma de rijstbal dichter bij haar bracht, bijna haar lippen rakend. Opnieuw trok Amma op het laatste moment Haar hand terug en een nieuwe golf van gelach vulde de ruimte. Toen deze bedaard was, keek Amma ondeugend naar Gayatri, wier gezicht rood kleurde van verlegenheid. Toen stopte Zij de rijstbal zachtjes maar welbewust in haar mond. Toen omhelsde Amma haar met veel genegenheid en Zij kuste Gayatri op beide wangen.

Het was een erg ontroerend schouwspel. Een onbeschrijfelijke uitdrukking van liefde en mededogen scheen op Amma's gezicht.

Sommige *brahmachari's* voelden dat de moederlijke kwaliteiten overstroomden, en vonden het moeilijk hun tranen te bedwingen.

Omdat Gayatri constant bij Haar leeft, benadrukt Amma dat Gayatri in ieder opzicht perfect moet zijn. Amma zei vaak: "Gayatri-*mol* moet als een tweede moeder voor iedereen zijn, in die mate dat Amma haar zelfs niet voor de kleinste fout spaart." Amma's liefde en mededogen voor Gayatri zijn onbeschrijfelijk. Zij worden slechts zelden geuit, maar wanneer dat gebeurt, is dat altijd een hartverwarmend gezicht. Dit was zo'n gelegenheid.

Door Amma gevoed te worden was altijd een feest voor Haar kinderen. Vroeger vond dit lieve ritueel bijna dagelijks plaats. Maar naarmate het aantal bewoners toenam, werd het steeds minder gebruikelijk. Er was nog iets anders dat hieraan een einde maakte.

In de oude dagen voordat er een strikte ashramroutine was, waren Nealu, Gayatri, Unni en Balu de enige inwonende leerlingen. De andere *brahmachari's*, die nog werkten of studeerden, bezochten vaak de ashram. De omstandigheden stonden niet toe dat zij permanente bewoners waren. Altijd wanneer deze *brahmachari's* op bezoek kwamen, samen of alleen, had Amma de gewoonte hen te voeden. Ze voedde ook alle toegewijden die aanwezig waren bij het middagmaal. Zelfs nadat de eerste groep *brahmachari's* permanent in de ashram was komen wonen, zette Amma deze gewoonte om iedereen te voeden, voort.

Maar later toen de *brahmachari's* de geschriften begonnen te leren, werd hen geleerd voor iedere maaltijd te reciteren. Zij reciteerden het vijftiende hoofdstuk van de *Shrimad Bhagavad Gita*, gevolgd door *Brahmarpanam* uit het vierde hoofdstuk, vers 24...

Brahmārpanam brahma havir brahmāgnau brahmanā hutam |
brahmaiva tena gantavyam brahma karma samādhinā ||

*Het offer is Brahman, de ghi is Brahman
geofferd door Brahman in het vuur van Brahman;
Werkelijk naar Brahman gaat hij
die alleen Brahman waarneemt in zijn handelingen.*

Op een dag kondigde Amma dus aan: "Nu jullie deze mantra reciteren, zal Amma jullie niet meer iedere dag voeden, zoals Ze vroeger deed. Vanaf vandaag moeten jullie hier niet meer op rekenen. De mantra moet geoefend worden. Als alles *Brahman* is, zijn jullie ook *Brahman*. Hoe kan *Brahman* gevoed worden?" Vanaf die dag hield de dagelijkse gewoonte van het voeden op. Toch voedt Amma Haar ashramkinderen nog steeds tot op de dag van vandaag, maar slechts af en toe. Het is nog steeds een speciale ervaring, die niet onder woorden kan worden gebracht. Het is niet alleen rijst of ander voedsel dat zij geeft. In deze *prasad* stopt Amma Haar liefde, zuiverheid, mededogen en zorg voor Haar kinderen.

Hoofdstuk 5

Vrijdag, 13 juli 1984

Rond half vijf 's middags was Amma met enkele kinderen uit de buurt aan het spelen. Sommigen waren kinderen van toegewijden. Zij maakte een tempel voor hen van nat, kleverig zand. Zij gebruikte bloemen en bladen om het dak te decoreren. Toen de tempel voltooid was, werd er een inwijdingsceremonie verricht, en Amma installeerde een kleine foto van Krishna binnenin de tempel van zand. Amma had zich totaal verloren in dit spel en de kinderen waren erg gelukkig. Toen de ceremonie voorbij was, stonden ze allemaal op zoals Amma had gezegd, en begonnen rondom de tempel te lopen. Amma zong het lied *Agatanayai* voor en de kinderen zongen in antwoord...

Heer Vishnu is gekomen!
Heer Vishnu is gekomen!
Laat ons altijd eer brengen aan de Heer.
De Hoogste Heer van de wereld is gekomen
om de wereld vertroosting te geven.

De Heer is op aarde gekomen
om de mensen van deze aarde
van verdriet te verlossen.
Is de Heer van Vrede vol mededogen neergedaald
om de weg naar Bevrijding te tonen?

Het zag er helemaal niet uit alsof Moeder en de kinderen aan het spelen waren, toen zij zongen, zich verheugden en in hun handen klapten. In tegendeel, de hele scène had het voorkomen van een echte gebeurtenis. Na een tijdje rond de tempel te zijn gelopen, begonnen Amma en de kinderen te dansen op de wijs van *Krishna... Krishna, Radha... Krishna*. Zij sloten hun ogen net als Amma en dansten allen een tijd met groot enthousiasme en vrolijkheid. Na dit lied ging Amma zitten en mediteerde. De kinderen volgden Haar voorbeeld. Elk kind zat in een volmaakte houding en mediteerde totdat Amma hun riep. Zij schudde hen zachtjes een voor een, en vertelde hen zich klaar te maken voor de verdeling van *prasad*. Amma had al enkele toffees voor de tempel gelegd. Die werden nu als *prasad* voor de kinderen verdeeld.

Het was zo'n lieflijk en inspirerend schouwspel. De ashrambewoners, die van een afstand toekeken, wensten oprecht dat zij kinderen waren, zodat zij ook met Amma mee konden doen. Sommigen van hen probeerden dichterbij te komen om toe te kijken, maar anderen weerhielden hun hiervan. Zij dachten dat hun aanwezigheid de schoonheid van Moeders tijd met deze kleine kinderen zou bederven. Daarom keken zij allemaal op een afstand naar Amma's spel.

De kinderen wilden niet weggaan bij Amma, die als een kind van hun leeftijd met hen speelde. Zij bleven rondom Haar zitten en hadden een hoop pret met praten, lachen en grappen maken. Zij waren echt aan het feesten. Een waar festijn vond plaats. Harten stroomden over en uitten zich in gelukzalig gelach.

Na nog een half uur met de kinderen te hebben gespeeld, stond Amma op en liep naar de tempel. De prachtige klanken van *Brahmachari* Shrikumars fluit kwamen uit één van de hutten en vulden de atmosfeer. Nog steeds omringd door de kinderen bleef Amma voor de tempel staan. Eén van de meisjes die ongeveer zes of zeven jaar oud was, smeekte: "Ammachi, laten we het spel van de tempel opnieuw zingen en doen." Zij pakte Amma's hand en vroeg het telkens weer.

Amma keerde Zich naar het kleine meisje toe, streek vol genegenheid over haar wangen en zei: "Kind, dit is genoeg voor vandaag. Amma heeft nog veel andere dingen te doen."

"Ik vond het spel zo leuk," zei het kleine meisje. "Kunnen we het morgen weer doen?"

Bijzonder ingenomen met het kind en haar onschuld gaf Amma haar een stevige omhelzing en kuste haar op beide wangen. Zij herhaalde: "Lieve dochter, Amma's lieve dochter." Het meisje uit Haar armen loslatend, vroeg Amma haar: "Zul je altijd zo toegewijd zijn, ook als je groot wordt?" Het meisje knikte ja met haar hoofd.

Als Moeder temidden van kinderen is, wordt Zij ook als een kind, met hen spelend en pret makend. Amma laat hen voelen dat Zij één van hen is. Amma geeft altijd een speciale plaats aan kinderen. Ook zij voelen dat. Iedereen die Haar met jonge kinderen gezien heeft, weet dat dit waar is. De kinderen krijgen zoveel aandacht. Amma stelt hen op hun gemak en maakt hen blij, wanneer Zij hen op schoot houdt. Zij laat hen vlak naast Haar zitten en luistert zorgvuldig en aandachtig naar hun gebabbel of klachten. Zij hebben hun eigen plaats en betekenis in Amma's aanwezigheid. Zij voelen dit zo duidelijk dat sommige kinderen Haar niet willen verlaten, zelfs niet wanneer de rest van hun familie klaar is om te vertrekken. Veel kinderen houden meer van Amma dan van hun eigen vader en moeder. Deze gehechtheid die de kinderen tegenover Amma hebben, komt voort uit de zuivere liefde en de waarachtige zorg die Zij hen toont. Kinderen zijn ontvankelijk. Amma's Goddelijke Liefde dringt direct door in hun hart. Door deze grote openheid raakt Amma hen diep en zij voelen dit onmiddellijk. Zuivere onvoorwaardelijke liefde is het geheim achter dit alles.

Onderscheid

Amma zat aan de voorzijde van de tempel in het zand en was spoedig omringd door de bewoners. Juist op dat moment kwam

Harshan, Amma's neef, naar de plek waar Zij en de anderen zaten. Hij was kreupel en liep mank. Harshan had een diepe devotie voor Amma. Zelfs toen de hele familie zich tegen Haar had gekeerd, steunde Harshan Haar enorm en had hij grote sympathie voor Haar. Eenvoudig om Amma aan het lachen te maken, gedroeg hij zich soms op een gekke manier. Hij boog zich voor Amma en ging bij de anderen zitten. Amma was erg blij hem te zien. Hij werkte op een vissersboot en Amma informeerde naar zijn werk. Omdat het regentijd was, wilde Moeder het algemene welzijn van het vissersvolk weten. Er volgde een kort praatje over hoe de moesson het vissersvolk schade had berokkend.

Harshan had een speciale manier om devotionele liederen te zingen. Daarbij maakte hij gebaren met zijn handen en trok verschillende gezichten. Amma vroeg hem een *kirtan* te zingen. Zonder een moment te aarzelen begon hij te zingen. Soms strekte hij zijn armen uit naar Moeder, dan weer gebaarde hij als een professionele musicus met één hand op zijn borst en de andere hoog in de lucht. Zijn gezichtsuitdrukkingen waren soms overdreven en op andere momenten sloot hij zijn ogen en met gevouwen handen boog hij vol eerbied voor Moeder. Het lied was *Sundarini vayo...*

Kom alstublieft, schone Gemalin van Shiva.
Kom alstublieft, Gelukbrengster, kom alstublieft.
Kom alstublieft, U die Eindeloos bent.

O Vamakshi, Gemalin van Heer Shiva,
O Kamakshi, die overal schittering uitstraalt,
Voor hen die U zien als hun dierbare relatie,
Bent U helemaal de hunne.

Moeder, blijf alstublieft de bron van mijn inspiratie.
Zowel één als vele vormen bezittend,
Bent U het licht van het Absolute.

Kent U mijn hart goed?
Wilt U niet voor me verschijnen,
zelfs nu ik het vraag?

Amma zag er erg gelukkig uit terwijl Zij naar het lied luisterde. Soms lachte Ze als een onschuldig kind, bij het zien van zijn gebaren. Toen hij het lied had beëindigd, knielde hij en boog voor Haar neer. Moeder gaf hem vol genegenheid een flinke klap op zijn rug en Harshan liet zich speels op één zijde vallen. Dit veroorzaakte bulderend gelach. Moeder lachte ook luid.

De lichte, speelse atmosfeer die Harshan had gecreëerd, veranderde door diepgaand onderwijs van Amma, toen zij een vraag van een *brahmachari* beantwoordde: "Amma, ik heb U horen zeggen, dat een spirituele zoeker alles transcendeert, wanneer hij eenmaal de staat van Volmaaktheid bereikt. Betekent dit dat hij ook voorbij het onderscheid gaat, wat beschouwd wordt als een belangrijke kwaliteit, die een bekwaam zoeker moet hebben?"

Amma's antwoord was verhelderend: "Kinderen, onderscheid is bedoeld voor iemand die zich in het ontwikkelingsproces bevindt. Je hebt volmaakt onderscheidingsvermogen nodig om het verschil te begrijpen tussen wat goed is voor je spirituele vooruitgang en wat hindernissen zal creëren op je pad. Een zoeker moet onderscheid maken tussen wat eeuwig is en wat niet-eeuwig is. Maar heb je eenmaal de staat van Volmaaktheid bereikt, dan heb je alles opgegeven, zelfs het onderscheid. Je kunt je nergens aan vasthouden. Je transcendeert alle dualiteit. Je wordt het universum. Je wordt de uitgestrektheid zelf. Je wordt zowel dag als nacht. Je gaat voorbij zuiverheid en onzuiverheid.

De Duizend Namen van de Goddelijke Moeder, *Lalita Sahasranama*, bevat de *mantra's*: *Sad asad rupa dharini* – die zowel de vorm van zijn als van niet-zijn aanneemt, en *Vidyavidya svarupini* – die zowel kennis als onwetendheid is. Deze verzen betekenen dat Devi, Zuiver Bewustzijn, alles is en voorbij alles is. Als bewustzijn overal is en alles doordringt, dan is alles wat is, alleen bewustzijn.

Maar je moet voortdurend onthouden dat deze bewering over het Absolute niet geschikt is voor spirituele zoekers, die zich nog steeds inspannen om het doel te bereiken. Dit is helemaal niet op hen van toepassing. Amma spreekt over de staat van Absoluut Bewustzijn. Niets is zonder bewustzijn voor iemand die volkomen gevestigd is in de Realiteit. Alles is doordrongen van bewustzijn en daarom zijn er geen verschillen. Wanneer alles doordrongen is van bewustzijn, hoe kan er dan enig onderscheid zijn? Een volmaakte ziel heeft geen geest, geen ego. Hij heeft geen *vasana's*, zelfs niet in hun ongemanifesteerde staat, want hij heeft ze volledig uitgeroeid. Zijn geest is blijvend stil en rustig geworden voor eeuwig en altijd.

Kinderen, geboden en verboden – wat rein en onrein is, wat goed en slecht is – zijn er alleen voor gewone mensen. *Mahatma's*, die het lichaambewustzijn hebben getranscendeerd, worden niet beïnvloed door zulke regels. Hij is volkomen onaangedaan. Maar als een *Mahatma* ervoor kiest om in de wereld te blijven voor de verheffing van de samenleving, dan zal hij de regels van de samenleving volgen. Hij zal zich er strikt aan houden om een voorbeeld voor anderen te stellen. De wereld heeft dat nodig. Mensen hebben een moraal, een goed karakter en zuiverheid nodig om zich te ontwikkelen.

Gewone mensen hebben nog hun lichaamsbewustzijn. Daarom kunnen zij niet handelen als ontwikkelde zielen, die boven alle gedragsnormen staan. Zonder gedragsregels zou het leven van een gewoon iemand een ramp zijn. Een *sadhak* moet ook een gedisciplineerd leven leiden. Anders kan hij niet vooruitgaan. Hij kan niet een Grote Ziel imiteren, die gevestigd is in de staat die alles te boven gaat. De *sadhak* moet oprecht proberen de instructies van de *Mahatma* of de Guru op te volgen, maar hij moet niet proberen de *Mahatma* of de Guru te imiteren.

Kinderen, Amma leefde alleen van water en tulasi-blaren. Zij zag zelfs verscheidene maanden achter elkaar af van voedsel en slaap. Er was een tijd dat Amma rauwe vis at, gebruikte theebladeren, stukken glas en soms vuil. Zij voelde nooit dat deze dingen vies of onrein waren. Toen was er noch liefde, noch gebrek aan liefde. Er was noch mededogen, noch gebrek aan mededogen. Er was een eindeloze uitgestrektheid, net als ruimte of de hemel. Amma was totaal verzonken in deze non-dualistische staat en wilde nooit terugkeren.

Hoe kan er in ruimte enig begrip zijn van reinheid of onreinheid, vuil of schoon, lelijk of mooi? Hoe kan er enige gedachte aan onderscheid zijn in de staat van uitgestrektheid, waar geen gedachten en geen geest zijn? Deze staat bevat alles. Het biedt ruimte aan alles. In feite bestaan zowel goed als slecht in die ruimte. Het is als de rivier die alles in zich meedraagt en alles wegwast. De rivier maakt geen onderscheid. Hij kan niet zeggen: 'Alleen gezonde mensen kunnen een bad in mij nemen. Ik laat bedelaars en melaatsen zich niet in mij wassen.' De rivier de Ganga kan dit niet zeggen. Zij streelt alles en draagt alles met zich mee, zowel goed als slecht. Zij accepteert zelfs dode en rottende lichamen in haar stroom.

Maar toen veranderde deze staat voor Amma. De roep van binnenuit veranderde alles. Wanneer je eenmaal een *sankalpa* maakt om in het lichaam te zijn en om aan de redding van de wereld te werken, worden de omstandigheden zodanig dat je de traditionele paden met de gedragsregels van de samenleving moet volgen. Anders raakt de samenleving ontwricht wanneer de sociale normen genegeerd worden. Als je je op een vreemde manier gedraagt zonder de morele en traditionele normen te volgen, zul je andere mensen rondom je schaden en je zult de wereld eerder vernietigen dan redden.

Alle namen en vormen zijn verdelingen geschapen door de geest. Hij die de staat van volmaaktheid bereikt heeft, transcendeert de geest en het intellect. Voor hem vallen namen en vormen weg. Hij wordt ruimte, hij wordt uitgestrektheid. Hij kan een lichaam meedragen, maar in feite draagt hij het niet echt. Hij doet gewoon wat hij doet, eet gewoon wat hij eet, zegt gewoon wat hij zegt. Hij ís eenvoudigweg. Hij bestaat in een ongedifferentieerde staat. Hij wordt niet gehinderd door de wereld, noch maakt hij zich druk om de wereld en zijn verheffing. Amma spreekt over de Hoogste Staat waar geen geest of gedachte is. Begrijp goed dat dit gaat over de ervaring van de Hoogste Staat. Het wordt gemakkelijk verkeerd begrepen, want je kunt blijven praten over de hoogste staat, zonder er iets van te begrijpen.

Onthoud dat er enkele verlichte wezens bereid zijn zich voor de wereld op te offeren. Zij zijn degenen die ervoor kiezen aan de wereld deel te nemen en de spirituele zoekers en toegewijden naar God te leiden, door een voorbeeld te stellen door hun woorden en daden. Wanneer zij eenmaal besluiten in het lichaam te blijven voor de transformatie van de samenleving, verblijven zij in de hoogste staat van onderscheid. Dit onderscheid is de voortdurende ervaring dat *Brahman* alleen werkelijk is en dat *jagat* of de wereld onwerkelijk is. Zij verblijven voortdurend in die hoogste staat in zichzelf, maar van buitenaf gezien werken zij onvermoeibaar en onzelfzuchtig voor het welzijn van de wereld, terwijl zij alle morele normen van de samenleving volgen. Ik herhaal: onthoud dat dit alleen geldt wanneer je ook na Realisatie in je lichaam blijft. Anders ben je wat je bent. Maar voor een *sadhak* die zich nog in moet spannen om de staat van Volmaaktheid te bereiken, is onderscheid tussen goed en slecht, tussen eeuwig en niet eeuwig, absoluut noodzakelijk."

Een Mahatma neemt uit mededogen een lichaam aan

Wetend dat Moeder uit eigen ervaring sprak, informeerde een *brahmachari*: "Amma, U zei dat U ook een tijd in een volkomen in zichzelf gekeerde toestand verkeerde. Wat deed u om vanaf deze hoogste staat naar beneden komen?"

"Mededogen," luidde Haar antwoord. "Op de een of andere manier kwam er een gedachte op. Nee, niet op de een of andere manier. Die was er eenvoudig. Het idee mededogend te zijn, was er altijd. Dat was de *sankalpa*. Door aan deze gedachte van mededogen vast te houden, kon Amma terugkeren naar deze wereld.

Mededogen is de kwaliteit die dit lichaam hier in de wereld houdt. Als die *sankalpa* van mededogen er niet was, dan zou de *Mahatma* niet terugkeren naar de wereld, maar zou hij in die toestand van in zichzelf gekeerd zijn blijven. Zijn gedrag kan vreemd lijken en hij kan verkeerd begrepen worden. Mensen hebben vooropgezette ideeën zelfs over een Zelfgerealiseerde ziel, die in een staat verblijft waar ideeën niet kunnen reiken. Zij proberen hem in de kooi van hun beperkte ideeën te passen. Een *Mahatma* beantwoordt niet aan enig stereotype. Daarom zullen zij hem krankzinnig verklaren.

Jullie hebben misschien gehoord van de heilige genaamd Naranattu Bhrantan, die een paar honderd jaar geleden in Kerala leefde. Hij was een *avadhuta*, bekend om zijn vreemde persoonlijkheid en gedrag. Eens wilde een zoeker zijn leerling worden en hem volgen waar hij ook heen ging. De man benaderde de heilige en uitte zijn wens, maar de *Mahatma* was niet bereid wie dan ook als zijn leerling te accepteren en wees onmiddellijk het verzoek van de man af. Desondanks was de man erg aanhoudend en uiteindelijk stemde de heilige in met zijn verzoek. 'Je mag me volgen,' zei hij, 'maar onder één voorwaarde. Wat ik ook doe, jij moet precies hetzelfde doen.' 'Dat moet gemakkelijk zijn,' zei de man enthousiast en hij vertrok met de heilige.

Naranattu Bhrantan liep en liep en liep. Hij rustte nooit. Dagenlang at en dronk hij niet. Hij sliep niet en sprak niet. De man raakte spoedig uitgeput. Hij probeerde de *Mahatma* bij te blijven, maar hij kon niet veel langer doorgaan. Tenslotte vertelde hij de heilige: 'Ik zal sterven als ik niet gauw iets eet of drink.' Niet lang daarna kwamen zij bij de werkplaats van een smid, waar lood werd gesmolten. De *Mahatma* liep naar de pot met kokend lood en begon het lood te drinken, waarbij hij zijn blote handen als kom gebruikte. Hij keerde zich naar zijn vriend en zei: 'Hé, kom hier! Drink zoveel als je wilt.' De man stapte terug, keerde zich om en rende weg zo snel als zijn benen hem konden dragen. De heilige in dit verhaal stond bekend als 'bhrantan', wat 'de krankzinnige' betekent. Omdat de mensen hem niet begrepen, dachten ze dat hij gek was. Hij accepteerde dat en probeerde hen nooit te corrigeren of hen te onderwijzen. Hij probeerde nooit hen de betekenis van zijn handelingen uit te leggen. Hij maakte zich nooit druk om de wereld of om wat zij van hem dachten.

Kinderen, er is een ander interessant verhaal over hem. Naranattu Bhrantan kookte zijn voedsel altijd op kerkhoven, waar hij de brandstapels als brandstof gebruikte. Er wordt beweerd dat er op een nacht, toen hij aan het koken was, een halfgodin verscheen, die rond brandstapels danst. Zij en haar gevolg kwamen hun middernachtelijke rituele dans uitvoeren. Zij beval Bhrantan het kerkhof onmiddellijk te verlaten omdat zij niet kon dansen in de aanwezigheid van mensen. De *Mahatma* was niet van plan te wijken en er ontstond een grote twist tussen beiden. Zij liet een gebrul horen en zei dat het haar nachtelijke routine was rond de brandstapel te dansen en dat zij onder geen enkele omstandigheid haar gewone routine zou onderbreken. De *Mahatma* glimlachte en zei koeltjes: 'Als je zo strikt bent met je normale routine, dan ben ik dat ook. Het is mijn dagelijkse routine om voedsel op een brandstapel op een kerkhof te koken. Daarom kan ik niet vertrekken. Als je er zo op staat te dansen, waarom zoek je dan geen ander kerkhof? Ik vertrek niet.'

Toen de halfgodin en haar gevolg zagen dat deze man zeer vastbesloten en koppig was, probeerden zij hem bang te maken door luid te brullen en dreigende gebaren te maken. De *Mahatma* glimlachte alleen maar. Hij bleef erg kalm en onverstoord. Hij bekeek de hele scène met kinderlijke onschuld en moest hartelijk lachen om hun woeste vertoning. Uiteindelijk gaf de halfgodin op. Zij besefte dat de man geen gewone ziel was. Zij veranderde van toon: 'Grootheid, ik geef het op. Laat uw wens vervuld worden. Ik zal vertrekken, maar voordat ik ga, wil ik u graag een gunst verlenen. Vraag er een alstublieft.' De *Mahatma* antwoordde: 'Ik wil geen gunsten. Er is niets dat ik moet bereiken en ik heb geen wensen om te vervullen. Mijn enige gebed is om alleen gelaten te worden. Laat mij me concentreren op mijn koken.'

Desondanks bleef de halfgodin aandringen dat hij om een gunst zou vragen. De *Mahatma* gaf tenslotte toe: 'Oké, vertel me de exacte datum van mijn dood.' Zij vertelde hem de datum. Opnieuw verzocht zij hem dat hij om een andere gunst zou vragen, omdat de eerste helemaal geen grote gunst was. 'Oké,' zei de heilige, 'kun je dan mijn dood één dag uitstellen of één dag eerder laten komen?' De halfgodin antwoordde dat zoiets buiten haar macht lag en verzocht hem om iets anders te vragen.

De *Mahatma* had medelijden met haar en wees naar zijn linkervoet, die besmet was met elefantiasis. Hij zei: 'Omdat je er zo op gebrand bent mij een gunst te verlenen, mag je deze ziekte van de linker- naar de rechtervoet overbrengen.' Toen dat gedaan was, verzocht hij haar te vertrekken omdat hij geen gunsten meer wilde. De halfgodin gehoorzaamde. Zij verdween onmiddellijk en nam haar gevolg met zich mee.

Vreemd zijn de wegen van een *Mahatma*. Het menselijke intellect kan grote zielen niet begrijpen en noemt hen daarom krankzinnig. Hun schijnbare krankzinnigheid heeft tot doel de mensen hun eigen krankzinnigheid met betrekking tot naam, eer en rijkdom te laten beseffen. Alleen als mensen hun eigen krankzinnigheid beseffen, kan deze krankzinnigheid verwijderd worden. Een *Mahatma* heeft niets te bereiken of te winnen. Hij staat boven alle prestaties. Hij heeft alles bereikt wat er te bereiken valt en is altijd helemaal vol. Wanneer zijn hart overstroomt, staat dat bekend als liefde en mededogen. Hij kan volledig innerlijk teruggetrokken blijven en hij kan ook overstromen met liefde als hij dat verkiest.

Dit verhaal is bedoeld om de houding van een ziel die zich volkomen heeft overgegeven, te illustreren. Het verhaal laat zien hoe alle aspecten van goddelijkheid volmaakt onder controle van een *Mahatma* staan. Er is geen angst in hem. Er is ook geen ongerustheid of opwinding. Hij wordt niet ongerust of gestoord door wat dan ook. Hoewel hij de bestemming of *prarabdha* kan veranderen, als hij dat wenst, accepteert hij het gewillig. Hij wil het niet veranderen. Onbevreesd als hij is, wil hij gewillig alle ervaringen ondergaan. Angst ontstaat wanneer mensen heen en weer geslingerd worden door hun eigen onbetekenende verlangens, altijd alleen maar bezorgd om zichzelf. Wanneer je eenmaal de angst overwint, kun je glimlachend naar alle uitdagingen van het leven kijken. Een *Mahatma* heeft de *vasana's* getranscendeerd door de verlangens en de gedachtegolven te beheersen. Dat geeft hem de kracht om vriendelijk te glimlachen, terwijl hij eenvoudig naar alles kijkt.

Maar heb je opgemerkt dat de *Mahatma* in dit verhaal geen mededogen had? Hij had noch mededogen, noch gebrek aan mededogen. Hij was helemaal niet bezorgd om de wereld. Hij verbleef altijd in de Absolute Staat. Hij was bijna iemand zonder lichaam. Mededogen is de kwaliteit die een *Mahatma* in de samenleving laat blijven en laat werken voor de verheffing ervan. Het is alleen door deze kwaliteit van mededogen dat hij *sadhaks*, toegewijden, leerlingen en iedereen die hem benadert, helpt."

De tijd voor de avond-*bhajans* naderde. Amma vroeg iedereen weg te gaan en zich klaar te maken. Zij ging op Haar gebruikelijke plaats voor de tempel zitten. Eén voor één kwamen de bewoners en gingen op hun plaats op de tempelveranda zitten. Amma bleef op Haar plaats, tegen de muur leunend. Haar blik op de hemel gericht, was Zij aan deze wereld verloren.

Weldra was de veranda gevuld met bewoners. Het zingen begon, hoewel Amma in het begin niet meedeed. Zij zat onbeweeglijk, voorbij deze wereld kijkend.

Brahmachari Shrikumar zong *Arikullil*, een lied dat hij gecomponeerd had, toen hij niet bij Moeder was. Het lied beschrijft zijn folterende pijn van Amma gescheiden te zijn. Daardoor was het vol van de gevoelens van het hart. Dezelfde gevoelens werden uitgedrukt toen hij zong...

> *Ondergaand in de westelijke oceaan, heeft de zon*
> *het einde van de dag aangegeven*
> *in zijn droevige klacht.*
>
> *Het is slechts het spel van de Universele Architect,*
> *dus waarom voelen jullie je terneergeslagen, sluitende*
> *lotussen?*
>
> *Deze wereld zo vol van ellende en in diepe smart*
> *is slechts het drama van God, de Maker-Schepper.*
> *En ik ben slechts een marionet, hulpeloos in Zijn handen.*
> *Geen tranen heb ik te storten terwijl ik toekijk.*

Als een vlam brand ik op, gescheiden van U.
Brandend en brandend is mijn geest.
In deze oceaan van verdriet word ik rondgeslingerd,
zonder de kust te vinden.

Na het eerste lied zong Amma mee met het lied *Nilambuja*. Haar hart stroomde over en dit schiep de ene golf van gelukzaligheid en extase na de andere...

Moeder met blauwe lotusogen,
Wilt U niet luisteren
naar het snikken van dit bedroefde hart?

Misschien als gevolg van daden in een vorig leven zwerf ik alleen rond.
Door eeuwen en eeuwen ben ik gegaan,
voordat ik nu ben geboren.

Wilt U me niet bij U nemen
met een moederlijke omhelzing
en me op Uw schoot zetten?

Ik verdien het misschien niet,
maar, Moeder, zult U om die reden dit kind in de steek laten?
Wilt U niet komen, me dicht bij U nemen
en me een blik vol genade schenken?

Hoofdstuk 6

Zondag, 22 juli 1984

Om half elf 's ochtends was Amma al in de hut *darshan* aan het geven aan Haar kinderen. Omdat het zondag was, een *Devi Bhava* dag, waren er veel mensen gekomen om de zegeningen van de Heilige Moeder te ontvangen. Hoewel het bijna iedere dag regende tijdens het moessonseizoen, lieten de toegewijden zich door het weer er niet van weerhouden om voor Moeders *darshan* te komen.

Het is altijd een unieke ervaring om Amma aan Haar kinderen *darshan* te zien geven. De mensen gingen één voor één naar Haar toe. Sommigen huilden en stortten hun hart bij Haar uit, en zochten zegeningen en genade. Anderen lachten en waren vol vreugde en drukten hun blijdschap en dankbaarheid tegenover Amma uit voor Haar oneindige genade. Sommigen wilden enkel spiritueel vooruit geholpen worden. Zij baden om Haar constante leiding en genade. Sommigen wilden hun wensen vervuld zien en anderen wilden dat Amma hun problemen oploste. Het was een eindeloze reeks mensen en problemen. Zij troostte de huilenden, veegde hun tranen af en verzekerde hen dat Zij altijd bij hen zou zijn. Amma lachte met hen die zich verheugden en nam van ganser harte deel aan hun geluk. Geen wonder dat mensen het barre weer trotseerden om opbeuring en troost bij Amma te zoeken. Haar beschermende vleugels spreiden zich over het hele universum uit. Tot in de verste verten reikend, garandeert Amma liefdevolle zorg voor al Haar kinderen.

Wees moedig

Tijdens de *darshan* kwam er een jongeman naar Moeder toe en klaagde dat hij de laatste twee jaar een verschrikkelijke nekpijn had. Hij zei dat hij de kwellende pijn dag en nacht ervoer. De jongeman voegde hieraan toe dat hij nooit goed kon slapen omdat de pijn enorm toenam wanneer de nacht viel. Zelfs toen de jongeman tegen Moeder sprak, zag hij eruit alsof hij zware pijn leed.

Amma luisterde naar hem met een ondeugende glimlach op Haar gezicht. Dit was erg ongebruikelijk. Gewoonlijk wanneer er iemand met zo'n probleem bij Haar kwam, identificeerde Amma Zich duidelijk met de persoon en zijn pijn. Ze zou sympathie voor hem tonen, hem troosten en vol liefde over de zieke plek wrijven. Amma zou zo op iedere mogelijke wijze de pijn delen. Maar tegenover deze jongeman toonde Amma geen mededogen of liefde. Zij bleef glimlachen en bleef een tijd naar zijn gezicht kijken. Langzaam verdween de glimlach en Haar gezicht werd heel ernstig. Amma keek recht in de ogen van de jongeman. Haar blik en Haar ogen waren zo doordringend dat de jongeman Haar niet in de ogen kon kijken. Hij liet zijn hoofd hangen. Een paar ogenblikken gingen voorbij, maar de jongeman durfde zijn hoofd niet op te tillen.

De blik op Amma's gezicht werd nog serieuzer en toen zei Ze: "Luister, is dit de plaats om je drama op te voeren?" De stem klonk diep en ontzagwekkend. De jongeman hief zijn hoofd op. Hij was door angst bevangen en begon te trillen. Uiteindelijk slaakte hij een luide kreet en barstte in tranen uit. Door zijn tranen heen riep hij: "Vergeef me! Vergeef me! Vervloek me niet. Straf me niet. Ik ben bang. Ik probeerde voor te wenden dat ik aan nekpijn leed. Vergeef me alstublieft. Vergeef me alstublieft. Vergeef me alstublieft." De jongeman herhaalde deze woorden keer op keer.

Toen Amma zijn hulpeloze toestand zag, kon Zij niet anders dan Haar moederlijke mededogen laten overstromen. "Zoon, zoon," zei Ze, "geen probleem, geen probleem, wees niet ongerust. Hoe kan Amma je vervloeken of straffen? Zij kan geen van beide. Hoe kan een Moeder er zelfs van dromen zoiets te doen? Huil maar niet. Wees ontspannen. Wees getroost. Wees niet bang. Het is je vergeven zodra jij je fout besefte. Huil niet." Amma omhelsde de jongeman, veegde zijn tranen af, legde hem in Haar schoot en streek met veel liefde en mededogen over zijn rug.

De jongeman was een atheïst, die helemaal geen vertrouwen in Amma had. Hij dacht dat Zij maar een gewoon dorpsmeisje was, die door de mensen als goddelijk werd beschouwd. Gewapend met een verzonnen verhaal, was hij gekomen om Haar te ontmaskeren. Het plan van de jongeman was om Amma te laten geloven dat hij ernstige nekpijn had. Hij verwachtte dat Zij hem zou troosten en kalmeren. Daarna zou hij in het geheim Amma de waarheid onthullen. In zijn droom van trots en succes had hij gedacht nadien als de held te kunnen vertrekken. Maar zijn plan stortte in elkaar. Het was zijn bedoeling om Moeder te vernederen, maar hij werd zelf vernederd in plaats van Haar.

De jongeman huilde en vroeg Amma om vergeving. Toen hij zich enigszins getroost voelde, tilde hij zijn hoofd op uit Amma's schoot en zat dicht naast Moeder, met nog steeds een hangend hoofd. Moeder hervatte de *darshan* en de *brahmachari's* zongen *Amma Amma Taye...*

Moeder, Moeder, lieve Goddelijke Moeder,
U bent de Godin van het Universum.
Schenkster van voedsel aan alle schepsels
U bent de Eerste Hoogste Macht.

Alles in de wereld gebeurt
dank zij Uw Goddelijk Spel.

Bescherm me Moeder, Moeder bescherm me.
Zonder conceptie in de baarmoeder
heeft U aan miljoenen en miljoenen wezens
het leven geschonken.

U bent het doel van mijn leven, Moeder.
Negeer me niet, Godin van de Wereld.
U bent de Godin Lalita, Heerseres over de wereld.
Moeder, als U me keer op keer in moeilijkheden brengt,
wie anders is er dan om me te beschermen?
Moeder met betoverende ogen,
U bent de alomtegenwoordige getuige van alles.

Na het lied begon de jongeman weer te snikken als een kind. Amma keek glimlachend naar hem en zei: "Zoon, je hoeft je niet te schamen. Vergeet het incident. Wees moedig. Je was moedig genoeg om naar Amma te komen en voor te wenden dat je vreselijke nekpijn had. Waar is deze grote moed nu? Wanneer je iets onderneemt, of het nu juist of onjuist is, moet je ook moedig genoeg zijn de consequenties te dragen, wat deze ook mogen zijn. Er zijn er veel die een verkeerde weg gekozen hebben. Zij zijn er zich misschien zelfs bewust van dat hun weg verkeerd is. Toch gaan zij door op de gekozen weg, vastbesloten de gevolgen onder ogen te zien en te overwinnen, wat deze ook moge zijn, gunstig of niet.

Maar kijk nu naar jezelf en de toestand waarin je verkeert. Kun je niet wat moediger zijn? Zoon, of je geeft je over, of je verklaart de oorlog. Overgave vraagt iets meer moed. Degene die zich overgeeft aan het Hoogste Wezen is de moedigste van allemaal. In feite is degene die de oorlog verklaart bang. Het is angst die hem aanzet om de oorlog te verklaren. Hij is bang dat hij zal verliezen en de ander zal winnen. Hij is bang dat zijn ideeën niet zullen overleven. Hij is bang dat hij niet in staat zal zijn de tegenstander te overweldigen. De gedachte aan de tegenstander stoort hem altijd. Dag en nacht denkt hij aan de vijand. De tegenstander creëert een hel in zijn geest en zo leeft hij voortdurend in angst. Ravana, de ontvoerder van Sita, verkeerde voortdurend in angst voor Haar echtgenoot Rama. Kamsa, de boosaardige oom van

Shri Krishna, leefde altijd in angst voor zijn neef. Duryodhana, de oudste zoon van de blinde koning Dhritarashtra, verkeerde in constante angst voor de Pandava's.

De atheïsten van vandaag hebben dezelfde aard. Zij leven in angst. Maar in tegenstelling tot de helden van de oudheid, hebben de mensen die zich erop beroemen niet-gelovig te zijn, niet de moed de consequenties van hun daden te dragen. Deze oude helden waren ook sceptici en rationalisten, maar zij waren veel moediger dan de sceptici en niet-gelovigen van vandaag.

Ondanks hun moed om onjuiste daden te begaan, leefden zij toch in angst. Ravana was bang dat Rama hem zou vernietigen als hij Sita kwam redden. De angst dat Krishna hem zou komen doden, achtervolgde Kamsa de hele tijd. En Duryodhana was bang voor de macht van de Pandava's, vooral omdat Krishna bij de Pandava's was. Angst maakte het leven van deze mannen een levende hel. Zij ontwierpen voortdurend complotten en plannen om hun vijanden te doden. Nooit in vrede met zichzelf, leefden zij in spanning en wanhoop. Dit is wat er gebeurt met hen die niet bereid zijn zich over te geven.

Overgave verwijdert alle angst en spanning. Overgave leidt je naar vrede en gelukzaligheid. Waar overgave is, bestaat geen angst, en omgekeerd. Waar overgave is, is liefde en mededogen. Angst resulteert daarentegen in haat en vijandigheid. Maar om zich over te geven heeft men een hoop moed nodig, de moed om zichzelf op te geven. Het vraagt een dappere houding om zijn ego op te offeren. Overgave betekent alles verwelkomen en accepteren zonder het minste gevoel van verdriet of teleurstelling.

Daarom zoon, als je wilt vechten, is dat oké. Ga door met al je inspanningen om Amma als een bedriegster te ontmaskeren. Maar wees tenminste moedig en vastbesloten. Kijk naar jezelf, je hebt je kracht en zelfvertrouwen verloren. Je mag dat niet laten gebeuren. Wees moedig en verlies je zelfvertrouwen niet."

De jongeman bleef stil. Hij scheen in diepe gedachten verzonken. Enkele toegewijden die dichtbij zaten, uitten hun boosheid tegen hem door enkele scherpe opmerkingen te maken. Amma weerhield hen daarvan en zei: "Nee, nee. Dat moeten jullie niet doen. Jullie mogen zijn gevoelens niet kwetsen. Door zulke vervelende opmerkingen te maken, geven jullie een slecht voorbeeld. Amma wil hem niet bekritiseren of beledigen. Amma vertelt hem deze dingen alleen voor zijn eigen inzicht, voor zijn eigen bestwil. Hij is vrij om het te accepteren of te verwerpen.

Bovendien zal het uiten van woede de negatieve *vasana's* in jullie vrijmaken. Gebruik je onderscheidingsvermogen. Je moet leren te luisteren en te antwoorden zonder te reageren. Daarom, kinderen, zal Amma niet toestaan dat jullie gemeen tegen hem zijn. Zij wil niet dat jullie hem veroordelen. Waarom zouden we dat doen? Wat voor goeds zal het hem of jullie doen? Veroordeling zal zowel jullie geest als de zijne bederven. Dat is niet de juiste houding. Reactie zal noch je slachtoffer noch jezelf enig voordeel brengen. Reageer daarom niet. Leer hoe te antwoorden."

Antwoorden in tegenstelling tot reageren

Een van de toegewijden die zijn boosheid tegenover de jongeman had geuit, vroeg Amma: "Amma, wat bedoelt U met antwoorden? Reageren doen we natuurlijk altijd. Hoe antwoordt men?"

Amma legde het verschil uit: "Antwoorden kan op vele verschillende manieren uitgelegd worden. Het is totale acceptatie. Het is ook niet-accepteren met een positieve houding. Het kan ook noch acceptatie noch verwerping zijn. Je blijft eenvoudig de reactie die in je opkomt, gadeslaan. Maar jij blijft erbuiten. Je raakt er helemaal niet bij betrokken. Onthoud: je ziet het en als je het ziet, ben je er geen deel van. Jij kijkt ernaar. Je bent niet op het toneel. Om te antwoorden moet men als een spiegel worden.

Men moet een goede reflector van de ander zijn gevoelens worden. Een spiegel reflecteert alleen, maar raakt er nooit bij betrokken. Hij wordt nooit geraakt of bevlekt door de beelden.

Het is alsof je naar een film kijkt. Je staat erbuiten. Je kijkt eenvoudig en observeert. Je geniet van het spel. Je geniet van de ervaring van het kijken naar het spel. Je raakt nooit betrokken in het spel of in de ervaring. Het is prachtig als je dit kunt. Je kunt afstand nemen van wat er gebeurt en er eenvoudig om lachen. Alleen iemand vol mededogen kan antwoorden. Door deze uitleg kwam er een vraag op: "Is het voor een gewoon iemand mogelijk dit te doen?"

"Dit soort twijfel zal het zeker niet mogelijk maken," was Amma's antwoord. "Kinderen, als je een werelds doel wilt bereiken, bijvoorbeeld een miljoen dollar verdienen, dan begin je onmiddellijk. Je verspilt geen tijd. Je kunt niet wachten. Je spant je hard in. Je werkt ijverig om je doel te bereiken. Je werkt met enthousiasme. Je vergeet al het andere, zelfs voedsel en slaap, in je sterke vastberadenheid om je doel te bereiken. Wanneer je dokter of ingenieur wilt worden, studeer je hard om dat te bereiken. Maar wanneer je doel iets spiritueels is, iets wat je werkelijk zal helpen een vreedzaam leven te leiden, dan heb je er honderden twijfels over en honderd vragen of het mogelijk is. Wat jammer! Door zelfs niet te proberen, ben je al verslagen voordat je zelfs begint.

Het menselijk intellect heeft de mens tot grote hoogten op het gebied van de wetenschap gebracht. Er was een tijd dat mensen geloofden dat veel van de dingen die de wetenschap vandaag heeft bereikt, absoluut onmogelijk waren. Zij droomden er zelfs niet over dat mensen naar de maan konden gaan of dat mensen door thuis te zitten kijken naar een kleine machine, die tv genoemd wordt, gebeurtenissen konden volgen die in een ander deel van de wereld plaatsvinden. Denk aan de eens onvoorstelbare ontwikkelingen van de moderne wetenschap, die nu als vanzelfsprekend worden aangenomen. Waar komen al deze dingen vandaan? Wat zit er achter al deze wonderlijke uitvindingen? Zij zijn prestaties van het menselijke intellect.

Deze prestaties zijn duidelijke bewijzen van de enorme macht, die verbonden is aan de menselijke geest die gericht is op wetenschappelijke ontdekkingen. En toch is de macht van het intellect van een wetenschapper slechts een oneindig klein deeltje van de oneindige macht verbonden aan de menselijke geest. De macht van de menselijke geest is onmeetbaar.

Deze oneindige macht is in alle mensen aanwezig. Als iemand iets werkelijk wil doen, is niets onmogelijk voor hem. Niets kan hem binden, overweldigen of beheersen, als hij moedig genoeg is om diep in zijn eigen geest, zijn eigen bewustzijn te duiken. Hij kan de ware bron van alle macht aanboren. Amma kan dit garanderen, mits de inspanningen oprecht zijn.

Er zijn veel Meesters over de hele wereld die deze uiteindelijke staat hebben bereikt. Als zij het konden, moeten jullie er ook toe in staat zijn. Waarom twijfels? Probeer het! Twijfelen is aangeleerd, je leert te twijfelen. Je leert nooit te geloven. Twijfel is je grootste vijand. Geloof is je beste vriend. Heb geloof en doe je best. Je zult zien wat het resultaat is."

Een groep toegewijden die uit het noorden van Kerala kwam, begon verzen uit de *Devi Mahatmyam* te zingen...

> *Devi, U die het lijden van Uw smekelingen verwijdert, wees genadig. Wees ons gunstig gezind, Moeder van de wereld. Wees genadig, Moeder van het universum. Bescherm het universum. Devi, U bent de heerseres over alles wat beweegt en niet beweegt.*
>
> *U bent de enige ondergrond van de wereld, omdat U bestaat in de vorm van de aarde. Door U, die bestaat in*

de vorm van water, vindt alles voldoening. O Devi van onwankelbare moed.

U bent de kracht van Vishnu en bezit eindeloze moed. U bent de oermaya, die de bron van het universum is. Door U is dit alles in een illusie gebracht, O Devi. Als U genadig wordt, wordt U de oorzaak van de uiteindelijke bevrijding in deze wereld.

Alle vormen van kennis zijn aspecten van U, Devi. Evenals alle vrouwen in de wereld, die begiftigd zijn met verschillende eigenschappen. Door U alleen, Moeder, wordt deze wereld gevuld. Wat voor lofprijzing kan er zijn voor U, die de aard hebt van de primaire en secundaire uitdrukking van prijzenswaardige dingen?

Er was zoveel liefde en devotie in hun melodieuze zingen van de Sanskriet *shlokas* dat sommigen onder hen er volledig door in beslag genomen werden. Verloren in hun eigen wereld van extase, begonnen zij verschillende gebaren te maken. Zij strekten hun armen naar Amma uit, hieven ze hoog in de lucht en vouwden hun handen samen om Haar te groeten. Sommigen lieten tranen van liefde toen zij met enorme devotie verder zongen. De toegewijden waren ontroerd dat zij voor Amma konden zingen. Terwijl Amma naar hen zat te kijken, stroomde mededogen uit Haar ogen. Haar gezicht scheen als de volle maan. Enkel Amma's blik met de betoverende glimlach op Haar lippen, betoverde de toegewijden met een verrukkelijke bekoring. Tranen rolden over hun wangen toen zij opstegen naar hoogten van opperste devotie, terwijl zij doorgingen met het zingen van de hymne.

Amma zat erg stil op de bank. Zij manifesteerde alle kenmerken die Zij tijdens *Devi Bhava* toont – Haar handen in een goddelijke *mudra* en stralend met een gelukzalige glimlach op

Haar gezicht – terwijl Zij naar de zingende toegewijden staarde. Een vloedgolf van hoogste devotie kwam in hen op toen hun gezang nog extatischer werd en de hele hut met de volheid meetrilde. Zij zat een tijd in die stemming. Toen keerde Zij zich van hen af, maar Zij bleef in een naar binnen gerichte staat. Het lied hield langzaam op. Er heerste volmaakte stilte in de *darshan*-hut. De toegewijden ervoeren de gelukzaligheid van diepe meditatie. Eén van hen was in een totale roes. Met een hart vol devotie en liefde, huilde en lachte hij tegelijkertijd, terwijl hij nu en dan uitriep: 'Amma... Amma.' Enkele toegewijden zaten met hun blik gefixeerd op het gezicht van de Heilige Moeder. Bijna vijf minuten verstreken op deze manier voordat Amma langzaam Haar ogen opende, terwijl Ze *Shiva... Shiva...Shiva...* zong. Daarbij bewoog Zij Haar rechterhand in cirkels, een voor de toegewijden bekend, maar onverklaarbaar gebaar.

Amma hervatte het ontvangen van de toegewijden. Degene die de vraag over 'antwoorden' had gesteld, wilde er meer over weten.

Amma antwoordde op deze manier: "Je blijft vragen wat 'antwoorden' is en hoe je dat moet doen. Amma kan met je over antwoorden spreken. Zij kan je misschien een overtuigend antwoord geven. Maar dat zal niet veel helpen. Mensen zijn alleen geïnteresseerd in intellectueel bevredigende antwoorden. Als zij eenmaal zo'n antwoord gekregen hebben, dan zal de geest zich een tijdje rustig houden. En dan zal hij opnieuw twijfelen. Hij zal een nieuw bezwaar of vraag naar voren brengen. Zo zijn antwoorden vaak voedsel voor het hoofd. Iedere keer dat je de honger van de twijfelende geest stilt, voed je hem in feite met nieuwe ideeën. Dit wordt gemakkelijk een gewoonte en daardoor cultiveer je nooit geloof in je hart. Je vertrouwt nooit op je hart. En hoe kun je zonder geloof en liefde ooit leren te antwoorden?

Kinderen, alle grote leraren van de wereld, in het oosten en in het westen, leren ons hoe te antwoorden. Zij reageren nooit.

Hun hele leven is een levendige getuigenis van dit grote levensprincipe – antwoorden. Jezus Christus stelde een onvergetelijk voorbeeld hoe te antwoorden. Hij liet Zijn lichaam martelen en kruisigen, en zelfs toen Hij aan het kruis stierf, bad Hij voor hen die tegen Hem waren. Hij bad voor hun welzijn – dat het hun vergeven mocht worden.

Toen Kaikeyi, Shri Rama's stiefmoeder, om de gunst vroeg dat Rama voor veertien jaar naar het oerwoud verbannen zou worden, accepteerde de Heer de verbanning met een glimlach op Zijn gezicht. Hij was Kaikeyi helemaal niet vijandig gezind. Glimlachend kon Hij haar voeten aanraken, terwijl Zijn hart overstroomde van eerbied en liefde. Hij accepteerde de verbanning eenvoudig als een feit. Er was geen greintje haat of boosheid in Hem. Lakshmana daarentegen, wilde Kaikeyi vanwege haar wrede daad doden. Toen Lakshmana hoorde over het slechte lot van zijn oudere broer, werd hij woest en was hij vastbesloten wraak te nemen. Hij vroeg Rama's toestemming om zijn eigen vader op te sluiten, die hij de 'onrechtvaardige, onder de plak zittende koning' noemde. Lakshmana's reactie was verschrikkelijk, terwijl Rama prachtig antwoordde. Rama's antwoord hielp in feite Lakshmana te kalmeren.

Zelfs wanneer je verwikkeld bent in een actief conflict, kun je antwoorden. In de strijd tussen Rama en Ravana doodde de Heer Ravana's wagenmenner en zijn paarden, vernietigde de strijdwagen en ontwapende Ravana volledig. Toen Ravana al zijn hoop voor zijn leven had opgegeven, stond hij te wachten op Rama's scherpe pijlen die zijn borst zouden doorboren. Maar in plaats van het gegons van pijlen, hoorde hij Rama's stem: 'Ravana, ik zie dat je volledig ontwapend bent.' Rama's stem was kalm. 'Ik zou je nu kunnen doden als ik dat wilde. Maar dat doe ik niet. Iemand die totaal ontwapend en hulpeloos is doden is tegen *dharma*. Ga daarom terug naar je paleis, rust, verzorg je wonden en kom morgen fris en volledig bewapend terug.' Wat een grootse vijand was Rama! Zelfs op het slagveld, toen Ravana die de onvergeeflijke misdaad had begaan Zijn goddelijke echtgenote te ontvoeren, volkomen hulpeloos en ontwapend voor Hem stond, koesterde Rama geen wrok, maar kon hij zulke vriendelijke en wijze woorden spreken. Dit is antwoorden.

Hier is een ander voorbeeld. Toen de jager de scherpe en dodelijke pijl afschoot die een einde maakte aan Krishna's lichaam, reageerde de Heer niet. Hij probeerde niet de jager te straffen. Integendeel, Shri Krishna zegende de jager met onsterfelijkheid. Hij schonk aan de jager het hoogste doel van het leven, *mukti*. Dit is antwoorden."

"Het klinkt alsof antwoorden vergeven is," merkte degene die de vraag gesteld had, op.

"Vergeving zonder enig gevoel van haat of wraak is antwoorden," zei Amma. "Er zijn mensen die misschien vergeven, maar nog steeds een intense haat met zich meedragen. Zij vergeven, maar met wraakgevoelens in hun hart. Om verschillende redenen kunnen mensen soms lijken te vergeven. Bijvoorbeeld, de ene man slaat de andere. De tweede man vecht misschien niet terug omdat de eerste sterker is. We kunnen dit geen vergeving noemen. Hoewel de tweede man niet terugslaat, raast het vuur van wraak misschien in zijn geest. Op dezelfde manier zullen, wanneer een vader zijn zoon slaat of een onderwijzer een leerling straft, de zoon noch de leerling terugslaan. Maar zij zullen een sterke haat in zich voelen. Dit kan niet vergeving genoemd worden, want het is onderdrukking van woede. Het kan niet antwoorden genoemd worden. Zulke niet-geuite woede zal diep binnenin achterblijven en wanneer de gelegenheid zich voordoet, zal die geuit worden. Dat zou een reactie zijn en geen antwoord.

Er was een *Mahatma* die een zwervende monnik was. Op een dag zat hij onder een boom, toen er toevallig een herrieschopper voorbij kwam en de monnik met een stok sloeg. De slag kwam zo hard aan op de schouder van de monnik, dat de stok uit de handen van de herrieschopper op de grond viel. De *Mahatma* stond op en pakte de stok op. Denkend dat de monnik hem terug zou slaan rende de boef weg. De *Mahatma* rende hem achterna. Vanaf een afstand hadden sommige mensen de herrieschopper de monnik zien slaan en zij kwamen aanrennen. Zij hielden de schurk tegen en grepen hem. Op dat moment had de *Mahatma* hen ingehaald met de stok in zijn handen. Terwijl hij de stok aan de herrieschopper teruggaf, zei de *Mahatma* kalm: 'Ik wilde je deze stok teruggeven, dat is alles.' Hij keerde zich om om te vertrekken, maar de mensen die de schurk hadden tegengehouden, zeiden: 'Wat is hier gaande? Deze schavuit heeft je zojuist hard op je schouder geslagen. Wij hebben het gezien. Hij moet gestraft worden. Je moet hem terugslaan, niet eens, maar meerdere malen.' De *Mahatma* glimlachte en zei terug: 'Nee, dat kan ik niet. Waarom zou ik? Hij sloeg me en dat is oké. Ik accepteer het als een feit. Maar ik begrijp niet waarom ik terug zou moeten slaan. Wat als één van de takken van die boom waaronder ik zat, afbrak en op mijn lichaam viel? Ik zou niet de tak oppakken en de boom terugslaan. Op dezelfde wijze heeft hij mij geslagen en ik accepteer dat. Hij deed het uit onwetendheid. Ik zou sympathie voor zijn onwetendheid moeten voelen, geen woede. Ik moet hem eens in een vorig leven hebben geslagen. En nu ervaar ik de vrucht van mijn handeling. In die zin is het niet hij die me sloeg, maar is het mijn verleden dat hem mij doet slaan. Als ik hem nu terugsla, zou ik meer *karma* voor mezelf creëren. Ik zou meer aan de rekening toevoegen, die ik hier kwam sluiten.' Na deze woorden liep de *Mahatma* weg zonder nog iets te zeggen.

Kinderen, antwoorden is een houding. Het gebeurt wanneer men volkomen onthecht is. Dit is alleen mogelijk wanneer men bevrijd wordt van het ego. Alleen egoloze mensen kunnen echt antwoorden. Antwoorden gebeurt wanneer men de staat-zonder-geest bereikt. Geest en ego kunnen alleen reageren. In feite zijn het de geest en het ego die iemand ertoe verleiden te reageren. Zij zijn de opslagplaatsen van het verleden. Het verleden is de zetel van negativiteit zoals boosheid, haat, wraak, gehechtheid en jaloezie. Het verleden veroorzaakt de problemen. Als het verleden voor iemand niet bestaat, dan ontstaan er geen problemen. Alleen vrede en gelukzaligheid bestaan er dan. Het verleden is de rekening waarop we door onze reacties meer en meer storten. Maar een *Mahatma* vernietigt het verleden volledig en houdt ermee op zijn rekening te vergroten. Wanneer het verleden eenmaal weg is, is het ego weg en is de geest weg. Zo iemand kan niet reageren. Hij kan alleen maar antwoorden omdat in hem alle referenties ophouden te bestaan. Het verleden is het naslagboek. Wanneer het verleden eenmaal is verwijderd, is er niets meer om naar te verwijzen."

Deze laatste opmerking riep een vraag op: "Het verleden is het naslagboek! Wat bedoelt U daarmee, Amma?"

Amma antwoordde: "Het verleden is een woordenboek of een encyclopedie. Steeds wanneer we iets horen, ervaren of doen, wenden we ons automatisch tot deze oude pagina's. Hierdoor vinden we betekenissen, interpretaties of wijzen van gebruik, die we voorheen benutten. Dan spreken of handelen we volgens deze referenties. Dit is reactie.

Bijvoorbeeld iemand scheldt ons uit. Plotseling komt het verleden op de voorgrond. Zelfs zonder op onze toestemming te wachten, zelfs zonder onze kennis, geeft het referenties. Het zegt: 'Je bent ontelbare malen door verschillende mensen uitgescholden. Iedere keer dat je door iemand uitgescholden werd, zette je hem dat betaald. Doe dit nu weer, scheld naar hem terug en gebruik sterkere woorden en uitdrukkingen.'

Zo onthult zich de ketting van het verleden: wanneer iemand je beledigt, beledig je hem terug. Als iemand boos op je wordt, reageer je boos terug. Zo gebeurt dat. De gebruikelijke reactie, die in het verleden is aangeleerd, komt keer op keer terug. En iedere keer dat je reageert, wordt het sterker en sterker. Jij en je slachtoffer hebben beiden een verleden. Jullie reageren allebei op elkaar. De ander is ook al talloze malen uitgescholden. Ieder reageert volgens de kracht en stompzinnigheid van zijn reacties uit het verleden. Jullie hebben allebei kasten vol gigantische boeken, waarnaar je onbewust refereert. Een *Mahatma* blijft een blanco vel papier, terwijl een gewoon iemand de bladzijden blijft volschrijven, en op die manier doorgaat deze gigantische boeken groter te maken, iedere keer dat hij reageert.

Antwoord komt van de grote ziel die onbeschreven blijft. Hij wil de stilte niet verstoren door onnodige geluiden, of het blanco vel papier ontsieren met onnodige woorden. Antwoord komt uit een echt liefhebbend hart. Liefde kan niet kwetsen. Net zomin als antwoorden kan kwetsen."

Al die tijd zat de jongeman die nekpijn had voorgewend, stilletjes aan Amma's zijde. Hij scheen naar Amma's diepgaande woorden te luisteren. Plotseling boog hij zich neer aan Moeders voeten en huilde als een kind. Amma tilde hem vol genegenheid op en legde zijn hoofd op Haar schoot. Ze toonde nogmaals Haar overstromende mededogen en moederlijke liefde. De jongeman beheerste met veel moeite zijn tranen. Terwijl hij zijn hoofd van Haar schoot optilde, zei hij: "Amma, ik wil moediger zijn. Ik wil geen scepticus meer zijn. Door slechts kort in Uw aanwezigheid te zitten heb ik veel geleerd. Ik denk dat ik nu begrijp, wat ik mijn hele leven heb gemist. Het is uw liefde en mededogen." Hij stikte bijna in zijn woorden en opnieuw vulden zijn ogen zich met tranen. Hij ging door: "Ik wil U niet meer missen, Amma.

Ik wil mijn leven niet langer verspillen." De jongeman bedekte zijn gezicht en huilde opnieuw.

Terwijl de *darshan* doorging zongen de *brahmachari's Ini oru janmam...*

> *Krishna, geef me niet opnieuw een geboorte,*
> *opdat ik niet in het diepe moeras van de begoocheling val.*
> *Als U er een geeft, geef me dan de gunst*
> *voor eeuwig geboren te worden als de dienaar van Uw dienaren.*
>
> *Krishna, vul mijn geest met Uw Heilige Naam.*
> *Onthul Uw lotusvoeten stralend en helder.*
> *Houd mijn geest altijd in evenwicht.*
> *Alles moet als Uw manifestatie gevoeld worden.*
>
> *Krishna, schat van mededogen,*
> *Ik groet U met gevouwen handen.*
> *Ik groet U nederig.*
>
> *Als ik een nieuwe geboorte moet krijgen,*
> *laat het dan ten bate van de wereld zijn,*
> *door de Onvergankelijke Vreugde*
> *aan anderen te geven.*
> *Als U me dat toestaat, geef me dan alstublieft*
> *zoveel menselijke geboorten als U wilt.*

Amma's antwoord aan deze jongeman, Haar uiting van liefde en mededogen tegenover hem in plaats van hem te veroordelen voor zijn bedrog, is duidelijk een voorbeeld hoe 'antwoorden' een goede invloed op anderen heeft. Het veroorzaakte zo'n positieve verandering in zijn houding. Iedere aanwezige was hier getuige van.

Amma's eigen leven is een perfect voorbeeld van hoe je moet antwoorden in plaats van reageren. De vroege periodes van Haar leven waren vol beproevingen en tegenspoed. Op een paar mensen na keerde iedereen, inclusief Haar eigen familie en relaties, zich tegen Amma. Een duizendtal jongemannen verenigden zich en vormden een organisatie die zij 'Het Comité om Blind Geloof tegen te gaan' noemden. Gesteund door sommige dorpelingen en politici probeerden zij Amma te schande te maken. Zij probeerden Haar in de gevangenis te zetten door Haar te beschuldigen van misdaden die Zij niet had begaan. Zij gebruikten verschillende gemene en schandelijke methoden om Haar als een bedriegster te ontmaskeren. Maar Amma bleef onverstoord. Zij reageerde nooit op hun kwellingen en bedreigingen. Zij bad en huilde enkel tot God, tot Haar geliefde Krishna, tot de Goddelijke Moeder, vergeving vragend voor Haar onderdrukkers.

Zelfs toen Zij al het huishoudelijke werk op Zich moest nemen en al het werk voor anderen moest doen, mopperde of klaagde Amma niet. Zij bad altijd: "Heer, geef me werk, geef me Uw werk." Amma werkte onophoudelijk. Hoewel Amma zoveel te doen had, bad Zij God om meer werk, zodat Ze onafgebroken iedere handeling aan Hem kon opdragen. Doordat Amma water voor het koken en potten hete rijstsoep op Haar hoofd droeg, werd Zij zelfs kaal op één plek. Het haar viel uit door het gewicht en de hitte van die potten. Desondanks klaagde Zij niet en hield Zij niet op met werken.

Amma's eigen ouders en Haar oudere broer waren Haar vijandig gezind. Haar oudere broer beschimpte Haar voortdurend, gewoonlijk zonder enige reden. Amma's moeder, Damayanti,, was een zeer strenge leermeesteres en absoluut niet toegevend tegenover Haar. Amma leefde temidden van al deze ongunstige omstandigheden. Zij antwoordde bewonderenswaardig op alle situaties die zich in Haar leven voordeden, terwijl Zij Haar geest steeds op het Hoogste Wezen richtte.

Het is nuttig om ons een ander voorval voor de geest te halen waarbij Amma antwoordde op een man die Haar voortdurend beledigde. De man was een beruchte herrieschopper in het dorp waar Amma was geboren. Sinds Amma Haar Goddelijkheid aan de wereld manifesteerde, had hij steeds een vijandige houding tegenover Haar. Wanneer hij maar de kans kreeg, beledigde hij Haar en probeerde hij Haar te schande te maken. Maar Amma had nooit kwade gevoelens jegens hem. Het was Haar natuur alles als de welwillendheid van de Goddelijke Voorzienigheid te zien.

Op een dag toen Amma op weg was naar het huis van een toegewijde, vond ze de herrieschopper bij de bootsteiger staan. Een besmettelijk type schurft bedekte zijn lichaam. Pus en bloed druppelden uit de zweren. Zijn lichaam was smerig en stonk. Amma ging naar hem toe en informeerde liefdevol naar zijn ziekte. Zij hield zijn beide handen vast en verzachtte vol mededogen de schurft. Amma kreeg wat heilige as van Gayatri en streek het over zijn zweren. De sympathie en zorg die Zij tegenover deze man uitte, waren zo groot dat men zou denken dat hij een trouwe toegewijde was. Voordat Zij hem verliet, hield Amma vol genegenheid zijn beide handen vast en kuste de rug van zijn handen. Nu kon de beruchte man alleen maar huilen. Hij snikte als een kind. Opnieuw uitte Amma Haar liefde voor hem en veegde zijn tranen af. Toen vervolgde Zij Haar weg. Na dit incident werd de man een vurige toegewijde van Amma. Dit is een perfect voorbeeld hoe antwoorden in plaats van reageren een wonderbaarlijke verandering teweegbrengt zelfs in de slechtste mensen.

Moeder zegt: "We moeten proberen de aard van de dingen te zien zoals ze zijn. De aard van iets, of het nu een voorwerp is of een levend wezen, kan niet anders zijn dan het is. Als men dit begrijpt, kan men alleen maar antwoorden. Men kan alleen maar bidden voor het welzijn van anderen. Men kan slechts sympathie en liefde voelen. Kikkers kwaken en krekels tsjirpen 's nachts. Dat is hun natuur. Zij kunnen niet anders. Hun aard zal niet veranderen, zelfs niet wanneer je boos op hen wordt. Niemand blijft 's nachts wakker en zegt: 'Ik kan niet behoorlijk slapen door dit lawaai.' Mensen negeren hen eenvoudig en gaan naar bed omdat zij weten dat kikkers kwaken en krekels tsjirpen. Zij weten dat dit in de aard van die schepsels ligt en dat zij niet anders kunnen zijn.

Op dezelfde wijze heeft iedereen zijn eigen aard. Door je boosheid kun je de aard van andere mensen niet veranderen. Alleen liefde kan hen veranderen. Begrijp dit en probeer sympathie en liefde voor iedereen te hebben. Wees mededogend, zelfs tegenover hen die je lastig vallen. Bid voor hen. Zo'n houding zal ook je geest helpen vreedzaam en kalm te blijven. Dit is echt antwoorden.

Het was twaalf uur. Er waren nog veel mensen voor Amma's *darshan*. Amma ging door Haar kinderen te ontvangen terwijl de *brahmachari's Mano buddhya* zongen...

> *Ik ben noch de geest, het intellect, het ego of het geheugen,*
> *Noch de oren of de tong, noch de zintuigen van reuk en zicht.*
> *Noch ben ik ruimte, aarde, vuur, water of lucht.*
> *Ik ben Zuiver Bewustzijn-Gelukzaligheid. Ik ben Shiva! Ik ben Shiva!*
>
> *Ik ben noch de levenskracht, noch de vijf vitale adems,*
> *Noch de zeven elementen van het lichaam, noch zijn vijf omhulsels,*
> *Noch de handen of voeten of tong, noch de seks- of uitscheidingsorganen.*

Ik ben Zuiver Bewustzijn-Gelukzaligheid. Ik ben Shiva! Ik ben Shiva!

Noch afkeer noch voorkeur heb ik, noch hebzucht noch waan.
Geen gevoel van ego of trots heb ik, noch religieuze verdienste noch rijkdom.
Noch plezier noch bevrijding heb ik.
Ik ben Zuiver Bewustzijn-Gelukzaligheid. Ik ben Shiva! Ik ben Shiva!

Noch het juiste noch het verkeerde handelen ben ik, noch genot noch pijn,
Noch de mantra noch de heilige plaats, de Veda's, het offer,
Noch de handeling van het eten, noch de eter, noch het voedsel.
Ik ben Zuiver Bewustzijn-Gelukzaligheid. Ik ben Shiva! Ik ben Shiva!

Hoofdstuk 7

Maandag, 23 juli 1984

Kort na de ochtendmeditatie discussieerden enkele *brahmachari's* over Amma's *satsang* over antwoord en reactie. Omdat de meesten van hen goedopgeleide jongemannen waren, gaf iedereen commentaar en gaf verschillende interpretaties van Amma's woorden, ieder overeenkomstig zijn eigen begrip en intellectuele capaciteit. Eén *brahmachari* zei: "Ik denk niet dat iemand die in de maatschappij leeft of iemand die verantwoordelijk werk op zich neemt, altijd kan antwoorden. Hij móet reageren. Hoe kan bijvoorbeeld een zakenman of een bestuurder in een regering zonder reactie blijven? Als een zakenman alleen maar antwoordt en nooit reageert, zal het bedrijf niet goed functioneren en zijn deuren moeten sluiten. Als een bestuurder alleen antwoordt en nooit reageert, zal de regering een bende worden. Als iemand zich in een verantwoordelijke positie bevindt, moet hij andere disciplineren. Anderen disciplineren vereist een zekere mate van reactie. Om anderen te laten gehoorzamen is reactie nodig, anders kan men niet behoorlijk in de samenleving functioneren. Gisteren gaf Amma de voorbeelden van Rama, Krishna en Christus, maar zelfs zij moesten in bepaalde omstandigheden reageren, nietwaar?"

Een andere *brahmachari* gaf zijn mening: "Ik denk dat de instructies die Amma gisteren gaf, bedoeld zijn voor serieuze *sadhaks*. Wat Zij zei was bedoeld voor hen die al geneigd zijn om een spiritueel leven te leiden en om alle wereldse verlangens op te geven. Het ego is noodzakelijk om in de wereld te leven. Wanneer er een ego is, kan men niet antwoorden, men kan slechts reageren. Amma zelf benadrukte dat punt."

Nog een andere *brahmachari* wilde zijn zegje doen. Hij begon: "Ik denk..."

Hij werd onderbroken door een andere stem: "Denk niet!" Geschrokken keken zij allemaal omhoog. Amma stond op het balkon. "Denk niet!" riep ze naar beneden naar hen. "Kinderen, jullie hebben net de meditatie beëindigd en jullie zijn al weer begonnen te denken – juist het tegenovergestelde van meditatie. Jullie beoefenen meditatie om alle gedachten te veredelen, om op te houden met denken. Maar hier zijn jullie aan het brainstormen over iets dat beoefend moet worden, en niet bediscussieerd."

Amma ging door: "Kinderen, jullie denken allemaal. Jullie hebben allemaal verschillende standpunten en meningen, maar 'antwoorden' komt pas als jullie ophouden met denken, alleen wanneer al jullie standpunten en meningen verdwijnen. Hier is ieder van jullie bezig diep na te denken. Het beetje energie dat jullie misschien door meditatie hebben verkregen, is door dit zinloze denken verspild. Het is net als het verspillen van je zuurverdiende geld aan pinda's. Wat jammer! Ga iets nuttigs doen!" De *brahmachari's* gingen snel uit elkaar. Amma ging terug naar Haar kamer.

Antwoorden terwijl je in de wereld leeft

Twee uur nadat het eerder vermelde incident had plaatsgevonden, zat Amma op de onderste tree van de trap, die naar Haar kamer leidde. Vlak achter Amma zaten Gayatri en Kunjumol. Na eerder die ochtend berispt te zijn, voelden de *brahmachari's* die hadden deelgenomen aan de discussie, zich een beetje schuldig en waren rusteloos. Ze stonden allemaal op een afstand van waar Amma zat, omdat zij niet dichterbij durfden te komen. Amma zag hun aarzeling en riep hen. Na zich voor Amma op de grond te hebben gebogen gingen zij allemaal voor Haar op de grond zitten. Een tijd lang zei Amma niets, maar Haar gezicht had een uitdrukking van ongewone diepte. De *brahmachari's* zagen er een beetje onthutst uit, niet wetend wat Zij zou gaan zeggen of doen. Na een poosje zei Amma: "Waar ging de discussie vanochtend over?" Amma's stem was erg kalm. Haar gezicht vol liefde en vrede. De *brahmachari's* ontspanden zich een beetje, maar uit angst beantwoordden zij Amma's vraag niet. Zij moedigde hen aan en zei: "Wees niet bang. Amma is niet boos op jullie. Hoe kan Zij boos zijn? Waarom denken jullie dat Amma boos op jullie is? Vertel het maar. Waarover waren jullie aan het discussiëren?"

Amma's kalmerende woorden gaven hen de moed om te spreken en één van hen legde Haar uit waarover zij hadden gediscussieerd. Een brede glimlach verscheen op Haar gezicht toen Zij liefdevol naar Haar kinderen keek en zei: "Het is waar dat men zijn ego niet volledig kan opgeven wanneer men in de samenleving leeft. Men moet reageren. Men moet soms misschien harde taal spreken of een hard standpunt innemen. Maar wat dan nog? Hoe kan dat een belemmering vormen om te antwoorden? Wat bedoel je met te zeggen dat antwoorden helemaal niet mogelijk is, alleen omdat iemand een zakenman of een bestuurder in de regering is? Antwoorden is mogelijk als men het probeert. Het is een positieve mentale houding die je tegenover anderen ontwikkelt, of het nu een vriend of een vijand is.

Antwoorden is: op een afstand staan, onaangeraakt, onverstoord en onthecht zijn. Maar gewoonlijk als je een meningsverschil of ruzie met iemand krijgt of wanneer je iemand probeert te disciplineren, reageer je. Dit komt omdat je er in betrokken bent en je je ermee identificeert. Wanneer je boos wordt, identificeer je je met je boosheid en kun je niet onthecht zijn. Je kunt de boosheid niet in je op zien komen. In plaats daarvan word je de boosheid. Grote zielen handelen van buitenaf gezien soms als gewone mensen, maar innerlijk blijven zij altijd los van de handelingen die zij verrichten. Onthechting is het wezen van hun leven. Zij kunnen niet reageren omdat zij onthecht zijn.

Reactie gebeurt omdat mensen gehecht zijn aan hun handelingen. Gehechtheid aan het werk en het resultaat ervan creëert het ego, dat het vermogen om te antwoorden vernietigt. Onthechting van het werk en het resultaat ervan vernietigt het ego, wat iemand zal helpen om te antwoorden. Gehechtheid vult de geest met meer gedachten en verlangens, wat alleen maar reacties zal oproepen. Onthechting bevrijdt de geest van alle gedachten en verlangens, waardoor antwoorden mogelijk wordt.

Kinderen, probeer je werk met onthechting te doen. Op deze manier zul je leren te antwoorden. Je kunt iemand een uitbrander geven en toch onthecht zijn. Je kunt iemand disciplineren en toch onthecht blijven. Daarom zei Amma dat 'antwoorden' een mentale instelling is, dat het zuiver subjectief is. Iemand die naar Rama of Krishna keek, had misschien kunnen denken dat zij reageerden op hun tegenstanders. Zeker, Rama doodde Ravana voor het ontvoeren van Zijn vrouw Sita. Hij doodde nog vele andere demonen. Men zou ook kunnen denken dat Krishna reageerde toen Hij Kamsa doodde of toen Hij de zijde van de Pandava's koos om hen te helpen de Kaurava's te vernietigen. Maar zo'n oordeel vellen is verkeerd. Rama was bereid de persoon Ravana te accepteren, maar niet zijn ego. Krishna was bereid de Kaurava's te accepteren, maar niet hun ego's. Ravana's ego was gevaarlijk voor de samenleving. De ego's van Duryodhana en van hen die aan zijn kant stonden, waren ook gevaarlijk voor de samenleving. Daarom moest Krishna hen vernietigen. Als koning was het Rama's plicht ego's te vernietigen die de hele wereld zouden kunnen schaden. Het was niet alleen omdat Ravana Sita had ontvoerd, dat Rama hem moest doden, maar omdat hij een bedreiging voor de hele wereld was geworden. Door hem te doden, redde Rama de wereld uit handen van de demonen. Rama beschermde alleen *dharma* en hield het in stand.

Het schijnbare ego dat elk van hen droeg, was slechts een masker, een masker waarmee zij zich nooit identificeerden en dat zij ieder moment af konden zetten. Zij waren zich er altijd van bewust dat zij verschillend waren van het masker, dat het masker niet was wat zij werkelijk waren.

Men moet erg voorzichtig zijn hun maskers niet aan te zien voor hun werkelijke natuur. Men heeft een zeer subtiel oog nodig om hun ware natuur te zien en te doorgronden. Zelfs Arjuna, Krishna's meest intieme leerling en vriend, beschouwde Krishna's masker als echt. Slechts eenmaal, toen de Heer Zelf hem zegende met een goddelijke visie, zag Arjuna wie Krishna werkelijk was. Zelfs Lakshmana, de meest geliefde broer van Rama, zag hem niet accuraat. Om goddelijkheid te kunnen onderscheiden is een zeer subtiel oog vereist. Het vereist een subtiele manier van kijken om goddelijke wezens te zien. Hen zien is in feite niet zien, maar ervaren. Om hen te ervaren moet men in hen binnengaan, in hun werkelijke Wezen. Als je het subtiele oog hebt om hen te zien of als je de ervaring hebt in hun ware Wezen binnen te gaan, dan weet je dat zij nooit reageren.

Onthoud dat dezelfde Rama die Ravana doodde, dezelfde Rama die duizenden volledig bewapende demonen in een paar seconden doodde, ook onbewogen en onverstoord als een berg kon blijven, toen Kaikeyi het koninkrijk, dat rechtmatig van Hem was, van Hem afnam en Hem in ballingschap stuurde. Rama was niet ongeduldig. Noch was Hij een lafaard. Hij was zo fel als het vuur van de ontbinding. Denk aan Zijn onstuimige vorm toen de oceaan niet aan Hem toe wilde geven. (zie voetnoot 4 in hoofdstuk 2) Hij stond op het punt de hele oceaan op te drogen. Zo groot was zijn kracht. Dus indien Hij dat had gewild, had Hij gemakkelijk Zijn koninkrijk kunnen terugwinnen. Maar dat deed Hij niet. In plaats daarvan antwoordde Hij. Hij accepteerde. Zie de schoonheid hiervan.

Bij sommige mensen komt hun schijnbare antwoord niet uit liefde en onthechting voort, maar uit lafheid en bangheid. Er is geen schoonheid in dit soort schijnbare antwoorden. Zo gedraagt een zwakkeling zich. Hij is passief. Hij wordt gedreven door angst. Maar als God, de Heerser over het hele universum en het machtigste Wezen, antwoordt, dan heeft dat een immense schoonheid in zich, want het is een opbouwende ervaring."

Een jongetje van vijf jaar, die de zoon was van één van de toegewijden, was toevallig onder degenen die zich rond Amma verzameld hadden. Eén van de *brahmachari's* vertelde Amma dat deze jongen de vorige dag prachtig *bhajans* had gezongen. Amma keek naar hem en vroeg glimlachend: "Is dat waar, zoon?" De jongen knikte. Op smekende toon vroeg Amma hem een *kirtan* te zingen. Zonder de minste verlegenheid zong de jongen *Vedambike...*

> *O Moeder van de Veda's,*
> *Moeder van de klanken, ik buig voor U.*
> *Ik buig voor Uw voeten, aanbeden door de Goden.*
>
> *Liefde schenkend,*
> *de schittering van de lotus schenkend,*
> *Liefhebster van muziek,*
> *draag me over deze oceaan van ellende.*
>
> *Godin van Wijsheid,*
> *Parvati, Weldoenster van de hele wereld,*
> *Vernietigster van trots en wedergeboorte,*
> *Wees zegevierend.*
>
> *Moeder is het Leven van alle schepsels.*
> *Moeder is de Oorzaak van alle dingen.*
> *Buigend voor U met gevouwen handen,*
> *bid ik: geef mij Bevrijding.*

Machtige, Grote Luister,
ik buig voor U.

Een tijd lang staarde Amma aandachtig naar de jongen toen hij aan het zingen was. Toen keerde Zij Zich naar binnen en bleef in die toestand tot het einde van het lied. Toen de jongen klaar was met zingen, riep Amma hem bij Zich. Zij omhelsde hem stevig, kuste hem op beide wangen en vertelde hem: "Wat heb je mooi gezongen, Amma's lieve zoon!" Amma zette hem naast Zich neer. Zij vroeg Kunjumol een paar toffees te brengen. Toen Kunjumol een zak toffees bracht, nam Amma er een paar uit en gaf ze aan de jongen.

Omdat hij nog geen antwoord had gekregen hoe een directeur of een bestuurder die zijn werkzaamheden verricht, kan antwoorden, bracht de bewoner die de vraag had gesteld, dit punt nu opnieuw naar voren.

Amma antwoordde: "Kinderen, zelfs als je in de wereld leeft als een directeur of als een bestuurder kun je toch leren te antwoorden, mits je onthechting ontwikkelt en cultiveert. De directeur of de bestuurder moet oprecht zijn plichten vervullen. Als het nodig is, moet hij in staat zijn een hard standpunt in te nemen. Als de arbeiders lui worden of als zij proberen het bedrijf op te lichten, moet de directeur natuurlijk de moed en het vertrouwen hebben om de situatie aan te pakken en om de nodige maatregelen tegen hen te nemen.

Je kunt kwaad zijn over de luiheid van een arbeider, maar je kunt niet kwaad zijn op de arbeider zelf. De menselijkheid in de arbeider, het bewustzijn in de arbeider moet gerespecteerd worden, omdat het niet verschillend is van het jouwe. In dat opzicht zijn jij en hij gelijken. Wordt niet kwaad op de man. Boos worden zal je helderheid van denken kapotmaken.

Amma begrijpt niet waarom je moet reageren en je geest moet toestaan in een moeras van helse gedachten te zinken. Reactie doet haat groeien. Haat maakt van de geest een hel. Zo ook maken boosheid, jaloezie en het onbeheersbare verlangen naar reputatie en roem het leven tot een hel. Je verliest je gemoedsrust. Je verliest de liefde en de schoonheid in je, en je geest wordt een gekkenhuis. Of je nu een directeur of de hoogste machthebber van het land bent, reageren zal alleen chaos en verwarring in je creëren. Alleen al de gedachte te reageren, zal je visie vertroebelen. Je zult je onderscheidingsvermogen verliezen. Je zult niet in staat zijn je werk goed te doen. Je doet misschien het verkeerde wat de goede reputatie van het bedrijf kapot kan maken.

Om een intelligente beslissing te nemen moet men een evenwichtige geest hebben. Wat je tegenwoordigheid van geest noemt, is een toestand waarin de geest niet onrustig wordt, maar evenwichtig blijft, zelfs temidden van ernstige problemen. Iemand die zonder nadenken reageert, kan geen goede bestuurder of een goede vakman zijn, op welk gebied dan ook. Hij zal in iedere functie met verantwoordelijkheid een mislukking zijn. Zijn ongecontroleerde reacties zullen hem weghouden van alle goede geluk of gunstige gelegenheden en van alle goede dingen die in het leven kunnen voorvallen.

Laten we naar ons eigen leven kijken. Wanneer we op het niveau van gewone mensen kijken, zien we dat we bewust of onbewust wel antwoorden in ons dagelijkse leven. Maar dit is niet een volkomen reactieloze staat. Het is een beheerste reactie. Er staat iets belangrijk op het spel en daarom reageer je zonder meegesleept te worden door woede. Van binnen heb je misschien nog negatieve gevoelens, maar uiterlijk beheers je ze tot op zekere hoogte, omdat zij anders een ramp kunnen veroorzaken. Een regeringsambtenaar kan dit omwille van zijn land doen en een directeur kan het omwille van het bedrijf doen.

Stel dat je de directeur van een groot bedrijf bent en er worden door de arbeiders eisen gesteld aan de leiding. De leider van de protesterende arbeiders dreigt een staking uit te roepen. Je voelt persoonlijk dat zijn eisen onredelijk zijn en dat zijn tactiek oneerlijk en zelfs agressief is. In zo'n situatie zal de overheersende emotie die in je geest opborrelt, woede zijn. Maar je toont dit niet, omdat daardoor de situatie zou kunnen verslechteren. Daarom probeer je je woede en haat te beheersen. Je probeert deze negatieve gevoelens niet met dezelfde munt terug te betalen, want als je dat doet, kan het op een ramp uitlopen. Je herinnert je dat je een dergelijke ervaring in het verleden had. Je wordt je plotseling bewust van hetzelfde patroon uit het verleden.

De vorige keer kon je je woede tegenover de onruststokers niet beheersen. Je was overhaast in je reactie en nam extreme maatregelen. De oppositie reageerde zelfs nog feller. Dit vorige incident beïnvloedde de hele onderneming. Je verloor je gemoedsrust en je persoonlijke gezinsleven werd ontwricht. Je herinnert je nu wat er toen gebeurde en hoe de opeenvolgende gebeurtenissen in een ramp eindigden.

Deze herinnering brengt je terug tot je gezond verstand. Je wil dit niet opnieuw doen. Je wilt geen onnodige moeilijkheden veroorzaken en daardoor je gemoedsrust verliezen. De laatste keer moest je het bedrijf door je ongecontroleerde uitbarsting verscheidene maanden sluiten. Veel gezinnen leden hieronder en je leefde in angst en vrees voor wat anderen je uit wraak zouden kunnen aandoen. De herinnering aan de nadelige gevolgen die je onbeheerste reacties hadden maakt je verstandig. Je beheerst je woede en wispelturige aard. Je kalmeert en je zet een grote glimlach op. Je ontmoet de leider van de actievoerders en behandelt hem hartelijk. Je nodigt hem uit in je kantoor en geeft hem een kop koffie. Je drukt je zorg uit over het welzijn van de werknemers. Met weloverwogen voorzichtigheid leg je de situatie van het bedrijf uit en verzekert hem dat je alles zal doen wat in je macht ligt, om tot een geschikte overeenkomst met de actievoerders te komen. Deze manier om de problemen in je leven aan te pakken, of dat nu in je beroepsleven of in je persoonlijke gezinsleven is, kan antwoorden genoemd worden. In dit geval reageer je ook, maar het kwetst de ander niet, omdat je de woede in je niet toont. Je geeft hem het gevoel dat je bezorgd om hem en zijn problemen bent. Je schept een positief gevoel in de ander zijn hart.

Maar wanneer je nauwkeurig kijkt, zul je zien dat dit in de grond nog steeds een reactie is, omdat er nog steeds woede in je is. Je hebt het onderdrukt, zodat het niet getoond wordt. Maar je hebt niets gedaan om er werkelijk vanaf te komen. Veel van dergelijke omstandigheden doen zich in het leven voor, en iedere keer doe je hetzelfde. De reeks van deze gebeurtenissen wordt alsmaar langer. Van buitenaf gezien kan het lijken of je antwoordt, maar van binnen doe je dat niet. Het is slechts de onderdrukking van je reacties, gevolgd door een uiterlijke houding van antwoorden.

Kinderen, het maakt niet uit wie je bent of wat je bent. De kunst van het antwoorden kun je onder de knie krijgen wanneer je dat werkelijk wilt. Een directeur of een bestuurder doet het in bepaalde situaties, waarin hij geacht wordt diplomatiek te handelen zonder zijn negatieve gevoelens te uiten. Hij kan het daarom ook in iedere andere situatie doen, mits hij de vastberadenheid en de oprechte belangstelling heeft om het antwoorden toe te passen. Hij heeft de mogelijkheid dit te doen. Hij moet er gewoon aan werken. Hij moet gewoon oefenen om de restanten die door zulke incidenten zijn achtergelaten en die zich in hem hebben verzameld, te verteren en te verwerken. Wanneer je eenmaal leert het restant van onderdrukte woede en wraakgevoelens te verwijderen, verander je in een bron van enorme energie, waarmee je zelfs zogenaamd onmogelijke taken tot een goed einde kunt brengen. De directeur of bestuurder heeft de kracht of mentale capaciteit om dit te doen. Of hij het in de praktijk brengt of niet, is een andere vraag. Hoe dan ook, een zekere mate van onthechting en liefde is nodig om een houding van 'antwoorden' te hebben."

Er werd nog een andere vraag gesteld: "Wat is het verschil tussen dit schijnbare antwoord van een directeur en de *sadhak*, die leert oprecht te antwoorden?"

"Kinderen, een spirituele zoeker, die er hard naar streeft de staat van volmaaktheid te bereiken, zal ook woede en haat in zich hebben. Er zullen situaties zijn, waarin ook hij de controle over zijn geest verliest. Net als de directeur (in het voorbeeld hierboven) die van zijn fouten en ongecontroleerde reacties uit het verleden heeft geleerd, maakt de *sadhak* ook gebruik van herinneringen aan ervaringen uit het verleden om onderscheid te maken en zichzelf te beheersen. Maar in tegenstelling tot de directeur werkt de *sadhak* voortdurend aan zijn woede en streeft hij er hard naar van zulke neigingen af te komen. Door onophoudelijke oefening en door zijn geest gericht te houden op het doel van Zelfrealisatie, sublimeert hij zijn negatieve emoties en te zijner tijd zullen woede en andere negatieve emoties worden uitgeroeid.

Het verschil is dat de spirituele zoeker voelt dat het elimineren van woede essentieel voor zijn leven is, terwijl iemand als een bestuurder of een directeur bijvoorbeeld, voelt dat het slechts deel uitmaakt van zijn beroepsleven om zijn woede onder controle te houden. Zijn doel is die bepaalde situatie aan te pakken en daar houdt het mee op. Hij is misschien in staat zijn woede te beheersen, wanneer er zich een provocerende situatie voordoet, maar de woede die in hem is opgekomen, sijpelt diep in zijn geest door en bezinkt daar, wachtend op een kans zich weer te uiten.

Net als de directeur uit de *sadhak* misschien ook zijn woede niet op het moment dat hij wordt geprovoceerd. Of wanneer het onder bepaalde omstandigheden onbeheersbaar wordt, drukt hij het misschien uit. Maar daarna zal hij mediteren, bidden en zijn mantra herhalen om de woede en de oorzaak ervan te verwijderen. Voor een *sadhak* is het verwijderen van woede en andere negatieve gevoelens het doel van zijn leven. Zijn hele leven is daaraan gewijd. Daarom werkt hij hard om het ego en al zijn verschillende aspecten te elimineren. Uiteindelijk brengen zijn voortdurende inspanning en de genade van de Guru hem naar de staat van Volmaaktheid, waar geen ego, geen gedachten en geen geest zijn. Wanneer hij deze staat eenmaal heeft bereikt, zal hij in staat zijn oprecht te antwoorden."

Tijdens de uitleg kwam er een andere vraag naar voren: "Amma, uit uw verklaringen krijg ik de indruk dat het 'antwoorden' een toestand is, waarin er noch actie, noch reactie is. Is dat juist?"

Amma antwoordde: "Ja, in uiteindelijke zin is er geen actie of reactie. Er is slechts de houding van het getuige-bewustzijn. Je lijkt te handelen of te reageren, maar er is noch actie, noch reactie. Je kijkt eenvoudig in stilte toe, terwijl je lichaam handelt of reageert.

Een echt antwoord kan alleen worden gegeven wanneer je volkomen vrij bent van de grip van het ego, wanneer je niets of niemand bent geworden. Tot dan gaat het ego schuil achter al je handelingen, reacties en schijnbare antwoorden.

Dit is de hoogste staat die men kan bereiken. Er is niets dat hieraan voorbij gaat. Deze staat is het 'puntloze punt'. Om deze staat te bereiken moet men intense spirituele oefeningen doen.

Amma wilde een onlangs gecomponeerd lied horen. De *brahmachari's* zongen het: *Katinnu katayi...*

> *Moeder, die straalt als het Oor van het oor,*
> *Geest van de geest en Oog van het oog,*
> *U bent het Leven van het leven*
> *en Uw Wezen is het Leven van de levenden.*
>
> *Zoals de oceaan is voor de golven,*

bent U de Ziel der zielen,
bent U de Nectar van de nectar of kennis.
Moeder, de Parel van het Onsterfelijke Zelf bent U
en de Essentie van Gelukzaligheid.
De grote Maya bent U en het Absolute Zelf.

Ogen kunnen U niet bereiken,
noch kan de geest U bevatten.
Woorden verstommen in Uw aanwezigheid, Moeder.
Zij die zeggen dat ze U gezien hebben, hebben dat niet
werkelijk,
omdat U, Grote Godin, voorbij het intellect bent.

De zon, de maan en de sterren schijnen niet uit zichzelf,
maar worden verlicht door Uw schittering.
Door onderscheid kunnen de moedigen het pad betreden
naar het verblijf van de Eeuwige Vrede, de Hoogste
Waarheid.

Het was een zonnige dag. De trap waarop Amma zat keek uit op de backwaters, die de zuidgrens van de ashram markeerden. Een paar kinderen van het vissersdorp probeerden vis te vangen in dit water. Twee van hen stonden op de kant met een kleipot in hun handen. Een ander, die wat ouder leek, bewoog zich stil door het water terwijl hij met zijn blote handen vis probeerde te vangen. Soms dook hij diep in de donkere backwaters en kwam na korte tijd weer boven met een of twee vissen in zijn hand. Amma keek aandachtig naar de kinderen. Ze zei: "Kijk naar deze kinderen. Zij zijn degenen die voor hun familie zorgen. Iedere dag vangen zij zo vis met hun blote handen. Ze verkopen de vis aan andere mensen of op de markt. Met dit moeilijk verdiende geld kopen deze kleine kinderen de noodzakelijke levensmiddelen voor hun familie. Zelfs op deze jonge leeftijd zijn deze kleintjes belast met het onderhoud van hun familie."

Haar stem klonk erg bezorgd. Amma riep de twee die de pot vasthielden. Zij kwamen aanrennen en stonden vlak voor Amma. "Hebben jullie een goede vangst vandaag?" vroeg ze hen. "Nee" antwoordden de kinderen. De oudste van de twee zei: "Door de regen is het water heel hoog gestegen en dat maakt het voor onze oudere broer moeilijk om genoeg vis te vangen."

Amma keek in de pot. Er waren slechts een paar kleine visjes in. Zij keek over het water en naar de andere jongen. De oudste broer was nog steeds in het water aan het duiken, met zijn handen rondtastend op zoek naar vis. Hij had geen succes. Amma keerde zich om en fluisterde iets tegen Kunjumol, die opstond en wegliep.

Binnen een paar minuten keerde Kunjumol terug met een plastic zak, die een paar appels, een tros bananen, wat snoepjes en andere etenswaar bevatte. Daarbij gaf Amma hun nog een pak rijst en verse groenten, genoeg om voor een gezin een of twee maaltijden te koken. De kinderen waren buiten zichzelf van vreugde. Zij lachten hartelijk en riepen naar hun oudere broer: "*Anna, Anna,* (oudere broer) Ammachi heeft ons genoeg voedsel gegeven. Laten we ophouden met vissen en naar huis gaan." "Echt waar?" vroeg hij, terwijl hij uit het water kwam. Na Amma's toestemming te hebben gevraagd, keerden zij alle drie gelukkig naar huis terug.

Liefde en mededogen

Woensdag, 25 juli 1984

Het was bijna twaalf uur 's middags. Amma zat in *brahmachari* Nealu's hut tapiocawortel te schillen. Dit was de eerste hut die in de ashram gebouwd was en waar Amma samen met Gayatri bijna twee jaar had gewoond. In die dagen werd een gedeelte van de hut ook gebruikt als voorraadkamer en keuken om voedsel te koken voor Amma en de eerste groep *brahmachari's*.

Laat in de ochtend was Amma teruggekeerd van het nabijgelegen huis van een toegewijde met wat tapiocawortel in Haar handen. Ze hield het voor iedereen omhoog en zei als een onschuldig kind: "Dit heeft Amma zelf uit hun grond getrokken. Nu gaat Zij het koken. Wanneer het is gekookt zal Amma het aan al Haar kinderen geven."

Amma stond erop het zelf te schillen en te koken. Terwijl zij de Tapiocawortel aan het schillen en klaarmaken was, vroeg één van de *brahmachari's*: "Amma, zijn liefde en mededogen één en hetzelfde of zijn zij verschillend?"

"Wanneer liefde Goddelijke Liefde wordt, vult mededogen ook het hart. Liefde is het innerlijke gevoel en mededogen is de uitdrukking ervan. Mededogen is de uitdrukking van je diepgevoelde zorg voor iemand, voor een lijdende mens. Daarom zijn Liefde en mededogen twee zijden van dezelfde munt. Zij gaan samen.

Er is liefde en Liefde. Je houdt van je familie, maar je houdt niet van je buurman. Je houdt van je zoon of dochter, maar je houdt niet van alle kinderen. Je houdt van je vader en moeder, maar je houdt niet van iedereen zoals je van je vader of moeder houdt. Je houdt van je religie, maar je houdt niet van alle religies. Zo houd je ook van je land, maar je houdt niet van alle landen. Daarom is dit geen echte Liefde, het is slechts beperkte liefde. De omvorming van deze beperkte liefde in Goddelijke Liefde is het doel van spiritualiteit. In de volheid van Liefde bloeit de prachtige, geurende bloem van mededogen.

Liefde met een kleine 'l' is begrensd. Het heeft zijn eigen kleine wereldje. Het kan niet meer dan een paar mensen en een paar dingen bevatten. Het is beperkt en verandert altijd. Het heeft geen hoogtepunten. De schijnbare hoogtepunten zijn niet de hoogste toppen. Zij steken maar een beetje boven het grondniveau uit, slechts een beetje. Deze kleine hoogtepunten vlakken snel af tot vlakke, effen grond. Er zijn hoogte- en dieptepunten in liefde. In de loop van de tijd zullen alle hoogtepunten verdwijnen en zullen er alleen dieptepunten zijn. Deze veranderlijke liefde kan alleen blijvende Liefde worden wanneer het gevoel van 'ik' en 'mijn' verdwijnt.

Zolang het gevoel van 'ik' er is, is er ook het gevoel van 'jij'. Daarom heeft liefde altijd iets persoonlijks. Het gebeurt tussen twee mensen. Om lief te hebben moeten er twee zijn. Liefde wordt alleen onpersoonlijk wanneer de twee verdwijnen. In die staat van Eenheid is er een constante stroom van Liefde. Vanaf dan begint Liefde uit zijn ware bron te stromen. Wanneer het stroomt, denkt het niet aan het andere einde. De stroom van Liefde is ongehinderd, net als de stroom van een rivier. De rivier kan alleen maar stromen. De rivier denkt niet aan het andere einde, de oceaan. Het samenvloeien gebeurt gewoon in de loop van deze stroom. Dit samenvloeien is helemaal niet berekend. Zo ook schijnt de zon. Hij denkt niet aan het aanraken van de aarde met zijn stralen. De ontmoeting vindt eenvoudig plaats.

Op dezelfde manier kun je niets anders dan Liefhebben, wanneer de hindernissen van het ego, angst en het gevoel van 'de ander' verdwijnen. Je verwacht niets terug. Het kan je niets schelen of je iets krijgt. Je stroomt gewoon. Wie er ook in de rivier van Liefde komt, zal erin worden gebaad of hij nu gezond of ziek is, een man of een vrouw, een rijk of een arm iemand. Iedereen kan er zo vaak induiken als hij wil. Of iemand erin baadt of niet maakt de rivier van Liefde niets uit. Als iemand de rivier van Liefde bekritiseert of beledigt, dan doet dat hem niets. Hij stroomt eenvoudig. Wanneer deze constante stroom van Liefde overstroomt en tot uitdrukking komt in ieder woord en iedere daad, noemen we dat mededogen.

Mededogen is bewustzijn uitgedrukt in je handelingen en woorden. Mededogen is de kunst van het niet kwetsen. Mededogen kan geen pijn doen. Mededogen kan niemand kwetsen omdat mededogen de manifestatie van bewustzijn is, en bewustzijn kan niemand kwetsen. Net zoals de open ruimte van de oneindige lucht niemand pijn kan doen, zo kan mededogen, de manifestatie van bewustzijn, niemand pijn doen. Degene die mededogen heeft kan alleen maar mededogend zijn.

Mededogen ziet de fouten van anderen niet. Het ziet de zwakheden van de mensen niet. Het maakt geen onderscheid tussen goede en slechte mensen. Mededogen kan geen grens trekken tussen twee landen, twee geloven of twee religies. Mededogen heeft geen ego. Dus is er geen angst, lust of hartstocht. Mededogen vergeeft en vergeet eenvoudig. Mededogen is als een gang. Alles gaat erdoorheen. Niets kan er blijven. Mededogen is liefde in al zijn volheid uitgedrukt."

Er werd een vraag tussendoor gesteld: "Dat is wat een ware spirituele meester heeft, nietwaar?"

"Ja," antwoordde Amma, "een ware spirituele meester is zowel liefde als mededogen in alle volheid. Soms manifesteert zijn liefde zich als discipline. Gewoonlijk ervaart men een zekere hoeveelheid pijn, wanneer men gedisciplineerd wordt, maar het mededogen van de Guru verwijdert dit. Wanneer je iemand verbetert of wanneer je iemand een uitbrander geeft, wordt zijn ego gekwetst. Zijn individualiteit wordt verpletterd. Daar hebben mensen de grootste hekel aan. Zij wensen niet in twijfel te worden getrokken of verbeterd te worden, zelfs als zij ongelijk hebben. Dus is er pijn als je gedisciplineerd wordt. Of het nu de vader is die zijn zoon disciplineert, de moeder die haar dochter disciplineert of de leraar die de leerling disciplineert, pijn is onvermijdelijk. De laatste zal zich gekwetst voelen door de eerste en in veel gevallen zal hij reageren. In sommige gevallen zal hij zijn reactie niet uiten, ook al voelt hij zich gekwetst. Hij gehoorzaamt misschien, maar tegelijkertijd voelt hij zich misschien enorm kwaad van binnen. Er zal een sterke pijn van binnen zijn. Hij wil misschien protesteren, maar uit angst zal hij niets doen. Dit kan doorgaan en pijn, gekwetste gevoelens, woede en haat zullen zich in zijn geest opstapelen. Op een gegeven moment zal deze opeenstapeling van negatieve emoties exploderen. Het is jammer dat dit in het normale proces van het disciplineren van een ander gebeurt, zelfs wanneer het uit liefde gedaan wordt. Zelfs wanneer het disciplineren uit vaders of moeders liefde voortkomt, blijft de pijn soms ongeheeld.

Aan de andere kant zijn er in een *Guru-sishya* relatie geen gekwetste gevoelens in de geest van de leerling. Er is geen pijn, er zijn geen diepe wonden, geen woede of haat in de geest van de leerling. Dit komt doordat de *sishya* het disciplineren en de uitbranders van de Guru met een positieve houding accepteert. Hij geeft zich volledig aan de Guru over. Hij weet dat wat de Guru ook doet, voor zijn eigen bestwil is. Maar de belangrijkste factor is het mededogen van de Guru, die een enorme genezende werking heeft. Alle pijn, woede, haat en andere negativiteit zullen door het mededogen van de Guru worden geheeld. Soms kan de *sishya* zich gekwetst voelen. Hij kan kwaad worden op de Guru, wanneer de Guru hem een uitbrander geeft of hem disciplineert. Maar het overstromende mededogen van de Guru heelt deze wonden en helpt de leerling positief te worden. Het mededogen van de Guru ziet de woede en haat van de leerling door de vingers. Het mededogen van de Guru vergeeft alles. Dit hoogste mededogen omgeeft de leerling volkomen en verzacht alle negatieve gevoelens.

Dit verzachtende effect van het mededogen van de Guru helpt de *sishya* om zich te ontspannen en om zich op zijn gemak te voelen. Op deze manier is hij in staat het disciplineren van de Guru met een positieve houding te ontvangen en in zich op te nemen. Het mededogen laat de leerling voelen dat hij een deel van de Guru is, dat hij de Guru toebehoort, dat de Guru hem enorm liefheeft en dat de Guru alles voor zijn bestwil doet. Omdat de leerling de stroom van mededogen van de Guru voelt en zijn onthechting en onzelfzuchtigheid waarneemt, weet hij dat de Guru helemaal niet zelfzuchtig kan zijn. Zo zal de *sishya* geen negatieve gevoelens opstapelen, ook al voelt hij van tijd tot tijd pijn of boosheid. Zo kan de Guru de leerling disciplineren zonder dat er een spoor van de reacties van de leerling binnenin achterblijft. Vader of moeder kunnen de sporen van reacties in de geest van hun zoon of dochter niet verwijderen, omdat zij geen mededogen hebben. Omdat de Liefde in hen niet volledig is opgebloeid, zijn zij egoïstisch in hun woorden en daden en zo dringen zij discipline aan hun kinderen op. Zij dringen hun eigen ideeën aan hen op, waarbij zij in de meeste gevallen de gevoelens van de kinderen negeren. De Guru kan echter geen discipline aan zijn leerlingen opdringen omdat hij geen persoon is. Hij is niet het lichaam. Hij is niet het ego. Hij is bewustzijn.

Na de zoon of dochter geslagen of gestraft te hebben voor zijn of haar fouten, roept de vader of moeder het kind misschien en behandelt het op een zeer liefdevolle manier. Maar de gedachte dat zij hem een uitbrander hebben gegeven en hem gedwongen hebben te gehoorzamen, blijft in de geest van het kind. Ouders doen dit werkelijk. Zij dwingen hun kinderen om dingen op een bepaalde manier te doen, in plaats van zelf een voorbeeld voor hen te stellen. Zij kunnen niet anders omdat zij beperkte individuen zijn. Zij handelen vanuit hun ego. Wanneer zij vanuit hun ego handelen, kunnen zij alleen maar proberen hun eigen wil aan een ander op te dringen, zelfs wanneer zij dit in naam van de liefde doen. In naam van de liefde dringen zij hun ego op aan hun kind. Het kind voelt dat. Daarom blijven later de gekwetste gevoelens in het kind ongewijzigd, zelfs wanneer zij hem met liefde en genegenheid behandelen. De woede en de haat blijven. Zij worden niet geëlimineerd.

In de Guri-*sishya* relatie is dit echter anders. Na de leerling door zijn zuivere Liefde te hebben gedisciplineerd, stelt de Guru hem op zijn gemak en ontspant hem door in hoge mate zijn mededogen voor hem te uiten. Dit helpt de leerling een zeer goede ontvanger te zijn, een heel goed vat. Zo kan hij doorgaan ontvankelijk en positief te zijn.

In de Guri-*sishya* relatie bestaat geen dwang. De innerlijke dorst van de leerling om voorbij de beperkingen van zijn ego te gaan en de Gurus onzelfzuchtige Liefde en mededogende leiding helpen de *sishya* van binnen geen woede op te bouwen.

Wanneer men in Liefde leeft, wanneer iemands hele wezen zich omvormt in Liefde, dan wordt hij mededogend. Liefde vult het hart en dit stroomt over als mededogen. In die staat waarin de geest en de gedachten van de geest volledig verteerd zijn door het vuur van de Hoogste Liefde, waarin de geest van de zoeker als ruimte wordt, is dat wat hem naar beneden brengt mededogen. De kwaliteit die de ziel de roep doet voelen van hen die in het duister tasten, is mededogen. Het lichaam van de *Mahatma* wordt door mededogen in deze wereld van verscheidenheid gehouden. Liefde en mededogen zijn in wezen hetzelfde. Het zijn twee zijden van dezelfde munt."

Moeder hield een tijdje op en in deze tijd zong een *brahmachari* spontaan een lied ter ere van Amma, *Kannadachalum turannalum*. Terwijl hij zong liet de *brahmachari* tranen van vreugde en devotie...

> *Mijn Moeder verblijft altijd in mijn ogen, open of gesloten.*
> *Met blikken waaruit mededogen stroomt, omarmt Zij iedereen.*

Zij smelt het hart met een Stortvloed van Liefde.
Mijn Moeder is inderdaad een Oceaan van Vreugde.

Een rover of een tiran,
voor Moeder zijn beiden Haar dierbare kinderen.
Of Ze nu veracht wordt of vereerd,
Liefde stroomt vanuit Moeder.
Zoetheid genoten door de tong, is niet volmaakt.
Volmaakte zoetheid is de Liefde van God,
En het zintuig om dat te genieten,
komt alleen door mijn Moeder.

Aan het einde van het lied zei de *brahmachari* met een brok in de keel: "Amma, mogen Uw mededogen en genade ons voor eeuwig op het pad van spiritualiteit leiden. Zonder Uw genade kunnen we de andere oever niet bereiken."

Amma was erg ingenomen met zijn onschuld, maar Zij antwoordde hem schertsend: "Jouw Moeder is niet mededogend. Zij is een duivel. Pas op! Zij is een zware jongen." Iedereen lachte om Amma's speelse dreigement.

De *satsang* ging door. "Zeker, de grootsheid van onze oude heiligen en wijzen is onbeschrijfelijk. Zonder hun mededogen zou de wereld van vandaag een hel zijn. Het is hun verzaking en mededogen die de wereld van vandaag gaande houden. Alle onjuiste handelingen die door zelfzuchtige en slechte mensen worden verricht, worden in evenwicht gehouden door de mededogende en liefdevolle handelingen die verricht worden door de spirituele wezens, die de enige ware weldoeners van de wereld zijn. Hun mededogen gaat ons begrip te boven. Het stroomt zelfs naar degenen die hen proberen te vernietigen.

Amma zal jullie een verhaal vertellen. Eens bracht een koning de prins, zijn enige zoon, naar het kluizenaarsverblijf van een grote heilige. Daar zou de jonge prins de kennis van de *Veda's* en andere teksten uit de geschriften moeten opdoen. Dat was het soort onderwijs dat in die dagen bestond. Of het nu een prins of een gewone jongen was, een jong iemand onderging verschillende jaren van onderwijs en disciplinering onder de leiding van een meester. Gedurende deze periode moesten de studenten bij hun meester wonen zonder enig contact met hun eigen ouders of familie te hebben.

Toen de koning en zijn zoon bij het kluizenaarsverblijf aankwamen, was alles stil. Er scheen niemand te zijn. Toen zij rondkeken, vonden zij uiteindelijk de heilige zittend onder een boom. Hij was in diepe *samadhi*, volledig in zichzelf gekeerd en zijn omgeving vergetend. Toen de heilige uiteindelijk uit zijn meditatie kwam, boog hij onmiddelijk voor de koning en bood hem een zitplaats aan.

De koning vond echter dat hij niet op de juiste manier was ontvangen, vooral omdat hij rond had moeten lopen om de heilige te zoeken en toen op hem had moeten wachten totdat hij uit zijn meditatie kwam. Zijn zelfbeeld als koning was gekwetst, want hij was gewend dat hij bediend werd. Hij kon niet tolereren dat hij op anderen moest wachten. Hij ervoer het als en vernedering wanneer hij op andere mensen moest wachten. Per slot van rekening was hij de koning en de anderen moesten altijd klaar staan om hem te dienen. Zijn ego was gekwetst en hij begon te koken van woede. Hij keek de heilige woest aan en probeerde de toenemende razernij in hem in bedwang te houden.

'Uw koninklijke Hoogheid,' sprak de heilige heel beleefd, 'mag ik het doel van uw bezoek weten?'

Op dit punt barstte de woede van de koning los. 'Wat?! Probeer je de spot met me te drijven? Zelfs zonder me op passende wijze te ontvangen, vraag je naar het doel van mijn bezoek? Waar zijn alle bewoners van deze ashram? Waar zijn je leerlingen?'

Hij voegde er sarcastisch aan toe: 'Kan ik niet ook hun *darshan* krijgen?'

De heilige verontschuldigde zich dat hij de koning geen passende ontvangst had gegeven. Hij legde uit dat dit een school was voor discipline en dat de studenten daarom werd geleerd strikt hun routine van studie, werk, het uitvoeren van religieuze riten en *sadhana* te volgen. 'Ik zelf was in meditatie,' zei de heilige.

Bij deze opmerking raasde de koning van woede. Hij schreeuwde: 'Probeer je me ook te beledigen?'

Toen de heilige zag dat zijn woorden de boze koning slechts provoceerden, sprak hij niet meer. Hij zat alleen maar kalm en stil.

Toen hij zich het doel van zijn bezoek herinnerde, slaagde de koning erin zijn woede te onderdrukken, ook al was hij nog zo laaiend. Hij bedacht dat hij gekomen was om zijn zoon door deze heilige te laten opleiden. Hoewel hij kwaad was omdat zijn ego gekwetst was, bracht de koning zijn woede onder controle. Hij wilde niet de kans bederven een eerste klas opleiding voor de prins te krijgen onder leiding van deze meester, die wegens zijn wijsheid en kennis de hoogste reputatie in het land genoot. Daarom gaf hij plotseling een show van nederigheid. Hij verontschuldigde zich voor zijn emotionele uitbarsting en verzocht de grote meester zijn zoon als leerling aan te nemen.

De heilige, die de belichaming van geduld en vergeving was, stemde meteen toe en nam de prins als *sishya* aan. Nadat alles geregeld was, nam de koning afscheid van de heilige met een lachend gezicht, maar met een gekwetst ego.

De prins was een briljante student en een goede leerling. Zijn gehoorzaamheid, discipline en devotie voor de Guru maakte hem tot de favoriete leerling van de heilige. Twaalf lange jaren gingen voorbij, waarin de heilige hem alles leerde wat hij wist. De prins werd niet alleen een echte meester in alle geschriften, maar ook in het gebruik van alle wapens. Hoewel de prins nu een knappe jongeman was geworden, was hij erg nederig en bleef hij een gehoorzame en toegewijde leerling van de grote heilige.

Tenslotte was de opleiding van de prins voltooid en de dag om afscheid te nemen van zijn geliefde en gerespecteerde Guru, brak aan. Met een bezwaard hart en ogen vol tranen stond de prins voor de grote meester. Met nederigheid en dankbaarheid richtte hij zich tot zijn Guru: 'O Heilige, mijn geliefde Meester, ik ben de Uwe. Wat ik ook heb, behoort U toe. Ik ben niets vergeleken met Uw glorie. Hoe kan ik U al uw liefde en mededogen ooit terugbetalen? Deze nederige dienaar wacht op Uw antwoord. Wat moet ik aanbieden als *Gurudakshina*?'

De grote heilige streelde vol genegenheid zijn geliefde leerling. Tranen van vreugde rolden over zijn wangen toen hij zei: 'Mijn kind, mijn zoon, je gehoorzaamheid, nederigheid en de grote liefde die je voor me hebt gekoesterd, zijn jouw *Gurudakshina*. Je hebt je offer al gebracht, mijn zoon, je hebt het al gegeven.'

Maar de prins drong op liefdevolle wijze aan dat de heilige iets van hem zou aannemen als *dakshina*: 'Wat het ook moge zijn, Eerbiedwaardige, zelfs als het mijn eigen leven is. Ik ben bereid het aan Uw heilige voeten te leggen.' Zijn dierbare student omhelzend vertelde de heilige dat hij op dat moment niets wilde, maar dat hij er zeker om zou vragen, wanneer de juiste tijd daar was. Met de toestemming en zegen van de heilige keerde de prins naar het koninkrijk terug om met zijn ouders, de koning en de koningin, te leven.

De boosaardige koning had gewacht op de dag dat zijn zoon na het beëindigen van zijn studie zou terugkeren. De prins was nog geen dag terug toen de koning, wiens geest gericht was op wraak voor de vernedering die zijn ego had ondergaan, zijn soldaten eropuit stuurde om het verblijf van de heilige plat te branden. De heilige en de kluizenaars werden ernstig gefolterd door de soldaten en in het woud achtergelaten zonder voedsel, kleding en onderdak. Toen hij van de soldaten het verslag hoorde hoe goed zij zijn bevelen hadden uitgevoerd, voelde de wrede egoïstische koning zich gelukkig, met de gedachte dat hij de heilige een goede les had geleerd door 'het hem betaald te zetten'.

Een paar dagen na dit incident kondigde de koning aan dat hij spoedig zou aftreden en dat zijn zoon tot koning gekroond zou worden. Vóór zijn kroning wilde de prins de toestemming en de zegen van zijn geliefde meester hebben om deze nieuwe fase van zijn leven in te gaan. Hij klom op zijn paard en reed naar het verblijf van de heilige, totaal onbewust van zijn vaders wrede daad. Van zijn paard afstijgend vroeg de prins zich af of hij de weg kwijt was en een andere plaats had bereikt. De plek waar het verblijf was geweest zag er verlaten uit.

Na een tijd te hebben rondgedwaald vond hij zijn geliefde meester zittend onder een banyanboom, diep verzonken in meditatie. Nu hij rondkeek kon hij gemakkelijk zien dat het verblijf kort tevoren was platgebrand. De prins wachtte tot de meester uit meditatie kwam. Toen de heilige eindelijk zijn ogen opende, boog de prins zich voor hem op de grond en vroeg wat er met het kluizenaarsverblijf was gebeurd. 'Niets, mijn zoon,' antwoordde de grote ziel, 'een bosbrand. Maak je er niet druk over. Vertel me wat je hierheen bracht.'

De prins voelde dat er iets niet in orde was. Herhaaldelijk smeekte hij de meester hem te vertellen wat er werkelijk gebeurd was, maar de heilige sprak niet. Uiteindelijk lieten de andere leerlingen van het kluizenaarsverblijf zich vermurwen en ze onthulden hem de waarheid. Bij het horen van het gruwelijke verhaal raakte de prins in een shocktoestand en was zelfs tijdelijk verlamd. Toen hij weer bij bewustzijn kwam, knarsetandde hij van woede. Zijn rechterhand bewoog zich automatisch naar het handvat van zijn zwaard in de schede en het volgende moment sprong de woedende prins op zijn paard. 'Lafaard, je bent dood,' brulde hij en stond op het punt om weg te stormen.

Bliksemsnel sprong de heilige voor het paard. Hij probeerde de prins tegen te houden, maar deze was woest. Alle pogingen van de heilige om hem te kalmeren faalden. Al zijn adviezen en waarschuwingen waren voor dovemansoren. De prins was buiten zichzelf van woede en vastbesloten om het onrecht dat zijn meester door zijn vader was aangedaan, te wreken. Uiteindelijk zei de heilige: 'Oké, je kunt gaan. Maar voor je vertrekt, wil ik de *Gurudakshina* hebben die je hebt beloofd. Ik wil het nu meteen!'

Toen hij deze woorden van zijn Guru hoorde, steeg de prins van zijn paard af en bad de Guru te vragen wat hij ook maar wenste. De grote heilige antwoordde glimlachend: 'Ik wil dat je je vader bevrijdt van deze bestraffing, die je hem gaat geven. Dat is de *Gurudakshina* die ik van je wil.' Dit maakte de prins sprakeloos en alles wat hij kon doen was naar het stralende en mededogende gezicht van zijn Guru staren. Het volgende moment barstte hij in tranen uit en viel neer aan de heilige voeten van de grote heilige."

Zo eindigde Amma het verhaal. De manier waarop zij het had gepresenteerd was zo levendig en krachtig, dat het een atmosfeer verzadigd van goddelijke liefde en mededogen creëerde. Diep geraakt lieten de *brahmachari's* en de twee *brahmacharini's* stilletjes tranen, want zij voelden en ervoeren echt het mededogen van de heilige in het verhaal. Een lange meditatieve stilte volgde. Deze was zo krachtig en overweldigend dat niemand een tijd lang kon spreken of bewegen. Het was alsof de ervaring van mededogen alles tot stilstand had gebracht.

Er gingen nog een paar minuten voorbij. Toen verbrak Gayatri's stem de stilte: "De tapiocawortel is gekookt en klaar om geserveerd te worden." Amma deelde een paar stukken aan elk van Haar kinderen uit. Terwijl Amma het opdiende, zei Ze: "Het is erg heet. Voorzichtig, brand je mond niet." Na Haar kinderen weer een dierbare herinnering om te koesteren te hebben geschonken, verliet Amma de hut.

Vrijdag, 27 juli 1984

Later op de middag om ongeveer half zes uitte Amma de wens met alle ashrambewoners en bezoekers naar de zee te gaan. Na verscheidene dagen van regen en een grijze lucht braken nu de gouden stralen van de ondergaande zon door de wolken, toen de groep geleid door Amma de rand van het water bereikte. Amma stond naar de wijde oceaan en de reusachtige golven te kijken. Alsof zij de voeten van de Goddelijke Moeder wilden aanraken, kwamen de oceaangolven tot de plek waar Zij stond. Na Haar Heilige Voeten te hebben gewassen, rolden de golven terug naar de oceaan. Terwijl Zij daar stond, weerspiegelde Amma's houding Haar grootsheid. Zachtjes op en neer wiegend hield Amma Haar blik op de horizon. Haar ogen waren onbeweeglijk. De toegewijden en de *brahmachari's* gingen zitten om te mediteren, maar hielden hun ogen open en richtten hun blik op de wiegende figuur van Amma.

Verschillende typen vissersboten lagen in een rij op de kust, omdat de zware regen de vissers had verhinderd hun netten in zee uit te werpen. 'Moeder Zee' had hun lange tijd niet gezegend met een goede vangst, behalve die ene dag, dat Amma hen had geholpen. De visnetten, op het zand uitgespreid om te drogen, werden nu door de mannen verzameld.

Op dezelfde plaats blijvend genoot Amma gelukzalig het Oneindige. Haar donkere, krullende haar danste in de zeewind. Amma's zwaaiende witte hoofddoek zag eruit als een stukje witte wolk dat langs de hemel dreef. Het bewegen van Haar lichaam hield op en Zij bleef bewegingloos met Haar ogen wijd open. Zij was volledig in Zichzelf gericht.

De zon begon langzaam zijn afdaling in de oceaan. Met meer dan de helft van zijn vurige bol nog zichtbaar, verfraaide hij de hele horizon, met zijn gouden stralen. Uiteindelijk verdween de zon uit het zicht, toen hij diep in de oceaanwateren dook. Het was bijna kwart over zes en de doorschijnende sluier van de schemering verspreidde zich overal. De lawaaierige visserskinderen die buitelingen op de kustlijn aan het maken waren, hielden op met hun spel en keerden terug naar hun huizen, kleine hutten gemaakt van gevlochten palmblaren en bamboestokken. Het voortdurende gebulder van de eindeloze oceaan wekte een gevoel van angstaanjagend, maar inspirerend ontzag. Toen deze zonnige dag tot een einde kwam, vulden regenwolken langzaam de hele lucht, waardoor de schemering een dramatische accent kreeg.

Amma stond nog steeds bewegingloos. Het was nu meer dan veertig minuten geleden dat Zij naar de waterrand was gekomen. Haar witte hoofddoek wapperde nog steeds in de wind, maar behalve dat was er geen beweging. Bezorgd gingen Gayatri en *brahmachari* Rao naar Haar toe om er zeker van te zijn dat alles in orde was. Gevoelig voor Moeders toestand van *samadhi*, waren zij enigszins onzeker en verward over wat zij moesten doen, want er was regen op komst. Iemand hield al een paraplu boven Amma. Duidelijk geroerd door de schoonheid en de spanning van het schouwspel begon *brahmachari* Pai *shlokas* van Shri Shankaracharya te zingen...

> *Geen verlangen naar bevrijding heb ik,*
> *noch hunker ik naar rijkdom en kennis,*
> *noch verlang ik naar geluk.*
>
> *U, met het gezicht van de Maan,*
> *slechts hierom smeek ik U, Moeder,*
> *dat mijn leven mag worden doorgebracht*
> *met het zingen van Uw namen.*

Moeder van het universum,
er is niets verwonderlijks in het feit
dat U vol mededogen met mij moet zijn,
want een moeder geeft haar zoon nooit op,
ook al heeft hij talloze fouten.

Het geluid van de oceaangolven overstijgend, weerklonk het lied door de schemering. Sommige vissers kwamen uit hun hutten om te zien wat er gaande was, maar omdat zij bekend waren met zulke gebeurtenissen rond Moeder, verdwenen de meesten van hen spoedig terug in hun hutten. Maar een paar bleven in de buurt staan als toeschouwers.

Het lied werd niet tevergeefs gezongen. Het bereikte zijn doel. Na een tijdje was er een lichte beweging in Amma's lichaam. Eerst bewogen de vingers van Haar rechterhand. Toen was er het eigenaardige, maar bekende geluid dat Amma soms maakt wanneer Zij uit *samadhi* komt. Toen zij dit hoorden, slaakte iedereen een zucht van verlichting. Na nog een paar momenten kreeg Amma volledig Haar normale bewustzijn terug.

Het was bijna zeven uur toen Amma en de groep terugkeerde naar de ashram. Een paar *brahmachari's* die achter waren gebleven in de ashram, waren al met de avond-*bhajans* begonnen.

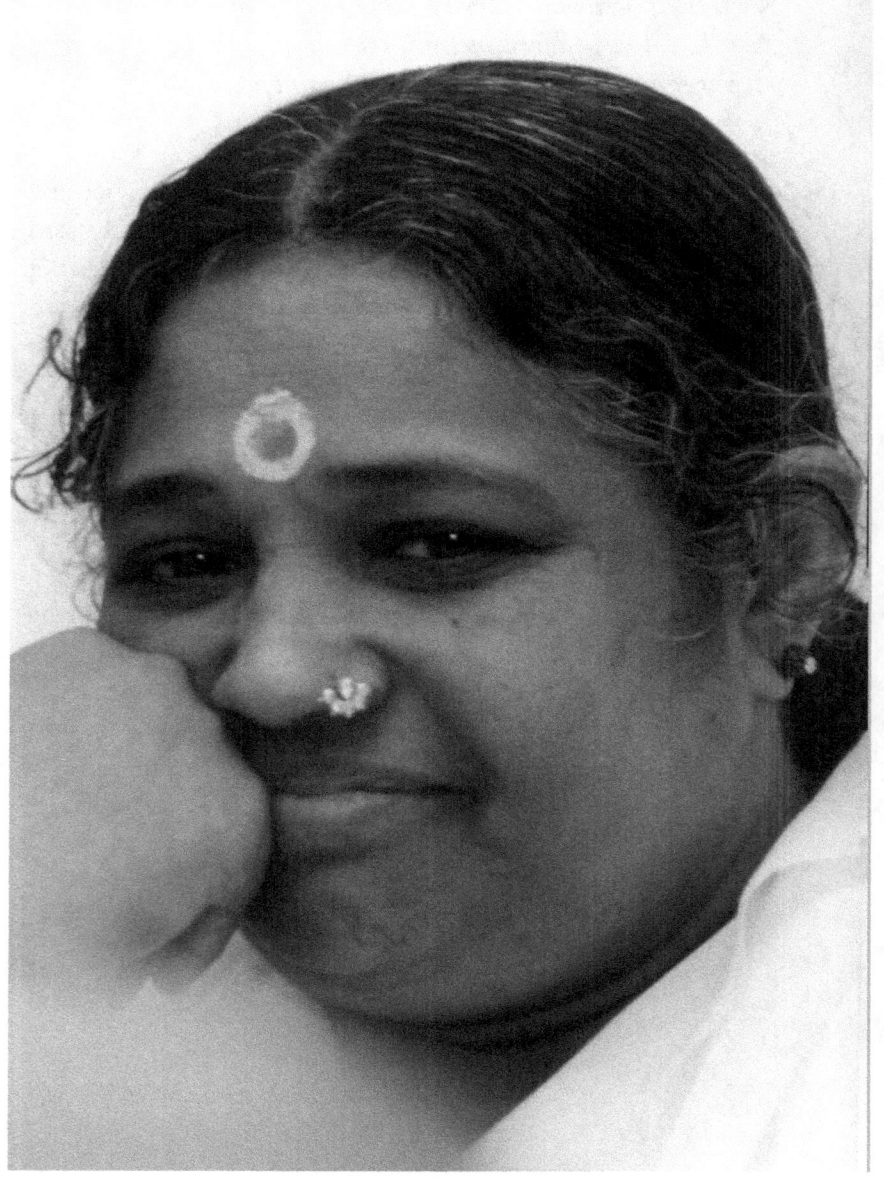

Hoofdstuk 8

Maandag, 30 juli 1984

Het was een stille middag. De ashram leek bijna verlaten. Iedereen was in zijn eigen kamer aan het lezen of schrijven, of was met zijn persoonlijke zaken bezig. *Brahmachari* Balu zat op de tempelveranda te praten met een man van middelbare leeftijd, die uit het oostelijk deel van Kerala kwam. De man, meneer S., vertelde Balu hoe Amma zijn kanker had genezen.

Meneer S. had de laatste vier jaar aan kanker van de ingewanden geleden. Vanaf de dag dat het was gediagnosticeerd, had hij verschillende behandelingen ondergaan, zowel allopathisch als ayurvedisch. Ondanks alle behandelingen en medicijnen duurde de ziekte voort. Hij had intense, ondraaglijke pijn in de maag, die hem vele slapeloze nachten bezorgde. Hoewel meneer S. tot een arme familie behoorde, ontving hij goede medische behandeling door de hulp en financiële bijstand van gulle vrienden en van doktoren. De doktoren deden hun best, maar meneer S. werd niet beter. Naarmate de tijd verstreek, verslechterde zijn conditie. Uiteindelijk gaven de doktoren alle hoop op en adviseerden hem alle medicatie te stoppen. Zijn laatste dagen tellend gaf meneer S. nog steeds zijn geloof in God niet op. Hij bad en zong bijna iedere dag.

Uiteindelijk kwam meneer S., geholpen door zijn enige broer en zijn vrouw, voor de eerste keer om Amma te zien. Toen Amma tijdens *Devi Bhava* meneer S. over zijn ziekte vroeg, vertelde hij Haar over zijn ongeneeslijke ziekte en bad Haar te doen zoals Zij wenste. Amma gaf hem een slok heilig water uit de *kindi*, nadat Zij het gezegend had door er Zelf een teugje van te nemen. Daarnaast gaf Amma hem wat heilig water om mee naar huis te nemen en Zij instrueerde hem er iedere dag een beetje van te nemen.

"Vanaf die dag begon ik me veel meer ontspannen en op mijn gemak te voelen. De pijn werd minder en was binnen korte tijd helemaal over. Ik was in staat weer normaal te eten en 's nachts kon ik goed slapen. Nu ben ik helemaal gezond. Het is nu bijna een jaar geleden en ik neem nog steeds iedere dag Amma's heilig water. Ik heb er altijd een voorraadje van in mijn *puja*-kamer. Amma heeft mij gezegend met een tweede geboorte. Dit leven behoort Haar toe."

Meneer S. wilde dat Amma's wil zou geschieden. Hij vroeg niet om genezing. Hij stelde geen eisen. Zelfs toen Amma hem over zijn ziekte vroeg, deed de man Haar geen suggesties. Hij bad slechts: "Laat Amma's wil geschieden." Dat was echt gebed. Echt gebed is wanneer we bidden zonder ego. Het ego moet weggehouden worden, want alleen dan zijn echte gebeden mogelijk. Meneer S. uitte een echt gebed en het werd beantwoord. Echte gebeden moeten beantwoord worden.

Amma zegt: "Een echt gebed zal nooit suggesties, instructies of eisen bevatten. De oprechte toegewijde zal eenvoudig zeggen: "Heer, ik weet niet wat goed en wat slecht voor me is. Ik ben niemand, niets. U weet alles. Ik weet dat alles wat U doet, het beste moet zijn. Daarom doe zoals U wenst.' In echt gebed buig je je neer, geef je je over en verklaar je je hulpeloosheid tegen de Heer."

Terwijl Meneer S. op de tempelveranda op Amma's *darshan* zat te wachten, kwam Zij toevallig voorbij. Hij haastte zich naar Haar toe en boog zich op de grond. Amma bracht hem vol genegenheid omhoog en informeerde naar zijn gezondheid en familie. De man was overweldigd door vreugde. In een opgewonden stemming antwoordde hij: "Amma, hoe kunnen er problemen zijn wanneer U me leidt, zowel van binnen als van buiten?"

Overgave

Na een paar minuten met meneer S. te hebben doorgebracht, stapte Amma de keuken binnen. De *brahmacharini's* en de vrouwelijke toegewijden die er werkten, hadden dit plotselinge bezoek niet verwacht. Natuurlijk vonden Amma's bezoeken altijd op deze manier plaats en de vrouwen waren er zeker van dat zij, zoals gewoonlijk, voor de een of andere nalatigheid gepakt zouden worden. Zij wachtten in angst toen Amma rondkeek. Maar tot hun grote verrassing ging Amma eenvoudig op de grond zitten. Zij pakte een komkommer uit de hoek waar de groenten opgeslagen werden, en begon die op te eten. Na een paar happen te hebben genomen gaf Amma hem aan één van de vrouwelijke toegewijden die hem blij ontving. Anderen waren waarschijnlijk een beetje jaloers.

Amma doet vaak dit soort dingen wanneer alle bewoners bij Haar in de buurt zijn. Dan observeert Zij ieders expressie en geestelijke houding om te zien of er negatieve gevoelens in iemands geest opduiken. Als er mensen zijn die zich jaloers voelen, pakt Zij hen onmiddellijk.

Het leek alsof de vrouwelijke toegewijden iets aan het vieren waren, want er waren alleen maar glimlachende gezichten deze dag. Ieder van hen was gelukkig en blij opgewonden. Gewoonlijk klagen zij dat ze altijd moeten werken, dat zij alles hebben opgegeven om voortdurend in Amma's aanwezigheid te zijn, maar dat zij in plaats daarvan de helft van hun tijd in de keuken doorbrengen, kokend, zwetend en zwoegend.

Al degenen die in de keuken werkten, zaten nu rondom Amma. Zij begon *Radhe Govinda* te zingen en iedereen zong de respons. Omringd door alle vrouwen en meisjes deed Amma aan Krishna denken omringd door de *Gopi's* van Vrindavan. Dit lied werd gevolgd door een ander *Ellam ariyunna...*

> *Het is niet nodig iets te vertellen aan de alwetende Krishna.*
> *Naast ons lopend ziet en begrijpt Hij alles.*
> *Het Allereerste Wezen ziet alle gedachten van het Binnenste Zelf.*
> *Het is nooit voor iemand mogelijk iets te doen en hem te vergeten.*
> *De Allereerste Heer verblijft in allen.*
> *Wij moeten allemaal deze Belichaming van Waarheid en Bewustzijn met vreugde aanbidden.*

Na de liederen zat Amma lachend in het midden en maakte grappen. Toen ging de stemming over op een meer serieuze toon.

Amma zei: "Moeder weet dat jullie soms klagen over de werkdruk in de keuken. Kinderen, spiritualiteit is niets anders dan ons geluk met ons hele hart opgeven voor anderen. Hierover mogen geen slechte gevoelens of klachten bestaan. Wanneer mensen iets opgeven, ervaren zij gewoonlijk een hoop conflicten in zichzelf. Zij beginnen erover te twijfelen en vinden dat zij misschien een fout hebben gemaakt. Dit is geen echte verzaking. Als je nog steeds een mentale gehechtheid aan iets voelt nadat je het hebt opgegeven, dan betekent dat dat je het niet echt hebt opgegeven.

Wat je in feite moet opgeven is de gehechtheid aan het voorwerp. Je kunt het voorwerp bezitten en er van genieten, als je er niet aan gehecht bent. We geven uiterlijk iets op om van binnen vrij te zijn van de binding aan dat voorwerp. Onthechting brengt vrede en geluk. Werkelijke verzaking en onthechting komen alleen wanneer we alle gedachten en gevoelens over wat we hebben opgegeven, loslaten.

Moeder heeft veel mensen gezien die zich nog steeds erg verdrietig en gefrustreerd voelen over iets dat zij langgeleden hebben opgegeven. Zo iemand zegt jaren later met een stem vol teleurstelling: 'Wat was ik een dwaas dat ding weg te geven.' Hoewel hij het voorwerp jaren niet gezien heeft, draagt hij nog steeds de last ervan. Hij is er niet vrij van, ook al heeft hij het vele jaren niet gezien. Van binnen is hij nog steeds gehecht en gebonden. Zo iemand kan de vreugde van vrijheid niet ervaren. Hij kan zich nooit ontspannen voelen. Toen hij het voorwerp nog had, voelde hij geen mentale pijn. Hij genoot ervan het te hebben. De gedachte dat het helemaal van hem was, maakte hem een gelukkig man. Maar nu ervaart hij een kwellende pijn. 'Ik had het niet moeten doen, ik had het nooit weg moeten geven.' Hij herhaalt dit telkens weer in zijn geest, honderd keer per dag.

Geef iets op en wees er blij om. Vergeet dat het ooit van jou was. Denken dat je iets hebt opgegeven is ook verkeerd. Voel dat niet zo. Voel je gewoon ontspannen. Wees op je gemak. Besef dat je vrij bent, vrij van die last. Het voorwerp was een last, en nu is het weg. Alleen als je de last van gehechtheid aan voorwerpen kunt ervaren, zul je in staat zijn de ontspanning of de gelukzaligheid te voelen die komt door onthechting en verzaking.

Kinderen, het is waar dat jullie je bezittingen en huizen hebben opgegeven om hier te komen en om de rest van je leven met Amma door te brengen. Maar hebben jullie het werkelijk opgegeven? Jullie zeggen nog steeds: 'We hebben alles opgegeven om in Amma's fysieke aanwezigheid te zijn, maar net zoals thuis, werken we nog steeds in de keuken.' Dat betekent dat jullie het niet hebben opgegeven, omdat het klinkt alsof jullie teleurgesteld zijn dit te hebben gedaan. Jullie hebben nog steeds de gedachte: 'Wij hebben ons huis en alles opgegeven.' Deze constante gedachte maakt het heel duidelijk, dat jullie nog steeds het huis en alle keukengerei in je meedragen.

Kinderen, probeer er ontspannen en onbekommerd over te zijn. Probeer te voelen dat jullie je ontdaan hebben van een zware last en wees nu gelukkig dat jullie dit werk hier kunnen doen, omdat jullie het niet voor jezelf doen. Jullie dienen allen die hier komen. Zij zijn toegewijden van God. Jullie zijn degenen die voedsel voor hen koken, voedsel dat hun zowel lichamelijke als geestelijke kracht geeft om zich God te herinneren. Dit is een grote dienst die jullie bewijzen. Door toegewijden van God te dienen, dien je God. Beschouw dit werk als een *sadhana*."

Een *brahmachari* vroeg: "Er wordt gezegd dat een spiritueel iemand zelfs geen woord van dank of waardering moet verwachten voor de dienst die hij of zij doet. Amma, wat betekent dat?"

"Dat is juist," antwoordde Amma. "Een ware zoeker moet zelfs niet één woord van waardering verwachten. Stel dat we iemand een bepaalde dienst bewijzen. We voltooien het prachtig. Dan komt degene voor wie we het werk hebben gedaan met zijn vrienden en familieleden langs om het te zien. Zij vinden het erg mooi. Zij waarderen het en prijzen de kwaliteit van het werk, dat we hebben gedaan. Zij drukken hun dankbaarheid uit met bloemrijke woorden. Wanneer dit allemaal gebeurt, wanneer zij je overstelpen met lofprijzingen en dankbetuigingen, blijf je nederig. Je kunt zelfs zeggen: 'O lieve hemel, zeg dat niet. Ik verdien al deze lof niet. Ik ben slechts een instrument. Hij, het Hoogste Wezen, doet alles door mij. Zonder Zijn genade ben ik niets. Buig alsjeblieft voor Hem neer. Overstelp Hem met al je lof. Hij is in werkelijkheid degene die heeft gehandeld, niet ik.' Maar deze woorden zijn oppervlakkig. Zij komen niet van diep binnenin. Je bent niet echt nederig. Je wendt slechts voor nederig te zijn. Je geeft een grote show van nederigheid. Het is eenvoudige psychologie. Je wilt dat anderen denken dat je een nederige toegewijde bent, zonder enige egoïstische gevoelens. Maar in werkelijkheid stijgen alle lofprijzingen en bloemrijke woorden die zij gesproken hebben, je naar het hoofd en je begint je trots te voelen. 'Ik ben geen gewone ziel,' denk je. 'Er moet iets speciaals aan mij zijn. Hoe zou ik anders dit werk zo goed kunnen doen? Kijk hoe al deze mensen mij en mijn talenten prijzen. Ik moet echt geweldig zijn.' Op deze manier versterkt de ene gedachte na de andere het ego.

Zelfs een simpel bedankje kan zo werken. Het nestelt zich in je hoofd en het laat je voelen dat je iets speciaals bent. Als *sadhaks* streven we er hard naar te voelen dat we niets zijn en dat Hij alles is. Maar zulke situaties werken heel subtiel op ons in. Zonder het zelfs te weten kunnen we door woorden van dank en lof gebonden worden. Daarom, als je iemand wilt helpen, fijn. Doe het, maar voel niet dat anderen je moeten bedanken of prijzen voor wat je hebt gedaan.

Het is onze gewoonte geworden iets terug te verwachten voor onze hulp, een enkel woord van dankbaarheid of een compliment als 'Je hebt prachtig werk gedaan. We stellen het werkelijk op prijs.' En dat is genoeg om je een beetje trots te laten voelen. Dat is genoeg voor je om het gevoel te krijgen dat je werkelijk iets fantastisch hebt gedaan. Zelfs de gedachte 'Ik heb het gedaan' is voedsel voor je ego. Wanneer het ego gevoed wordt, voelt het zich geweldig.

Wanneer we een donatie geven of iets offeren aan een tempel, kerk of een spirituele instelling, wensen we oprecht dat anderen het konden weten. We verwachten erkenning of dank. We willen een dankbetuiging voor ons groot, geweldig offer. We willen dat iemand in het openbaar zegt dat deze gulle, grootmoedige filantroop iets groots, iets fantastisch voor de samenleving heeft gedaan. Zonder lof voelen we ons niet bevredigd.

Er is een verhaal over een grote *Mahatma* die als priester in een tempel werkte. Hij was een ziel die zich volledig had overgegeven. Er was geen spoortje ego in hem. Op een dag doneerde een multimiljonair een enorme som geld aan de tempel. Naderhand bleef de rijke man alsmaar met de priester spreken over de geweldige hoeveelheid geld die hij had gedoneerd. Hij zei dat zelfs voor een multimiljonair als hij, het bedrag enorm was. Keer op keer herhaalde hij hetzelfde. De *Mahatma* hield een tijd zijn mond. Maar toen hij merkte dat de rijke man niet zou ophouden, vroeg hij: 'Oké meneer, wat wilt u? Verwacht u iets? Iets terug? Een woord van lof of een woord van dank?' De rijke man antwoordde: 'Wat is daar verkeerd aan? Ik mag toch minstens dat verwachten.' De *Mahatma* keek hem glimlachend aan en zei: 'Als dat zo is, neem dan dit geld terug. We willen het niet hier. U moet de Heer dankbaar zijn dat Hij dit bedrag accepteert. U moet tevreden zijn met de gedachte dat u tenminste een gedeelte van de rijkdom, die de Grote Heer u heeft toevertrouwd, terug kan geven. U moet God dankbaar zijn, want Hij heeft u een kans gegeven om Hem te dienen. Als u dat niet kunt, neem dan alstublieft dit geld terug.'

Kinderen, dit moet onze houding zijn. Wie zijn wij, de schuldenaren, om iets van Hem te vragen of te verwachten? Ons geven is niets anders dan terugbetalen. We kunnen Hem niets geven. We kunnen alleen een terugbetaling doen van wat we God schuldig zijn. We noemen het geven maar dat is niet juist. Om spiritueel te worden, om egoloos te worden, wat ons levensdoel is, moeten we God voor alles dankbaar kunnen zijn. Laat nooit het 'ik' in het spel komen. Laat er alleen 'U' zijn, de houding dat alles 'U' is. Vraag nooit om iets, eis nooit iets. Laat Hem beslissen wat Hij wil geven en wat Hij niet wil geven.

Kinderen, deze gelegenheid die jullie hebben om voor de toegewijden en *sadhaks* te werken en hen te dienen, moeten jullie beschouwen als een zeldzame gift, die jullie door de Heer geschonken is om snel je *prarabdha* of verzamelde neigingen uit te putten. Eten koken en de toegewijden van God dienen is geen kleinigheid. Het is een zeldzame zegen. Jullie zijn werkelijk de gezegenden in de ashram. Toen jullie in je eigen huis leefden, maakten jullie alleen eten klaar voor je echtgenoot en je kinderen, voor een klein gezin van vijf of zes. Er is niets geweldigs in het met liefde koken voor je eigen gezin. Maar voor anderen koken met liefde en toewijding is een grootse daad. Dit zal jullie zeker zuiveren, jullie opheffen en jullie uiteindelijk naar het doel brengen. Jullie moeten God dankbaar zijn dat Hij je zo'n kans gegeven heeft in de keuken te mogen werken. Waar je ook werkt, in de keuken, de koeienstal of het toilet, laat dat je tempel zijn. Maak je werkplaats tot je plaats van verering, de plaats waar je je *sadhana* doet. Vervloek je werk niet. Voel je gelukkig en gezegend en doe je werk met je hele hart.

Plotseling veranderde Amma's stemming. De grote lerares, die krachtig en met onbetwistbare autoriteit de hoogste Waarheid uiteenzette, was verdwenen en in Haar plaats was een speels en onschuldig tweejarig kind gekomen. Amma ging op de kale keukenvloer liggen en legde Haar hoofd in de schoot van een vrouw en Haar voeten in die van een ander. Geheel onverwachts zei Amma: "Waar is mijn komkommer? Ik wil mijn komkommer." Maar hij was verdwenen. Want wie kan het weerstaan Amma's *prasad* te eten? Iemand pakte vlug een andere en bood hem Amma aan. Zij keek ernaar en duwde hem spoedig weg als een koppig kind en Ze zei: "Nee, ik wil deze niet, ik wil de mijne, die ik aan het eten was."

Sommige oudere toegewijden kwamen onder de betovering van Amma's kinderlijke stemming en gedroegen zich precies als moeders die werkelijk bezorgd waren om hun kind. Zij probeerden Amma over te halen de nieuwe komkommer te accepteren, maar dat lukte hun niet. Anderen waren blij opgewonden en genoten van het hele schouwspel met grote devotie. Amma dreinde als een kind en vroeg herhaaldelijk om dezelfde komkommer waarvan Zij een paar happen had genomen. Uiteindelijk toen Amma hem niet kreeg, trok Zij de toegewijde die hem had opgegeten aan haar haren. In deze positie, nog steeds de haren van de vrouw vasthoudend, ging Amma in *samadhi*. Na een tijdje stond Amma op en verliet de keuken. Zij ging de tempel binnen en sloot de deur. Amma bleef bijna een uur in de tempel.

Naar Zichzelf verwijzend zei Amma eens: "Er is iets nodig, een voorwerp, een wens of een gedachte, om de geest beneden op dit fysieke niveau te houden. Anders is het moeilijk de geest ervan te weerhouden omhoog te schieten. Wanneer het lichaam een wens uitdrukt, is dat de reden." Het komkommer-incident kan zo'n spel geweest zijn.

Hoofdstuk 9

Vrijdag, 3 augustus 1984

Alle ashrambewoners namen deel aan de grootscheepse schoonmaak, die om tien uur 's ochtends begon. Wanneer Amma er is om samen met de groep te werken, is het natuurlijk ondenkbaar dat er iemand niet meedoet. Bij zulke gelegenheden heeft iedereen veel energie, want in Amma's aanwezigheid is het gemakkelijk de vreugde van onzelfzuchtig handelen te voelen. Het werken naast Amma is een fantastische ervaring. Spiritueel licht en energie uitstralend, neemt Zij actief deel aan al het ashramwerk. Amma kan de bewoners altijd inspireren, wat voor soort werk zij ook doen.

Die ochtend waren alle bewoners hard aan het werk, terwijl zij vol vreugde de Goddelijke Namen zongen. Zij voelden een groot enthousiasme en kracht tijdens het werk. Amma zong ook en deed het werk met enorme vreugde. Allemaal samen zongen zij *Adbhuta charite...*

> *U, voor wie de hemelbewoners zich buigen,*
> *wier verhaal prachtig is,*
> *schenk ons de kracht om aan Uw voeten*
> *toegewijd te zijn.*
> *Wij bieden U al onze handelingen aan,*
> *verricht in de duisternis van onwetendheid.*
> *Beschermster van de bedroefden,*
> *vergeef ons al onze ongepaste uitingen,*
> *O Heerseres over het universum.*
>
> *Moeder, schijn alstublieft in mijn hart*
> *als de opkomende zon bij dageraad.*
> *Maak mijn geest gelijkmoedig,*
> *vrij van een onderscheid makend intellect.*

Grote Godin, Oorzaak van alle handelingen,
zowel zondig als deugdzaam,
Bevrijdster van alle bindingen,
geef me uw sandalen, die de basisdeugden
op het pad naar Bevrijding beschermen,
de essentie van alle principes.

Het leek alsof Amma overal was. Zij werd op één plaats vegend gezien, ergens anders droeg Ze zand en stenen, weer ergens anders was Ze aan het houthakken, of op weer een andere plek verwijderde Ze het vuil.

Denk niet dat de wereld zal veranderen, nadat men Zelfrealisatie heeft bereikt. Uiterlijk blijft alles hetzelfde. Niets verandert er werkelijk. De bomen, de bergen, de dalen, de rivieren en stromen, de vogels die zingen op de takken van de bomen – alles blijft onveranderd. De wereld zal zelfstandig vergaan. Maar er vindt een onbeschrijfelijke verandering in jezelf plaats. Je hele wezen is veranderd. Je ziet de dingen anders, met een totaal nieuwe blik. Er zal een onverklaarbare kwaliteit in je zijn en in het werk dat je doet. Een constante stroom van verrukking over de schoonheid van alles ontspringt binnen in je. Net als een onschuldig kind verwonder je je over alles wat je ziet.

Als men Amma oplettend observeert, kan men deze kwaliteit duidelijk in Haar zien. Er is een speciale schoonheid in al het werk dat Zij doet. Deze schoonheid kan in al Haar handelingen, in al Haar bewegingen worden waargenomen. Zij doet hetzelfde werk als anderen, maar de manier waarop Amma het doet is zo bekoorlijk en brengt het hart in verrukking. Amma doet het met de vreugde en verwondering van een onschuldig kind, en deze kinderlijke onschuld raakt ons. Die volheid van Liefde waarin Amma is gevestigd, kan worden waargenomen in alles wat Zij doet.

Het werk was bijna voltooid. Amma ging op het zand zitten en vroeg Gayatri wat koffie en snacks voor iedereen te brengen. Gayatri begaf zich naar de keuken. Gewoonlijk na een gezamenlijk karwei zoals dit, houdt Amma ervan iets heets te drinken aan te bieden, en iets lichts zoals bananenchips aan iedereen uit te delen als *prasad*.

Amma stak Haar beide handen omhoog en riep uit: "Hé... Shivane..." Toen maakte Amma de opmerking: "Die 'oude baas' is er met Zijn geest niet bij... Hij bekommert zich nergens om." Iedereen lachte vol vermaak.

Spiritualiteit is echte rijkdom

Eén van de bewoners beschouwde dit als een goede gelegenheid om zijn vraag verduidelijkt te krijgen en vroeg: "Amma, er zijn verschillende definities van spiritualiteit. Er wordt gezegd dat stilte van de geest spiritualiteit is of dat spiritualiteit een toestand van stilte is. Het opgeven van verlangens en door verlangen gemotiveerde handelingen is spiritualiteit. Weidsheid van de geest is werkelijke spiritualiteit. Deze en nog vele andere standpunten over spiritualiteit bestaan naast elkaar. Amma, wat zegt U hierover?"

Amma antwoordde: "Spiritualiteit is alles wat je hebt opgenoemd. Het is stilte van de geest, een toestand van stilte. Het is ook onthechting of een egoloze staat. Stilte is iets dat ervaren moet worden. Alles wat je opgenoemd hebt, moet ervaren worden. Je kunt boeken vol over spiritualiteit schrijven. Je kunt er prachtige gedichten over schrijven en erover zingen in melodieuze liederen. Je kunt ook uren over spiritualiteit spreken in heel mooie en bloemrijke taal. Maar toch zul je niet weten wat spiritualiteit is, tenzij je werkelijk de schoonheid en de gelukzaligheid ervan van binnen ervaart.

Kinderen, spiritualiteit is de echte rijkdom. Spiritualiteit is de innerlijke rijkdom die je helpt alle uiterlijke rijkdom op te geven, door te begrijpen dat alle uiterlijke rijkdom geen betekenis heeft. Het is de rijkdom die je helpt 'rijker dan de rijkste' te worden. Het is de realisatie dat alleen God, alleen het Zelf de echte rijkdom is. Spiritualiteit is de rijkdom die ons helpt een gezonde benadering van het leven te hebben.

Amma pauzeerde een tijdje en ging verder met een verhaal te vertellen. "Een dorpeling had eens een droom. Heer Shiva verscheen voor hem in deze droom en zei: 'Ga morgen bij dageraad naar de rand van het dorp. Daar zul je een *sannyasi* vinden. Vraag hem om de kostbare steen, die je voor altijd een rijk man zal maken.' Die nacht kon de man niet slapen, want hij dacht steeds aan de kostbare steen die hij zou krijgen. Uiteindelijk haastte hij zich 's ochtends naar de rand van het dorp, zoals Heer Shiva hem in de droom had opgedragen. Daar was hij overweldigd inderdaad een *sannyasi* te vinden die net aankwam. De *sannyasi* stond op het punt onder een boom te gaan zitten, toen de dorpeling naar hem toe kwam rennen en zei: 'Waar is de steen, de kostbare steen? Geef me die kostbare steen.' De *sannyasi* keek op en vroeg: 'Wat zei je? Een kostbare steen?' Zonder nog een woord te zeggen opende hij een bundeltje, dat naast hem lag, en nam er een grote, kostbare edelsteen uit. De *sannyasi* overhandigde hem zonder aarzeling aan de dorpeling.

De dorpeling keek en keek en keek opnieuw naar de steen. Hij was stomverbaasd, omdat het een diamant was, waarschijnlijk de grootste ter wereld. Met een blij hart vol hoop en verlangens, keerde de man naar huis terug. Maar die nacht kon hij weer niet slapen. Hij bleef woelen in zijn bed. De volgende ochtend voor dageraad haastte de dorpeling zich opnieuw naar de rand van het dorp. Hij maakte de *sannyasi* wakker en zei: 'Wees zo vriendelijk mij de rijkdom te schenken die het U zo gemakkelijk maakte mij deze diamant te geven.'

Kinderen, wanneer je eenmaal je wezenlijke natuur kent, wordt het hele universum je rijkdom. In deze hoogste staat heb je niets te winnen of te verliezen. Nadat je alle gehechtheid hebt opgegeven, word je voor altijd gevestigd in de staat van hoogste onthechting. Net als de *sannyasi* in het verhaal kun je glimlachend zelfs zogenaamd kostbare voorwerpen opgeven en je toch tevreden en vredig voelen. Spiritualiteit is innerlijke rijkdom, die maakt dat je je volkomen tevreden voelt. Je hebt misschien niets dat je je bezit kunt noemen, maar je kunt toch vervuld en tevreden zijn. Wanneer je eenmaal deze staat hebt bereikt, heb je niets anders te winnen of te verliezen. Wanneer je eenmaal deze innerlijke spirituele rijkdom hebt verkregen, begin je in volheid te leven. Uiterlijk ben je misschien helemaal niet rijk, maar innerlijk ben je rijk en vervuld. Je realiseert je dat je de meester over het hele universum bent. Je wordt de meester over water, lucht, aarde en ether, zon, maan, sterren en ruimte. Alles in het universum staat onder je controle. Daarom kinderen, probeer een meester te worden, niet een slaaf.

Een werkelijk rijk iemand is iemand die altijd kan glimlachen, zelfs tegenover verdriet. Verdriet kan hem niet laten huilen, noch heeft hij geluk nodig om hem blij te maken. Hij heeft de hulp van voorwerpen of gunstige uiterlijke omstandigheden niet nodig om gelukkig te zijn. Door zijn eigen aard is hij gelukzalig. Een uiterlijk rijk man is een armzalig iemand, die niet werkelijk weet wat echt geluk is. In dit opzicht is hij een verliezer, zelfs zonder het te weten. Hij verliest altijd de onbetaalbare rijkdom, dat wil zeggen vrede en tevredenheid.

Toen Amma sprak, kwam Gayatri met de koffie en bananenchips. Toen Amma de *prasad* aan Haar kinderen gaf, vroeg Zij de *brahmachari's* Bandhamilla te zingen...

*Niemand is van ons.
Er is niets dat we van ons kunnen noemen.
In onze laatste dagen zal alleen het Ware Zelf
als het onze overblijven.*

*We nemen niets met ons mee op de laatste reis.
Waarom dan deze dwaasheid
voor aardse bezittingen?*

*Dat wat werkelijk bestaat, is binnenin ons.
Om Dat te zien, moeten we naar binnengaan.*

*Daar bestaat geen spoor van verdriet.
Daar schijnt het Ware Zelf in Zijn eigen Glorie.*

*We gaan van onwaarheid naar Waarheid
Wanneer we alle levende wezens
liefhebben en dienen.*

Hoofdstuk 10

De noodzaak van de genade van de Guru

Dinsdag, 7 augustus 1984

In de zuidwesthoek van de ashram, net achter de watertank groeide wat suikerriet. 's Middags sneed Amma een verse stengel af en begon hem op te eten. Net als een kind dat ervan geniet het sap uit het riet te zuigen, liet Amma het zich met veel genoegen smaken. Een paar *brahmachari's* en een vrouwelijke toegewijde uit de buurt zaten naast Haar.

Iedereen die Amma ogenschijnlijk ziet genieten van een bepaald soort voedsel of drank, voelt van nature dat Zij dáár speciaal van houdt. Omdat zij Haar altijd een plezier willen doen, zullen zij later ditzelfde voedsel klaarmaken of er een voorraad van bij de hand houden, voor het geval zij de kans krijgen er Haar iets van aan te bieden. Maar het gebeurt vaak dat Amma nooit meer vraagt om iets waar Ze bij een bepaalde gelegenheid van scheen te houden.

Op een keer bleef Amma koppig om 'mixture' vragen, een hete combinatie van verschillende in olie gebakken ingrediënten. *Brahmachari* Nealu had er een kleine hoeveelheid van en bood dat Amma aan. Zij nam het blik van Nealu en spreidde het mengsel over de hele cementvloer. Toen begon Zij de stukjes van de grond te eten, als een klein kind rondkruipend. Terwijl Nealu en *brahmachari* Balu blij toekeken bij dit schouwspel, dachten zij dat Amma er graag meer van wilde hebben. Zij besloten dat het een goed idee was een voorraad 'mixture' bij de hand te houden, zodat zij het direct aan Amma konden aanbieden, wanneer Zij er om vroeg. Zodoende kochten zij wat en bewaarden het veilig voor

Haar. Maar zij werden teleurgesteld omdat Amma nooit meer om 'mixture' vroeg. Amma noemt dit spel van Haar 'een volkomen onthechte gehechtheid om de geest hier beneden te houden.'

Enkele toegewijden uit Tamil Nadu die serieuze *sadhaks* waren, bezochten de ashram. Zij stonden op een eerbiedige afstand te kijken hoe Amma het suikerriet at. Zij riep hen bij Zich. Zonder te aarzelen renden zij naar Amma, bogen zich op de grond voor Haar voeten en gingen zitten. Eén van hen die helemaal verliefd op Amma was, wilde zo dicht mogelijk bij Haar zitten. Hoewel de man bijna zestig was, gedroeg hij zich als een driejarig kind in Haar aanwezigheid. Amma gaf een stuk suikerriet aan iedereen, inclusief de *brahmachari's*. Het was altijd heel bijzonder prasad uit Amma's handen te ontvangen. Men kon er nooit te veel van krijgen. Of het nu suikerriet was of een bal rijst, wat men ook ontving, was een onbeschrijfelijke zegen.

"Amma, ik heb gelezen dat hoeveel *sadhana* je ook doet, de staat van Volmaaktheid niet bereikt kan worden zonder de genade van een *Satguru*. Is dit waar?" vroeg een van de Tamil toegewijden.

Zij antwoordde: "Volkomen juist. Om de subtielere *vasana's* te verwijderen heeft men de Gurus leiding en genade nodig. Bovendien kan, wanneer de *vasana's* verwijderd zijn, het laatste stadium, het punt waarop de *sadhak* in de staat van Volmaaktheid valt of glijdt, niet plaatsvinden zonder zijn genade.

Mensen zijn beperkt. Zij kunnen niet veel op eigen kracht doen. Misschien zijn zij in staat tot een bepaald stadium te komen zonder iemands leiding of hulp, maar spoedig wordt de weg ingewikkeld en is hulp vereist. De weg naar bevrijding is een doolhof van gecompliceerde paden, een labyrint. Tijdens de reis door de doolhof is de spirituele aspirant misschien niet in staat erachter te komen waarheen hij moet gaan of welke weg hij moet nemen.

Een spiritueel pad volgen zonder Guru kan vergeleken worden met alleen op de oceaan zeilen in een klein bootje dat niet is uitgerust met de noodzakelijke apparatuur, zelfs niet een kompas om de richting aan te geven.

Onthoud dat het pad dat naar de staat van Zelfrealisatie leidt, erg smal is. Twee mensen kunnen niet samen hand in hand over dit pad lopen, in kameraadschap over elkaars schouder wrijvend. Men gaat dit pad alleen.

Als we op het spirituele pad lopen, is er een licht dat ons leidt. Dat licht, dat ons het pad wijst, is de Gurus genade. De Guru loopt voor ons en werpt licht op het pad terwijl hij ons langzaam en voorzichtig leidt. Hij kent alle ingewikkelde paden uit zijn hoofd. Het licht van zijn genade helpt ons de hindernissen te zien en te verwijderen en het uiteindelijke doel te bereiken.

Kinderen, enkel uit mededogen komt de Guru omlaag om met ons mee te lopen. Als we langzaam achter hem aanlopen, volgen we in het licht van zijn genade. Het is zijn genade die ons beschermt en ons voor een terugval behoedt. De genade van de Guru helpt ons om niet in de duisternis van smalle straten verloren te raken en in gevaarlijke valkuilen te glijden.

Soms wordt het pad erg smal. Als het te smal wordt en je van het pad glijdt, is het noodzakelijk dat een Guru je op het pad terugtrekt. Anders, wanneer je aan je eigen lot wordt overgelaten, keer je misschien op je schreden terug en vind je het te moeilijk, bijna onmogelijk, om op de juiste weg door te gaan. Op zulke plaatsen moedigt de Guru je ook aan. Hij geeft je meer geloof en vertrouwen om het telkens weer te proberen. Zonder de Gurus aanmoedigende en inspirerende woorden, zonder zijn liefdevolle en mededogende blikken en zonder het geloof en de moed, die hij in je laat groeien, probeer je het misschien niet eens. Je kunt de laatste barrière niet alleen met je eigen inspanning nemen.

Jouw inspanning stelt niets voor. Vanaf de andere kant, waar de Guru verblijft, steekt hij zijn handen uit en trekt je er doorheen.

Zonder de Guru keer je misschien terug en dwaal je van het pad af. Het is heel goed mogelijk dat je opnieuw in de wereld verstrikt raakt. Ontmoedigd en gedesillusioneerd verklaar je misschien zelfs aan de wereld, dat spiritualiteit geen realiteit is, dat het een mythe is, een illusie. Deze en andere gevaarlijke ideeën kunnen in je geest wortel schieten.

In werkelijkheid is het duwen en trekken van de Guru geen duwen en trekken, dat wil zeggen dat je geduwd en getrokken wordt, zonder geduwd en getrokken te worden. Je voelt het niet omdat zijn mededogen en liefde je volledig omvatten, zodat je niet voelt dat je geduwd en getrokken wordt. Je voelt geen druk, spanning of inspanning. Maar als zijn genade en leiding niet aanwezig waren, dan zou de spanning en druk van je eigen *vasana's* je van het spirituele pad doen afdwalen.

Sommige plaatsen zijn breed, badend in licht, waar de atmosfeer gevuld is met een goddelijke geur. Je eigen geest zal proberen je te misleiden door een kleurrijke wereld te scheppen. Er zullen overal aantrekkelijke, verleidelijke en aanlokkelijke vertoningen zijn – goddelijke muziek aan de ene kant, betoverende dansen aan de andere kant. Het kan er uitzien als het uiteindelijke doel. Je kunt denken dat dit het uiteindelijke doel is en daarom stop je misschien. Je wilt niet verdergaan, je voelt er niets voor je in beweging te zetten. Het is als een 'mini-bevrijdings-toestand', een soort namaak. Je kunt zelfs denken dat je het doel hebt bereikt, dat je Realisatie hebt bereikt.

Wanneer je denkt dat je Realisatie hebt bereikt, zal het allerergste gebeuren. Langzaam en heimelijk zal het ego binnensluipen. Je zult het niet zien binnenkomen. Je zult het niet herkennen, en zelfs wanneer je het wel herkent, kan het je niets schelen, omdat je zo bekoord bent door de idee dat je werkelijk gerealiseerd bent.

Daarom zul je proberen je ogen te sluiten voor zijn bedrog. Of je denkt misschien: 'Zo is het na Realisatie.' Dus begin je van oude gewoontes te genieten en toe te geven aan oude pleziertjes, en zo val je terug in de wereld.

Kinderen, jullie hebben geen idee hoe het leven na Realisatie zal zijn, omdat jullie niet gerealiseerd zijn. Voor jullie is deze staat totaal onbekend. Je neemt eenvoudig aan dat je gerealiseerd bent, maar er is geen grond voor deze veronderstelling. Een *sadhak* die deze veronderstelling maakt, die voelt dat hij al gerealiseerd is, heeft het verkeerd. Er zijn geen gevoelens in deze staat. Zelfs de gedachte 'Ik heb het bereikt' zal niet bestaan. Maar als je dit denkt, dan is dit een andere gedachte, die je pad zal blokkeren. Je hebt de staat van Volmaaktheid nog niet bereikt, want de Waarheid gaat hier ver aan voorbij. Maar om je hiervan te overtuigen, om je de Waarheid te tonen is een *Satguru* nodig. De genade van de Guru is absoluut noodzakelijk.

De Guru weet alles wat er te weten valt. Hij weet dat wat je ziet en wat je hoort, gewoon illusies zijn. Hij laat je dit begrijpen, zodat je niet het gevaar loopt te denken dat wat je waarneemt de realiteit is. Hij moedigt je voortdurend aan en inspireert je om steeds verder te gaan, voorbij de jungle van illusie, totdat je de kust van verlichting bereikt.

Tijdens de spirituele reis zal er een tijd komen dat je groei spontaan wordt. Je weet misschien niet dat je van binnen groeit, maar de Guru weet het. Om dit stadium van spontane groei te bereiken is er veel eigen inspanning nodig. Het is als een raket de ruimte inschieten. Er is veel menselijke inspanning en brandstof nodig om een raket voorbij de zwaartekracht van de aarde te schieten. Wanneer hij eenmaal voorbij de zwaartekracht van de aarde is, beweegt hij zich automatisch omhoog en kan dan in de baan van een andere planeet komen.

Op dezelfde wijze moet de *sadhak* een grote hoeveelheid eigen inspanning leveren tot hij het stadium van spontane groei bereikt. Wanneer dat stadium eenmaal bereikt is, zal innerlijke transformatie moeiteloos gebeuren, zelfs zonder dat hij het weet. Maar de Guru weet het, omdat hij de *sadhak* in dit gebied heeft gebracht. Het is de Guru die hem de genade schonk om de laatste sprong te maken.

De uiteindelijke duw in dat stadium van spontane groei kan niet gebeuren zonder de hulp van de Guru. Hij is de enige die weet dat spontane groei plaatsvindt en dat het uiteindelijke doel spoedig bereikt zal worden. Hij weet dat zijn genade reeds naar de *sadhak* toestroomt en dat het zonder veel uitstel vrucht zal dragen. Voor de *sadhak* kan deze periode als een wachttijd zijn, omdat hij zich niet bewust is van de innerlijke groei die plaatsvindt. Hij weet niet dat de Guru hem zijn genade heeft geschonken. Voor de *sadhak* is dit een tijd waarin alle bewuste inspanning ophoudt. Hij kan niets anders dan wachten. Dan plotseling gebeurt het, het innerlijke ontwaken. Zelfs zonder het zelf te weten brengt de genade, geschonken door de Guru, hem daarheen. Het komt uit het niets. Genade komt nergens vandaan. Het kan altijd en overal gebeuren.

De genade van de *Satguru* is wat het meeste nodig is. Zonder zijn liefhebbende zorg, mededogende blik en hartelijke aanraking kan men het doel niet bereiken. Met iedere mededogende blik en aanraking zendt hij zijn genade. Daarom kinderen, bid om zijn genade."

Het was tijd voor de Tamil toegewijden om te vertrekken. Eén voor één gingen zij naar Amma en bogen zich voor Haar op de grond. De toegewijde die gek was op Amma zong een Tamil vers, dat de Goddelijke Moeder prees. Het was een gedicht van een dichter genaamd Maanikkavaachakar...

*U schonk me onverdiende genade
en liet het lichaam en de ziel van deze slaaf
vreugdevol ontdooien en in liefde smelten.
Hiervoor heb ik niets terug te geven,
O Bevrijdster, die het verleden,
de toekomst en alles doordringt,
Oneindig Allereerste Wezen.*

Toen hij klaar was met het vers, boog hij zich neer voor Haar voeten. Amma uitte Haar liefde en betrokkenheid voor elk van de Tamil toegewijden op een heel aparte manier. Toen één van de toegewijden op het punt stond om Amma's voeten aan te raken, pakte Zij zijn beide handen beet en zei hem met een stem vol autoriteit: "Vertel je leraar dat als het zijn opvatting is dat alle oude begrippen over spiritualiteit moeten verdwijnen, hij zelfs de geschriften niet moet bestuderen, omdat dit allemaal oude begrippen zijn, geschreven door de oude *rishi's*, nietwaar? Herinner hem eraan dat door mensen te vragen geen Guru te volgen, hij zelf een Guru wordt. Vraag hem ook om nederig te zijn. Vertel hem dat hij probeert naar muziek te luisteren door slechts bladmuziek tegen zijn oren te houden. Hij is als iemand die probeert te baden of te zwemmen in een afbeelding van een rivier."

Toen de Tamil toegewijde Amma's woorden hoorde, was hij verbluft. Er lag een duidelijke blik van verwondering op zijn gezicht. Amma hield nog steeds zijn beide handen vast. Plotseling barstte de toegewijde in tranen uit en plaatste Amma's handen op zijn gezicht. Amma zat met een ondeugende glimlach op Haar gezicht. De toegewijde bleef een tijd in die houding en huilde alsmaar. Tenslotte troostte Amma hem en zei: "Maak je geen zorgen. Amma maakte maar een grapje. Neem het niet serieus."

De toegewijde hief nu zijn hoofd op en zei: "Nee, nee. U maakt geen grapje. Waarom zegt U dat? Nadat ik U ontmoet heb en deze woorden direct van U gehoord heb, hoe kan ik nu geloven dat U een grapje maakt? Nee, dit kan geen grap zijn. Wat U zei, is de waarheid. Hij is erg egoïstisch. Maar ik ben er vast van overtuigd, dat hij vernederd zal worden, wanneer hij Uw opmerkingen hoort." Amma glimlachte. Er was een verborgen betekenis in Haar glimlach.

Voordat de Tamil toegewijde de ashram verliet, benaderde één van de *brahmachari's*, die nieuwsgierig was om meer over dit incident te weten, de toegewijde en uitte zijn wens bij hem. Dit is wat hij hem vertelde.

De Tamil toegewijde had een leraar die hem in de geschriften onderwees. Deze man had veel boekenkennis en had een hoge dunk van zichzelf en van zijn bekwaamheid spiritualiteit door middel van de geschriften te onderwijzen. Zijn gezegde was: 'Studie van de geschriften is genoeg. Meditatie, devotioneel zingen en andere spirituele oefeningen hebben niet veel nut. Dat zijn allemaal oude begrippen. Het is de hoogste tijd aan het oude voorbij te gaan en een nieuwe visie op spiritualiteit te ontwikkelen.' Hij was ook tegen het volgen van een Guru. Toen deze man hoorde dat zijn leerling een grote heilige in Kerala op ging zoeken, trad zijn twijfelende en redenerende geest in werking. Hij riep zijn leerling bij zich en zei: "Ik heb gehoord dat je voor *darshan* wilt gaan bij een 'grote heilige' in Kerala. Ik heb ook gehoord dat Zij alwetend is, dat Zij het verleden, het heden en de toekomst kent. Natuurlijk geloof ik dat niet. Maar toch, als dit waar is, laat Haar dan Haar alwetendheid bewijzen. Laat Haar mij een teken geven, een boodschap of iets om te bewijzen dat Zij alwetend is. Als Zij dat doet, zal ik Haar ook gaan opzoeken."

Toen deze toegewijde, die een leerling van die geleerde was, op het punt stond te vertrekken na in Amma's aanwezigheid te hebben gezeten, voelde hij zich teleurgesteld. Hoewel zijn persoonlijke ervaring met Amma erg inspirerend was, had Zij geen woord gezegd of zelfs een hint gegeven over zijn leraar, die vol spanning uitkeek naar een bewijs. Toen Amma dit tenslotte op zo'n onverwacht moment onthulde, was hij verbluft en dankbaar tegelijk en kon hij zijn emoties niet beheersen. Tranen welden nog steeds op in zijn ogen toen hij de ashram verliet.

Amma's opmerkingen raakten doel. Nadat hij het bewijs waar hij om gevraagd had, had ontvangen, kwam de geleerde naar Amma. Hoewel hij zelf een aantal bewonderaars en volgelingen had, werd de man een toegewijde van Amma.

Een waarschuwing van de Guru

Toen de Tamil toegewijde vertrok, riep Amma een van de *brahmachari's* en berispte hem voor zijn ongehoorzaamheid. Een oudere *brahmachari* had hem gevraagd een bepaalde taak te doen, maar hij had eenvoudig geweigerd. Toen de oudere *brahmachari* de reden vroeg, antwoordde de jongere: "Ik heb geen tijd. Dat is de enige reden." De oudere *brahmachari* vertelde dit voorval aan Amma en nu werd degene die fout was, berispt. Als je door Amma berispt wordt, krijg je ook goed advies. Toen Amma met hem sprak en hem op zijn fouten wees, zei ze: "Je bent erg egoïstisch."

Deze *brahmachari* was af en toe erg koppig en twistziek. Hij antwoordde: "Waarom hebt U me dan als *brahmachari* aangenomen, als U wist dat ik erg egoïstisch was?"

Amma's mededogende antwoord luidde: "Waarom accepteerde Jezus Christus Judas als zijn discipel? Wist hij niet dat Judas hem zou verraden, dat hij Hem naar Zijn dood zou leiden? Ja, Jezus wist dat heel goed. Desondanks accepteerde Jezus Judas als een van Zijn discipelen. Hij had hem lief zoals Hij de anderen liefhad.

Gaven de grote heiligen en wijzen uit het verleden niet bewust kansen aan degenen die hen later bedrogen? *Mahatma's* zijn zo. Zij kunnen niet anders zijn. Zij denken of bekommeren zich er niet om of iemand hen zal bedriegen of zal liefhebben, en of iemand egoïstisch zal zijn. Zij verwachten niets van wie dan ook. Zij zijn er gewoon. Ieder die dat wil, die bereid is zijn of haar hart te openen en die bereid is zich over te geven, kan van hun aanwezigheid profiteren. De mogelijkheid staat open voor iedereen. *Mahatma's* maken geen onderscheid, dat kunnen zij niet. Zelfs als iemand een bedrieger is of erg egoïstisch is, als hij of zij zich slechts een paar dagen of een paar minuten – de tijd doet er niet toe – overgeeft, dan zal hun overgave gedurende die tijd voordeel hebben.

Als de persoon zich daarna terugtrekt, wat kan de *Mahatma* dan doen? De *Mahatma* kan niets doen. Hij is eenvoudigweg. Als je hem wilt, is hij beschikbaar, altijd en overal. Als je hem niet wilt, dan is hij nog steeds beschikbaar voor iemand anders. Maar als je hem afwijst, kan hij zich niet aan je opdringen. Dat is iets wat hij niet kan.

Maar als je je overgeeft, zal hij in je hart binnenstromen. Als slechts een klein deel van je hart vol van de Guru is, dan zal het grotere, lege deel nog onder de invloed staan van het ego, dat zegt: 'Ik ben iets.' Maar dat kleine volle deel zal er toch blijven. Het zal werken. Dat deel van jou zal zijn kracht hebben. Dat deel zal proberen je te redden. Je zult het voelen. Maar denk erom, het hart is slechts voor een klein deel gevuld, terwijl een groot gedeelte leeg blijft. Dat grote deel is gevuld met 'Ik ben iets.'

Kinderen, het gevaar ontstaat wanneer je dat kleine, gevulde gedeelte totaal negeert en niet eens die kant op kijkt. Als je een blik naar die kant kunt werpen, de kant waar de Guru is, is er nog hoop voor je. Je kunt nog steeds gered worden. Maar het ego, dat het grootste deel in beslag neemt, negeert hem volkomen. De Guru zal je waarschuwen, niet eens, maar honderd keer zal hij je instrueren en aanwijzingen geven. Maar als je de deur volledig sluit, als je de deur recht in zijn gezicht dichtgooit, wat kan hij dan doen? Dan wordt de druk of de aantrekking van 'Ik ben iets' sterker in je en vanzelf beweeg je je naar die kant. Dat is natuurlijk gemakkelijker. Om naar de Gurus zijde te bewegen is er wat meer inspanning, een beetje meer moed nodig.

De regering en de universiteit bieden gelijke kansen aan alle studenten, maar de studenten benutten deze mogelijkheden verschillend. Dezelfde analogie gaat op voor mensen die naar spiritualiteit verlangen. Met andere woorden velen zijn geïnteresseerd in spiritualiteit, maar slechts een paar zullen slagen. Alleen maar geïnteresseerd zijn is niet voldoende. Intensiteit is nodig. Het is niet de fout van de Guru. Een *Satguru* kan geen ongelijk hebben. Hij kan alleen maar gelijk hebben. Jij hebt ongelijk. We zijn als een muziekinstrument dat vals gestemd is. De Guru wil de toetsen die vals zijn, repareren. Maar als je protesteert, als je sterk voelt dat je in orde bent, als je denkt dat je geen probleem hebt, dat de valse toets in orde is omdat je niet hoort dat hij vals is, wat kan de Guru dan doen? Om de toetsen prettiger voor de oren te laten klinken, is er wat krabben, schuren, schrapen en verwijderen nodig. Je moet in staat zijn de pijn die dit veroorzaakt, te verdragen door te begrijpen dat het als doel heeft je leven harmonieus te maken als in een concert.

Amma is gek, maar Zij is gek omwille van de Waarheid en omwille van *dharma*. Als iemand tegen de Waarheid ingaat en als hij helemaal niet van plan is zijn leven te beteren, als hij vastbesloten is de dingen op zijn eigen manier te doen, dan beweegt hij zich van Amma af. Hij verwijdert zich van de Waarheid en *dharma*. Onthoud, Amma gaat niet van hem weg. Dat kan Zij niet. Maar hij schept door zijn eigen handelingen en gedachten een kloof tussen Amma en zichzelf. Wanneer dat eenmaal gebeurt, wordt de kloof wijder en wijder.

Amma kan niemand accepteren of afwijzen. Acceptatie en afwijzing zijn alleen mogelijk wanneer er een ego is. Het ego kan accepteren en afwijzen. Wanneer men egoloos wordt, gaat men aan beide voorbij. Daarom ben jij het die accepteert en afwijst. Amma kan dat niet. Er is echter één ding dat je moet onthouden. Je doel is de staat van Volmaaktheid te bereiken. Nu is het de vraag of je dit werkelijk wil of niet. Soms 'ja' en soms 'nee' is uitgesloten. Als dit je houding is, dan ben je hier niet op je plaats. Er bestaat niet zoiets als heen en weer gaan in spiritualiteit. Het is of 'ja' of 'nee'. Daar houdt het mee op. Als je je soms spiritueel voelt en soms niet, dan is dat geen spiritualiteit. Wat Amma bedoelt is dat je geest gefixeerd moet zijn op 'Dat', dat wil zeggen op het doel. Er moeten geen afleidingen zijn. Het is gevaarlijk als je je eenvoudig door bijkomstige afleidingen laat meeslepen. Je belangrijkste doel in het leven is God te realiseren. Daarom moet het besef van het doel en de intentie om het te bereiken, anders bekend als *lakshya bodha*, altijd aanwezig zijn.

Stel dat je een directeur bent. Wanneer je in je stoel op kantoor zit, moet je hele denkproces erop gericht zijn hoe je het bedrijf moet leiden, hoe je meer winst kunt maken, hoe je de problemen van de werknemers op kunt lossen en hoe je een goede markt voor je producten kunt creëren. Dat is je *dharma* wanneer je op kantoor bent. Je wordt niet geacht in die tijd aan je gezin en hun problemen te denken. Dat is je *dharma* wanneer je thuis bent. Als je aan thuis denkt terwijl je op kantoor zit, dan bereik je je doel niet en voer je je taak als directeur niet goed uit. En omgekeerd als je thuis denkt en handelt als een directeur, in plaats van echtgenoot en vader te zijn, vervul je je plichten niet. Op dezelfde wijze word je geacht, wanneer je hier in de ashram als *brahmachari* bent of als iemand die ernaar streeft *brahmachari* te worden, op een bepaalde manier te handelen en te denken. Als je niet de juiste houding kunt hebben, zul je hier niet passen. Je zult de kloof beginnen te voelen, de afstand die uiteindelijk zal resulteren in een hoop problemen in je spirituele leven.

Amma zal voortdurend omstandigheden scheppen die je spirituele groei zullen bevorderen. Zij kan honderd keer of meer vergeven en vergeten. Maar als je je voortdurend losworstelt en je handen uit die van Amma wegtrekt, dan kun je Haar niets verwijten."

Vergeet het verleden

Vrijdag, 10 augustus 1984

Om ongeveer elf uur 's ochtends zat Amma op Haar bank, die buiten aan de zuidzijde van de ashram werd bewaard. Zij was omringd door westerse en Indiase toegewijden. Eén van de westerse toegewijden stelde een vraag: "Veel mensen twijfelen eraan of zij op God kunnen mediteren en Hem kunnen realiseren, omdat ze vinden dat ze teveel zonden hebben begaan, die hen van Godrealisatie zullen afhouden. Zij denken dat zij Gods genade niet zullen ontvangen."

Amma's antwoord kwam direct: "Er is geen grond voor zulke twijfels en zorgen. Wanneer er eenmaal vastberadenheid en onthechting ontstaan, wordt het verleden machteloos. Het verleden verliest zijn grip op iemand die alles heeft overgegeven aan de voeten van de Heer. Zo iemand glijdt in een staat waarin hij zijn hele verleden vergeet en hij begint in het prachtige heden te leven, waarin hij alleen de Heer en Zijn betoverende vorm ziet. De angstige dromen over het verleden sterven volledig in een ziel die zich overgegeven heeft en hij zal zeker Gods genade voelen, die hem overal doorheen leidt.

Amma zal jullie een verhaal vertellen om duidelijk te maken dat de genade van de Heer absoluut voor iedereen beschikbaar is, zelfs voor mensen die serieuze fouten hebben begaan.

Op een nacht was er een beruchte dief aan het rondzwerven op zoek naar een geschikt huis om in te breken. Terwijl hij heimelijk en onopgemerkt door de straat liep, zag hij langs de kant van de weg een groep mensen, die aandachtig naar een man luisterden, die duidelijk een verhalenverteller was. De verteller vertelde de jeugdstreken van Heer Krishna, zoals beschreven in de *Shrimad Bhagavatam*. De beschrijving van Baby Krishna trok de aandacht van de dief. De verteller weidde uit over de schoonheid van het Kind: 'Nadat Yasoda, Krishna's pleegmoeder, het innemende Kind van Vrindavan gebaad had, versierde zij Hem, die iedereen verleidde, met schitterende juwelen. Halskettingen versierd met diamanten, smaragden en robijnen versierden Zijn nek en een gouden kroon, ingelegd met kostbare edelstenen, verfraaide Krishna's stralende gezicht. Rinkelende enkelbanden klonken als belletjes om Zijn voeten, samengaand met het melodisch getinkel van de gouden ketting rondom Zijn middel. Toen Yasoda Krishna's reeds betoverende vorm nog meer deed schitteren met juwelen, rende het Kind speels weg en verstopte Zich achter een boom. Yasoda rende de Jongen achterna Hem keer op keer roepend met overstromende liefde en genegenheid: "Kanna, Kanna." ' "

Toen Amma de laatste zin uitsprak, raakte Zij zo geïdentificeerd met de vertelling dat Zij met Haar handen begon te gebaren. Het was of Krishna daar vlak voor Haar stond. Zelfs Haar gelaatsuitdrukking droeg de liefde en tederheid die Yasoda voor het Kind Krishna had. Op dit punt werd Amma dronken van pure liefde en zat bewegingloos. Tranen stroomden over Haar wangen, terwijl Zij zo nu en dan lachte. Deze toestand ging een tijdje door. Na een poosje hervatte Amma het verhaal.

Toen de dief naar het verhaal luisterde, werd hij plotseling gegrepen door een idee: 'Dit kind moet de zoon van een rijke man zijn. Ik moet er op de een of andere manier achterkomen waar deze baby leeft. Als ik die kleine te pakken kan krijgen, zou dat het einde van al mijn problemen zijn. De kostbare stenen en de gouden juwelen die dit kind draagt, zijn voldoende om mijn gezin en mij van te laten leven voor de rest van ons leven.' Dus wachtte hij tot het verhaal beëindigd was en de verhalenverteller zijn spullen pakte om weg te gaan. De dief volgde hem voorzichtig op een afstand totdat zij een verlaten plek bereikten waar hij plotseling de verhalenverteller te lijf ging. De dief greep hem bij de nek en dreigde: 'Vertel me waar dat kind leeft. Waar is deze plaats genaamd Vrindavan? Probeer me niet voor de gek te houden. Vertel me de waarheid. Geef me de details hoe ik bij zijn huis kom of wees klaar om te sterven.'

De verhalenverteller was zo geschokt dat hij geen woord kon uitbrengen. Na verder aandringen en verdere dreigementen van de dief zei hij uiteindelijk: 'Het was maar een verhaal. Het Kind bestaat niet echt. Het is maar een verzonnen verhaal. Het is geen echt verhaal.' Maar de dief gaf het niet zo gemakkelijk op. 'Spreek de waarheid,' zei hij. 'Ik weet dat je liegt. Hoe kun je het kind zo nauwkeurig beschrijven, als hij nooit bestond? Doe je mond open en spreek of je zult sterven.'

De verhalenverteller probeerde keer op keer de dief ervan te overtuigen dat de beschrijving slechts uit een verhaal kwam en legde uit dat de uitgebreide beschrijving alleen diende om de levendige verbeelding van de mensen te vermaken. Het was geen werkelijkheid. Maar de dief had geen twijfels over het bestaan van Baby Krishna en was vastbesloten dit Kind te vinden. Tenslotte dacht de verhalenverteller aan een plaats waar geen mensen of huizen waren, maar alleen dichtbegroeid woud. In de hoop van de dief af te komen vertelde hij hem dat Krishna in deze afgelegen plaats verbleef. Hij dacht dat de dief ten prooi zou vallen aan de wilde dieren in dit bos. De dief nam de details hoe daar te komen in zich op en liet de verhalenverteller gaan. Hij gaf hem een laatste waarschuwing, dat als hij het Kind niet zou vinden, hij terug zou komen en een einde zou maken aan het leven van de verhalenverteller.

De dief begaf zich op weg naar de plaats die de verhalenverteller had aangeduid. Hij liep snel en vastberaden drie dagen lang zonder te stoppen om te eten of te slapen. De hele weg dacht de dief aan Krishna en aan het grote fortuin dat hij zou krijgen. Hoewel hij een andere bedoeling had, in feite een misdadige bedoeling, was zijn geest niettemin helemaal gefixeerd op de mooie vorm van de Heer. Het kostte hem een paar dagen om zijn bestemming te bereiken en tegen de tijd dat hij bij het woud aankwam, was hij totaal uitgeput. Zijn beide voeten bloedden, want zij waren gewond door doornen en scherpe stenen.

Maar de dief was nog steeds vol hoop omdat de verhalenverteller hem verteld had dat Krishna zou komen als iemand Hem riep. Er was hem ook verteld dat Krishna en Zijn kameraden gewoonlijk naar dit bos kwamen met hun koeien en dat zij daar pret maakten, terwijl het vee graasde. Toen de dief niemand zag, riep hij keer op keer, waarbij zijn stem door het bos galmde: 'Krishna! Krishna! Waar bent U?' Rondtrekkend op zoek naar het Kind, zocht hij in de struiken en achter enorme bomen. Hij klom zelfs in de toppen van bomen om een beter uitzicht te krijgen om te zien of Krishna ergens anders in het woud was. Toen hij verder ging door het woud te zwerven en 'Krishna' te roepen, bereikte zijn zoektocht een hoogtepunt van intensiteit en wanhoop. Uiteindelijk viel hij door gebrek aan voedsel en slaap, bewusteloos neer. Maar zelfs in deze onbewuste toestand ging hij door Krishna's naam te murmelen.

Toen de dief weer bij normaal bewustzijn kwam, vond hij zichzelf in iemands schoot liggen. Iemand hield zijn hoofd vast en streek erover en een stem zei: 'Je bent uitgeput. Hier, ik heb wat eten voor je meegebracht.' Hij keek op en was verbaasd niemand anders dan het Kind dat hij gezocht had, voor zich te zien. Het was Krishna! En hij lag op Zijn schoot. Hij wreef zijn ogen uit en knipperde verschillende keren. Hij kon niet geloven wat hij zag. Ja, het was Krishna, daar was de pauwenveer, het krullende haar, de gouden kroon, het gele kleed versierd met kostbare juwelen. Hij was betoverd door de hoogst verleidelijke glimlach en de donkerblauwe gelaatskleur. Zijn ogen waren gefixeerd, want hij was niet in staat ze van Krishna's stralende gezicht af te wenden. Toen het Kind hem voedde, opende hij automatisch zijn mond en slikte het voedsel door. Al het andere rondom hem vergetend zonk hij weg in gelukzaligheid.

Krishna hielp hem rechtop te zitten. Toen verwijderde Hij al Zijn juwelen, pakte ze in en overhandigde ze in een bundel aan de dief met de woorden: 'Hier, dit is van jou. Hier kwam je voor, nietwaar? Dus nu kun je gaan. Je kunt gelukkig terugkeren.' Nog steeds de eeuwige schoonheid van de Heer indrinkend, was de dief nu totaal getransformeerd. Hij protesteerde met een brok in zijn keel: 'Nee... Nee... Dat wil ik niet. Ik wil U. Ik wil U.' Krishna ging door hem dringend te verzoeken: 'Je moet niet met lege handen terugkeren. Je mag niet teleurgesteld worden na zo'n lange zoektocht. Neem het aan.' Hierop antwoordde de dief: 'Mijn geliefde Krishna, ik wil niets. Ik wil U omhelzen. Ik wil op Uw schoot liggen. Ik wil naar Uw gezicht kijken. Ik wil voor eeuwig en eeuwig bij U zijn. Alstublieft, Heer, alstublieft...'"

Op dit punt stond Amma op van de bank waarop Zij zat. Haar hele wezen was veranderd in een onbegrijpelijke *bhava* van Goddelijkheid. Er lag een buitengewone schittering en straling op Haar gezicht. De vingers van Haar rechterhand hield Zij in de *chinmudra* [8]. Een betoverende glimlach maakte Haar gezicht nog stralender dan het al was. Iemand riep uit dat Amma er precies

---

[8] Een goddelijke mudra die Moeder tijdens Krishna Bhava toont en die de eenheid van het individuele zelf met de Allerhoogste symboliseert.

zo uitzag als tijdens *Krishna Bhava*, maar er was een niet uit te drukken en onbeschrijfelijk gevoel over deze huidige staat van Haar. Haar lichaam zwaaide zachtjes van de ene naar de andere zijde, en men kon een constante, zeer sterke trilling in Haar hele lichaam waarnemen. De toegewijden voelden zich erg zalig en baadden in de hoogste devotie.

Bij het zien van de goddelijke, extatische stemming van Amma barstten de *brahmachari's* in een lied los, *Govardhana Giri...*

U die de Govardhana-heuvel optilde,
Die speelt in de harten van de herderinnen,
Die Gokula beschermt en Zich overgeeft aan spel,
Die het zoete geluid aan de fluit ontlokt...

U hebt op het hoofd van de slang Kaliya gedanst,
om de angst voor hem te verdrijven, die hij door zijn trots veroorzaakte.
U die wensen vernietigt en gewenste dingen aanbiedt, stel Uw komst alstublieft niet uit,
zelfs niet een ogenblik,
U, met grote ogen als lotusbloembladen.

U bent degene die de vruchten schenkt van de verrichte daden.
Terwijl ik probeer de vijf zintuigen te beheersen,
trilt mijn geest als een pauwenveer.
Krishna, wanneer zal ik opgaan in Uw Voeten?

Langzaam kwam Amma terug naar het fysieke niveau. Zij bleef nog steeds staan in de *bhava* van dronken gelukzaligheid. Met wankelende stappen bewoog zij zich naar de bank. Dronken van eeuwig geluk zag Zij eruit als iemand die totaal uit Haar lichaam was. Eén van de vrouwelijke toegewijden hielp Amma op de bank te gaan zitten. Na een tijdje kwam Zij volledig terug tot bewustzijn. Nadat Amma er door één van de *brahmachari's* aan herinnerd was, zette Zij het verhaal voort...

"Oké, waar waren we... O ja, Krishna legde de bundel voor hem neer en verdween. Gek van liefde rende de dief heen en weer, terwijl hij uitriep: 'Krishna, waar bent U? Laat me niet alleen. Neem me met U mee. Mijn Heer, kom terug, kom terug.' "

Het was heel duidelijk dat Amma hard worstelde om Zich beneden op het fysieke niveau te houden. Nu en dan pauzerend, ging Amma door met het verhaal.

"Maar Krishna liet Zijn fysieke vorm niet opnieuw aan de dief zien. Niet in staat de martelende pijn van de scheiding te verdragen, zwierf en zwierf de dief door het bos, roepend om Krishna. Dagen gingen voorbij en hij keerde terneergeslagen naar huis terug. Voorzichtig koesterde hij de bundel met de juwelen die zijn Heer toebehoorden.

De bundel nog steeds stevig omarmend bereikte hij het huis van de verhalenverteller en hij klopte op de deur. De verteller gluurde door het raam, herkende de dief en schrok. Hij was erg bang en was er zeker van dat de dief was teruggekomen om 'hem af te maken', omdat hij Krishna, de Blauwe Jongen van Vrindavan, niet had gevonden. Toen het kloppen op de deur doorging, bibberde de man in het huis steeds meer. Maar als hij aandachtig had geluisterd, had hij de dief zachtjes kunnen horen zeggen: 'Ik heb de Heer gezien, mijn Krishna. Ik heb mijn Heer gezien...' Omdat hij de woeste reputatie van de dief kende, was hij bang dat als hij de deur niet opende, de dief deze zou openbreken en hem toch zou vermoorden. Dus opende hij de deur en stond daar verstijfd met gesloten ogen. Hij verwachtte een scherp scheermes te voelen dat zijn keel doorsneed.

Er gebeurde niets. Hij opende zijn ogen en zag de beruchte dief languit aan zijn voeten liggen. Verbijsterd riep de verhalenverteller uit: 'Wat is dit? Wat ter wereld is hier aan de hand?' De dief richtte zich op en plaatste de bundel aan de voeten van de verteller. Door zijn tranen heen zei de dief: 'Ik heb de Heer gezien, mijn Krishna. Hij gaf al Zijn sieraden aan mij, maar ik wil ze niet. Zij behoren jou toe, want jij hebt het verlangen in mij opgewekt om mijn Heer te zien. Jij bent mijn Guru. Neem dit aan en zegen me.'

Toen de verteller dit verhaal hoorde, dat hem uiterst krankzinnig in de oren klonk, was hij verbluft. Hij vermoedde dat deze dief, een groot zondaar, een onschuldig kind had gedood en al zijn juwelen had meegenomen. Toen hij iets in deze trant uitriep, zweerde de dief dat hij de Heer had gezien, dat de Heer zijn hoofd op Zijn schoot had gelegd en hem met Zijn eigen handen had gevoed. Hij beschreef verder hoe Krishna zulke onvergetelijke melodieën op Zijn goddelijke fluit speelde. Toen de verteller naar de dief luisterde, bemerkte hij zijn extatische stemming, de tranen van geluk en de opwinding in zijn stem. Hij voelde dus iets speciaals in deze man. Zijn nieuwsgierigheid was gewekt, hij opende de bundel en was totaal verbaasd. Verschillende keren met zijn ogen knipperend en ze telkens weer uitwrijvend, kon hij niet geloven wat hij zag. Het duurde niet lang voordat hij zich realiseerde dat dit inderdaad Krishna's sieraden waren en dat de dief werkelijk een visioen van de Heer had gekregen. Met ogen vol tranen en een hart vol intens verlangen riep de verteller uit: 'Krishna, Krishna, ben ik een grotere zondaar dan deze dief?' Hij rende het huis uit en verdween.

De verteller at en sliep een aantal dagen niet en bereikte dezelfde plek waar hij de dief heen had gestuurd. Hij viel flauw en kwam weer bij bewustzijn verschillende keren achter elkaar. Iedere keer dat hij weer bij bewustzijn kwam, rende hij rond en riep: 'Krishna, ben ik het niet waard Uw goddelijke vorm te zien? Ik heb Uw glorie de laatste dertig jaar bezongen. Welke grotere verdienste had de dief om Uw goddelijke vorm te zien dan het vermoorden van mensen en het stelen van hun bezittingen?' Dit waren de gebeden en de smeekbeden van de verhalenverteller. Maar de Heer toonde Zich niet aan hem. Ontzettend teleurgesteld besloot de verhalenverteller zelfmoord te plegen. Zonder het visioen van de Heer vond hij zijn leven geen zin hebben. Nu hij overdacht hoe gelukkig de dief was de betoverende vorm van de Heer te hebben gezien, verloor hij alle negatieve gevoelens die hij tegenover de dief had. Maar zijn eigen oprechte wens de Heer te zien bleef onvervuld. Met een diepbedroefd hart trok de verteller zijn bovenkleed uit en bond een einde rond de tak van een boom. Hij klom in de boom en knoopte het andere einde rond zijn nek. Hij stond op het punt te springen en zich op te hangen, toen hij plotseling een stem vanuit de hemel hoorde.

Die zei: 'Jij bent Me ook zeer dierbaar. Troost je. Ik ben tevreden over je, maar Ik openbaar nu niet Mijn vorm aan je. Luister naar Me. Je wilde weten welke verdiensten de dief had om beloond te worden met Mijn fysieke aanwezigheid? Het was niets anders dan zijn onvoorwaardelijke geloof dat Ik werkelijk besta en niet slechts in de verbeelding. Onmiddellijk toen hij jou Mijn vorm hoorde beschrijven, geloofde hij dat Ik in levenden lijve aanwezig was. Hij had geen enkele twijfel dat Ik werkelijk bestond en was vastbesloten Mij te zien. Zijn vastberadenheid Mij te zien was zo sterk dat het alle kwaliteiten van echte *tapas* had. Toen hij Me eenmaal zag, werd hij gek van liefde. Maar voor jou was Ik slechts een verzonnen verhaal en geen realiteit. Uit angst was je zelfs bereid Mijn bestaan te ontkennen. Waar angst is, ben Ik niet. Waar geloof is, is geen angst. Jij had geen geloof. Maar de dief had een onvoorwaardelijk geloof in Mijn bestaan en in Mij als een realiteit. Het was voor jou bijna iets mechanisch om

Mijn verhalen te vertellen en Mijn glories te bezingen. Je voelde nooit het verlangen en de wanhoop om Mij te zien. Om twaalf uur precies wilde je je middagmaaltijd nuttigen. Om acht uur op de kop af wilde je de avondmaaltijd en stipt om tien uur ging je naar bed, precies volgens schema. De dief was niet zo! Hij vergat al het andere en herinnerde zich Mij voortdurend tot hij Me zag. Wees nu tevreden Mijn stem te horen. Ik zal je de zegening geven in dit leven aan je te verschijnen, maar tot dan moet je eropuit gaan om Mijn boodschap met liefde en devotie te verspreiden. Dat zal veel andere dieven, zondaars en niet-gelovigen helpen hun leven te veranderen en weldoeners van de wereld te worden.'

Kinderen, denk daarom niet aan je donkere verleden. Probeer vastbesloten en onthecht te zijn. Het maakt niet uit of je een dief of een grote zondaar was. De Heer bekommert Zich niet om je verleden, mits je vastberadenheid en onthechting in het heden hebt."

De wonderlijke helende aanraking van Amma

Woensdag, 15 augustus 1984

Rond vijf uur 's middags kwam er een gezin bestaande uit vader, moeder en een zoon om Amma te zien. Hun zoon, G., een jongeman van ongeveer achttien jaar, rende blij op *brahmachari* Balu af, die bij de backwaters stond. Enkele momenten later kwamen zijn vader en moeder er ook bij staan en het gezin stond uitgelaten met Balu te praten. Toen Balu hun uitgelaten en blije stemming zag, dacht hij: "Wat een geweldige verandering heeft er het laatste anderhalf jaar in hun leven plaatsgevonden. Toen zij hier voor de eerste keer kwamen, waren zij alle drie zo uitgeput en levenloos. Het waren net lijken. Nu zijn zij opgewekt met lachende gezichten."

Dit gezin had voorheen behalve G. nog een zoon gehad. De ouders waren blij geweest met hun gelukkige gezin van vier. De twee broers waren erg lief voor elkaar en zeer aan elkaar gehecht. G., de oudste broer, koesterde en steunde altijd zijn jongere broer J., ook al was de laatste soms wat ondeugend. Hun liefde voor elkaar was buitengewoon en zij maakten nooit ruzie. G. was vijftien, J. was dertien en zij waren altijd samen. De ouders waren er erg ingenomen mee en trots op dat de kinderen zo om elkaar gaven. Als J. een probleem had, probeerde G. oprecht een oplossing te vinden op zijn liefdevolle en sympathieke manier. Als J. ziek was, zat G. altijd aan zijn zijde. Hij zorgde voor hem en gaf hem op de juiste tijd zijn medicijnen. Als J. niet at, weigerde G. te eten, en omgekeerd. Er bestond een sterke, ongewone band tussen de twee broers. Maar het wrede lot liet dit niet lang duren.

Op een dag, voordat het gezin Amma ontmoet had, viel de jongste broer plotseling dood neer, toen hij met zijn broer aan het spelen was. Later ontdekte men dat de doodsoorzaak een embolie in de hersenen was. Zijn dood gebeurde vlak voor G.'s ogen. De jongen werd onmiddellijk naar het ziekenhuis gebracht, maar alles was tevergeefs. Het hele gezin was in diep leed gedompeld. De dood van zijn dierbare broer was zo'n schok voor G., dat hij zijn bewustzijn verloor en verscheidene dagen in coma bleef. Toen hij op de intensive-care-afdeling van het ziekenhuis lag, waren de ouders erg bezorgd. Zij waren bang dat zij G. ook zouden verliezen. Uiteindelijk opende hij op een dag zijn ogen en zijn ouders verheugden zich. Maar dit geluk was van korte duur, want G. werd niet meer wie hij vroeger was.

Hoewel G. in leven was, was hij als een plant. Hij sliep, maar at bijna niets. Hij sprak of glimlachte nooit. De jongen werd zo mager als een skelet. Twee jaar gingen zo voorbij na de dood van zijn broer. In deze twee jaar probeerden de ouders van alles. De beste medische specialisten werden geraadpleegd. Zij probeerden allerlei therapiemethoden, en verschillende medicijnen werden toegediend om te proberen hun jongen weer normaal te laten worden. Maar al hun pogingen faalden. G. knipperde zelfs niet met zijn ogen. De wanhopige ouders verloren alle hoop en leefden in uiterste vertwijfeling en frustratie.

Terwijl de ouders zo'n leven van verdriet en wanhoop leidden, had de moeder op een nacht een droom waarin zij een Dame in het wit gekleed zag, die liefdevol het voorhoofd van haar zoon kalmeerde en erover wreef. Er was een goddelijke gloed rondom deze Dame en Haar mededogende glimlach had de kracht alle zorgen en wonden uit het verleden te verwijderen. Toen de Dame in het wit over het voorhoofd van de jongen streek, riep Zij hem met overstromend mededogen en liefde: "Zoon... Mijn zoon... Moeders liefste zoon... Mijn kind... Kijk hier, dit is je Moeder die je roept." Deze woorden hadden een wonderlijk effect op de jongen. Hij keek omhoog naar het stralende gezicht van de Dame en glimlachte voor het eerst in twee jaar. Zijn eigen gezicht was totaal veranderd en hij werd weer normaal. Het geluk van de ouders kende geen grenzen. De moeder huilde en lachte van vreugde. Zij was nog steeds in deze toestand, toen haar man haar uit haar droom wakker maakte. Toen de moeder besefte dat het allemaal een droom was, begon zij onbeheerst te snikken. Zij vertelde de droom aan haar man. Geen van beiden schonk veel aandacht aan de droom, maar de moeder had in de hierop volgende nachten telkens weer dezelfde droom. Omdat deze terugkerende droom iedere nacht kwam, begonnen zowel de man als de vrouw er serieuze aandacht aan te schenken.

Omdat Amma toen nog niet zo bekend was als nu, waren zij niet in staat erachter te komen wie de Dame in het wit was. Toen zij op een dag na een familiebezoek terug naar huis keerden, zaten zij op een station te wachten op de volgende trein naar hun woonplaats. De moeder zat naast een andere vrouw. Na een poosje keerde deze vrouw, die een totaal vreemde voor haar was, zich naar haar toe en zei: "Iets in me zegt me dat ik met U over Moeder moet praten." De vrouw was een toegewijde van Amma en zij begon tegen G.'s moeder over Amma te vertellen. Alsof zij bezeten was, vertelde de vrouw haar alles over de verschillende ervaringen die zij met Amma had gehad. Terwijl de vrouw doorging met spreken, begon het gezicht van G.'s moeder te stralen van vreugde. Zij realiseerde zich dat deze vrouw over niemand anders sprak dan over de Dame in het wit uit haar dromen.

Zij vertelde de vrouw nu wat haar gezin de laatste twee jaar had ondergaan en onthulde haar verder de terugkerende droom over de Dame in het wit; dat zij en haar man hadden geprobeerd te ontdekken wie de Dame was en waar zij Haar konden vinden en of Zij eigenlijk wel bestond. Zowel de man als zijn vrouw waren erg gelukkig uiteindelijk te vernemen wie Amma was en zij besloten de volgende dag naar Moeders ashram te gaan. Toen zij in de trein naar huis stapten, begonnen zij zich af te vragen wat de onbekende vrouw geïnspireerd had om zonder een speciale reden met hen over Amma te spreken. Als hun zoon bij hun was geweest, dan zou de vrouw hebben gezien hoe hij eruit zag en daardoor misschien hebben gedacht dat zij de jongen naar Amma moesten brengen om genezen te worden. Zij hadden de jongen echter op deze reis niet meegenomen, maar aan de zorg van zijn tante overgelaten. Hoe het ook zij, zij kwamen tot de conclusie dat Gods wegen ondoorgrondelijk zijn voor het menselijke intellect.

Met zijn drieën, vader, moeder en zoon, kwamen zij 's ochtends om een uur of tien in de ashram aan. Amma was al *darshan* aan het geven in de hut. Juist toen zij aankwamen en voor de tempel stonden, kwam *brahmachari* Balu naar hen toe en zei: "Amma heeft naar jullie gevraagd. Kom alstublieft binnen." Zij waren opnieuw verrast. Wie had Haar verteld dat zij hier waren? Het gezin werd naar Amma gebracht.

Amma zei glimlachend tegen hen: "Moeder heeft op jullie gewacht. Zij wist dat jullie vandaag zouden komen." Amma pakte toen de hand van de jongen en met een stralende glimlach op Haar gezicht liefkoosde en kalmeerde Zij zijn voorhoofd en zei: "Zoon... mijn zoon... Kijk hier, dit is je Moeder die je roept..." Bij het horen van deze woorden hief de jongen langzaam zijn hoofd op, staarde naar het levendige, stralende gezicht van Amma en glimlachte voor het eerst in twee jaar. Zijn gezicht was totaal veranderd. Hij zag eruit alsof hij weer normaal werd.

De moeder van de jongen die aandachtig naar het hele schouwspel keek, huilde onbeheersbaar en lachte van vreugde. De vader liet stil tranen van blijdschap. Zij waren zojuist getuigen geweest van dezelfde scène, die de moeder van de jongen nacht na nacht in haar dromen had gezien. Woorden schieten tekort om hun geluk uit te drukken. Later, voordat zij de ashram verlieten, zeiden de vrouw en haar man: "Nu weten we het. We hebben er geen twijfel over dat dit allemaal een goddelijk drama was, geleid door Amma."

De gezondheid en de mentale toestand van de jongen verbeterden iedere dag. Binnen twee maanden herstelde hij volledig van zijn ziekte en kreeg hij zijn normale gezondheid terug.

Terwijl het gezin nog steeds met Balu sprak, kwam Amma de trap af. Toen zij Amma zagen, renden zij naar Haar toe en riepen: "Amma, Amma." Moeder riep uit: " Hé kinderen, wanneer zijn jullie gekomen?" Zij ging op de onderste tree zitten en nadat de drie zich op de grond hadden gebogen, gingen zij rond Haar zitten. Amma's mededogen voor hen stroomde over door Haar liefdevolle omhelzingen en liefkozingen. Haar verzachtende woorden vol zorg raakten direct hun hart en Haar gemakkelijke en ontspannen manier van doen stelde hen zo op hun gemak dat zij allemaal lachten en zich samen verheugden. Tenslotte begon G. een lied voor Amma te zingen en de ouders vielen in. Met hun harten vol van devotie zongen zij allemaal samen *Arikil undenkilum...*

> *Moeder, hoewel U dichtbij bent,*
> *zwerf ik alleen, niet in staat U te kennen.*
> *Hoewel ik ogen heb,*
> *zoek ik nog steeds, niet in staat U te zien.*
>
> *Bent U niet de mooie maan*
> *die bloeit in de blauwe winternacht?*
> *Ik ben als een golf die zijn hoofd op de kust slaat*
> *niet in staat de hemel te bereiken.*
>
> *Na het begrijpen van de waarheid*
> *dat alle wereldse comfort waardeloos is,*
> *verlang ik ernaar U te kennen,*
> *terwijl ik dag en nacht tranen stort.*
>
> *Oh, wilt U niet komen om iemand te troosten*
> *die vermoeid is van de last van het verdriet?*
> *Met de wens dat U zult komen*
> *blijf ik altijd wachten.*

Aan het einde van het lied barstten zij alle drie in tranen uit. Terwijl Moeder met Haar eigen handen hun tranen afveegde, straalde er een liefdevolle en mededogende glimlach van Haar gezicht. Aan Haar voeten zaten de vader, de moeder en hun zoon, ieder geliefkoosd door de stevige, maar zachte strelingen van Amma's handen. Dit ontroerend schouwspel met het gezin scheen iets tijdloos te hebben. Daar zat de eeuwige Moeder, majestueus, en toch al Haar kinderen verwelkomend. Hoewel de dag op zijn einde liep, verheugde het kleine gezin zich intens over de dageraad van Amma, de spirituele zon in hun leven.

Woordenlijst

Adharma: onrechtvaardigheid, zonde, in strijd met de Goddelijke Harmonie, tegengestelde van dharma.
Agama's: heilige geschriften.
Ammachi: moeder. 'chi' is een toevoeging die respect aanduidt.
Arati: het ritueel aan het einde van een puja, waarbij licht geofferd wordt in de vorm van kamfer en waarbij een bel geluid wordt voor een heilig iemand of voor de godheid in de tempel. De kamfer laat bij verbranding geen resten achter, wat de totale vernietiging van het ego symboliseert.
Arjuna: de derde van de vijf Pandava's. Hij was een groot boogschutter en één van de helden van de Mahabharata. Hij was Krishna's vriend en leerling. Het is Arjuna tot wie Krishna in de Bhagavad Gita spreekt.
Ashram: een plaats waar spirituele zoekers wonen of die zij bezoeken om een spiritueel leven te leiden en sadhana te beoefenen. Het is gewoonlijk het verblijf van een spirituele leraar, heilige of asceet, die de leerlingen leidt.
Atma: het Zelf
Atma bodha: Zelfkennis of Zelfbewustzijn.
Avadhuta: een Gerealiseerde Ziel die alle sociale gebruiken losgelaten heeft.
Bhagavad Gita: het onderricht van Heer Krishna aan Arjuna aan het begin van de Mahabharata-oorlog. Het is een praktische gids voor de gewone man in het dagelijks leven en het is de essentie van de Vedische wijsheid. Bhagavad betekent 'van de Heer' en Gita betekent 'lied', in het bijzonder een advies.
Bhagavatam: een van de 18 Purana's, handelend over de incarnaties van Vishnu, vooral Krishna en Zijn jeugdstreken. Het benadrukt het belang van devotie.

Bhagavati: de Godin van de zes deugden, namelijk: welvaart, dapperheid, gunstig gezind zijn, kennis, onthechting en heerschappij.
Bhajan: devotioneel lied.
Bhakti: devotie.
Bhava: stemming.
Bhava darshan: de gelegenheid waarbij Amma de toegewijden in de verheven staat van de Universele Moeder ontvangt. In het begin ontving Amma de toegewijden ook in Krishna Bhava.
Bhrantan: krankzinnig, doelend op het karakter en het uiterlijk van sommige Gerealiseerde Zielen.
Brahmachari: een celibatair student, die spirituele oefeningen doet onder de leiding van een Guru.
Brahmacharini: vrouwelijke brahmachari.
Brahmacharya: 'verblijf in Brahman'. Celibaat en discipline van de geest en van de zintuigen.
Brahman: de Absolute Werkelijkheid, het Geheel, het Hoogste Zijn voorbij alle namen en vormen, dat alles omvat en doordringt, dat Eén en ondeelbaar is.
Dakshina: offergave uit eerbied, in contanten of in natura.
Darshan: ontvangst door, of het zien van een heilige of godheid.
Deva: halfgod of hemels wezen.
Devi: de Godin of Goddelijke Moeder.
Devi Bhava: goddelijke stemming of eenheid met Devi.
Devi Mahatmyam: een heilige hymne die Devi prijst.
Dharma: 'dat wat het universum ondersteunt'. Dharma heeft vele betekenissen zoals: goddelijke wet, juistheid, overeenstemming met de goddelijke harmonie, religie, plicht, verantwoordelijkheid, deugd, rechtvaardigheid, goedheid en waarheid. Dharma verwijst naar het innerlijke principe van religie. Het dharma van de mens is zijn innerlijke Goddelijkheid te realiseren.

Dhritarashtra: blinde koning die de vader van de Kaurava's was.
Duryodhana: oudste zoon van Dhritarashtra, aanvoerder van de Kaurava's in de Mahabharata-oorlog.
Gopa's: koeienherders, vrienden van Shri Krishna in Vrindavan.
Gopi's: koeienherderinnen, befaamd om hun hoogste devotie voor Shri Krishna.
Guru: spirituele leraar en gids.
Guru paduka stotram: hymne van vijf verzen gewijd aan de sandalen van de Guru.
Jagat: de altijd veranderende wereld.
Japa: herhaling van een mantra.
Kamsa: Krishna's duivelse oom, die door Hem werd gedood.
Kanji: waterige rijstepap.
Kanna: 'Hij die mooie ogen heeft.' Een naam voor Baby Krishna.
Karma: handeling.
Kaurava's: de honderd zonen van Dhritarashtra die met hun vijanden, de Pandava's, in de Mahabharata-oorlog vochten.
Kindi: getuite metalen waterpot, gewoonlijk gebruikt bij ceremonies.
Kirtan: hymne.
Krishna: de belangrijkste incarnatie van Vishnu. Hij werd in een koninklijk gezin geboren, maar groeide op bij pleegouders en leefde als een jonge koeienherder in Vrindavan, waar Hij bemind en vereerd werd door zijn toegewijde kameraden, de gopi's en gopa's. Hij was een neef en adviseur van de Pandava's, vooral van Arjuna, aan wie Hij het onderricht in de Bhagavad Gita gaf.
Lakshmana: broer van Rama.
Lakshmi: echtgenote van Heer Vishnu en godin van rijkdom.
Lakshya bodhi: constant bewustzijn van en gerichtheid op het doel van Zelfrealisatie.

Lalita sahasranama: duizend namen van de goddelijke moeder in de vorm van Lalitambika.

Lila: goddelijk spel. De bewegingen en activiteiten van het Goddelijke, die in hun aard vrij zijn en niet onderworpen aan enige wet.

Mahabharata: groot epos geschreven door de wijze Vyasa. Het handelt over de familievete tussen de Pandava's en Kaurava's, beide neven van Heer Krishna, die leidde tot een catastrofale oorlog.

Mahatma: grote ziel, gerealiseerd iemand.

Mantra: heilige formule of gebed, die voortdurend herhaald wordt. Dit activeert iemands slapende spirituele kracht, zuivert de geest en helpt het doel van Realisatie te bereiken. Hij is het meest effectief als hij van een gerealiseerde leraar tijdens een initiatie ontvangen wordt.

Maya: illusie. De goddelijke 'sluier' waarmee God Zich in Zijn scheppingsspel verbergt en de indruk van veelheid wekt en daardoor de illusie van gescheidenheid schept. Omdat Maya de Werkelijkheid verbergt, misleidt Zij ons, en laat Zij ons geloven dat volmaaktheid, tevredenheid en geluk buiten onszelf gevonden kunnen worden.

Mol: Malayalam voor dochter.

Mudra: een houding van de hand die een spirituele waarheid aanduidt.

Mukti: bevrijding.

Namah Shivaya: de panchakshara mantra (mantra die uit vijf lettergrepen bestaat), en 'groeten aan Shiva' betekent.

Om: heilige lettergreep. De oerklank of trilling die Brahman en de hele schepping vertegenwoordigt. Om is de primaire mantra en staat vaak aan het begin van andere mantra's.

Pandava's: de vijf zonen van koning Pandu. Zij waren de helden van het epos Mahabharata.

Prarabdha: verantwoordelijkheden of lasten. Ook: de resultaten van handelingen in het verleden die zich in dit leven manifesteren.

Prasad: gewijde offergave uitgedeeld na een puja of door een gerealiseerde heilige.

Prema: diepe liefde, hoogste liefde.

Puja: aanbiddings- of vereringsceremonie.

Rama: de held van de Ramayana. Hij was een incarnatie van Heer Vishnu en de belichaming van dharma.

Ravana: de duivelse koning van Lanka en de belangrijkste tegenstander van Rama in de Ramayana. Hij ontvoerde Rama's vrouw Sita en werd uiteindelijk door Hem gedood.

Rishi: (rsi = weten, kennen) Een gerealiseerde ziener. Het verwijst gewoonlijk naar de zeven rishi's van het oude India. Zij konden de Hoogste Waarheid 'zien' en drukten dit inzicht uit in de Veda's.

Sad asad rupa dharini: die de vorm van bestaan en niet-bestaan aanneemt. Een van de duizend namen van de Goddelijke Moeder.

Sadhak: iemand die zich wijdt aan het bereiken van het spirituele doel. Iemand die sadhana beoefent.

Sadhana: spirituele oefeningen en disciplines zoals meditatie, gebed, japa, het lezen van de heilige geschriften en vasten.

Sahasranama: hymnen bestaand uit de duizend namen van een godheid.

Samadhi: (sam = met, adhi = de Heer. Eenheid met God). Een staat van diepe op één punt gerichte concentratie, waarin alle gedachten ophouden en de geest opgaat in een volledige stilte, waar alleen Zuiver Bewustzijn is.

Samsara: de wereld van pluraliteit, de cyclus van geboorte en dood.

Samskaras: neigingen van de geest ontstaan door handelingen in het verleden.
Sankalpa: scheppend, totaal besluit, dat zich manifesteert als gedachte, gevoel en activiteit. De sankalpa van een gerealiseerd iemand manifesteert altijd het bedoelde resultaat.
Sannyasi: een monnik die formele geloften van onthechting heeft afgelegd. Hij draagt traditioneel een okerkleurig kleed wat de verbranding van alle gehechtheid symboliseert.
Sat-chid-ananda: zuiver zijn—bewustzijn—gelukzaligheid.
Satguru: een gerealiseerde spirituele leraar.
Satsang: gezelschap van wijzen en verlichte zielen. Ook: een spirituele uiteenzetting door een wijze of geleerde.
Shakti: het dynamische energieaspect van Brahman. Het is ook een naam van de Universele Moeder.
Shiva: 'de Gunstige, de Genadige, de Goede.' Het statische bewustzijnsaspect van Brahman. Het mannelijke principe. Shiva is ook het aspect van de drie-eenheid dat verantwoordelijk is voor de vernietiging van het universum, van dat wat niet-werkelijk is.
Shloka: Sanskriet vers.
Shraddha: geloof. Amma gebruikt het met een speciale nadruk op alertheid gekoppeld aan liefdevolle zorg voor het werk waarmee men bezig is.
Shri: 'Shri' is een teken van respect.
Shrimad Bhagavatam: zie Bhagavatam. Shrimad betekent voorspoedig, gelukbrengend.
Sishya: discipel of leerling.
Sita: Rama's echtgenote.
Stenah: dief
Sutra: aforisme, compact vers.

Tapas: letterlijk 'hitte'. Het beoefenen van spirituele soberheid, zelfdiscipline en zelfopoffering, spirituele oefeningen die de onzuiverheden van de geest verbranden.

Upanishaden: het laatste gedeelte van de Veda's, dat gaat over de filosofie van Vedanta of non-dualiteit.

Vasana: (van 'vas' = leven, blijven) latente neiging of subtiele verlangens in de geest die de neiging hebben zich te manifesteren in handelingen en gewoonten.

Veda: letterlijk 'kennis'. De gezaghebbende geschriften van de Hindu's.

Vedanta: het 'einde van de Veda's'. De filosofie van de Upanishaden die de Uiteindelijke Waarheid verklaart als 'Eén zonder een tweede'.

Vedisch dharma: geboden voor de juiste manier van leven zoals voorgeschreven in de Veda's.

Vidyavidya svarupini: wier aard kennis en onwetendheid is. Eén van de duizend namen van de Goddelijke Moeder.

Vishnu: 'de Alles Doordringende.' Een naam van God. Hij daalt als een goddelijke incarnatie naar de aarde af wanneer de wereld Zijn Genade zeer hard nodig heeft. Hij wordt gewoonlijk aanbeden in de vorm van twee incarnaties: Krishna en Rama. Hij is ook het aspect van de drie-eenheid dat verantwoordelijk is voor de instandhouding van de schepping.

Vyasa: een rishi die de ene Veda in vieren verdeelde. Daarom is hij ook bekend onder de naam Veda Vyasa. Hij schreef ook achttien Purana's, de Mahabharata en de Bhagavatam.

www.ingramcontent.com/pod-product-compliance
Lightning Source LLC
LaVergne TN
LVHW050044090426
835510LV00043B/2879